能效服务
体系与应用

主编单位: 华北电力大学(保定)

国网江苏省电力有限公司盐城供电分公司

主　　编: 王维军　丁　晓

副主编: 栾开宁　任禹丞　张　艳　郭　勇

高乃天　毛维杰　王海峰

参　　编: 贾凯青　董泽源　马红媛　韩沂岑

吴　波　尹　飞　刘　陈　邱丽羚

潘湧涛　葛　冰　傅文进　陈　晨

陈秋玲　潘卫国　杨成慧　王　暑

邵明静

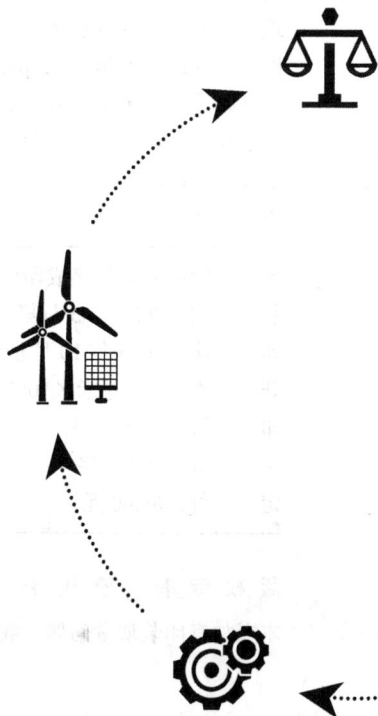

中国电力出版社

CHINA ELECTRIC POWER PRESS

内 容 提 要

本书共分 6 章，以能效服务理论为内容主线，主要内容包括中国能源消费现状与节能特点、能效服务基本概念、电力需求响应、综合能源服务、电能替代、分布式能源服务等。本书全面介绍我国能效服务理论体系与应用情况，为能源行业深化推进"能效服务"提供参考和借鉴，以文字、模型、图表、图片等形式在教材上展示。通过静态动态结合的方式，方便讲师讲授课程和提升教学质量，方便学员随时随地快速便捷学习，给予市场参与主体与机构管理人员经验借鉴，提升业务水平和管理能力，丰富专业知识，完善和丰富公司培训资源库。

本书可作为普通高等院校电力市场专业教材，还可作为各类综合能源服务公司的工程技术人员、管理人员培训教材和参考书。

图书在版编目（CIP）数据

能效服务体系与应用/王维军，丁晓主编. —北京：中国电力出版社，2023.5（2023.10 重印）
ISBN 978-7-5198-7278-6

Ⅰ．①能… Ⅱ．①王… ②丁… Ⅲ．①能源经济－服务市场－研究－中国 Ⅳ．①F426.2

中国国家版本馆 CIP 数据核字（2023）第 054284 号

出版发行：中国电力出版社
地　　址：北京市东城区北京站西街 19 号（邮政编码 100005）
网　　址：http://www.cepp.sgcc.com.cn
责任编辑：冯宁宁（010-63412537）
责任校对：黄　蓓　常燕昆
装帧设计：赵姗姗
责任印制：吴　迪

印　　刷：固安县铭成印刷有限公司
版　　次：2023 年 5 月第一版
印　　次：2023 年 10 月北京第二次印刷
开　　本：710 毫米×1000 毫米　16 开本
印　　张：16.5
字　　数：287 千字
定　　价：68.00 元

前　言

　　开展能效服务是贯彻落实国家"双碳"战略部署，推动能源安全战略落地的重要实践。以国家电网公司为代表的能源电力企业积极落实国家能源革命要求，推进公司战略在客户侧有效落地，积极实施"供电服务"向"供电+能效服务"延伸拓展。开展能效服务是公司满足客户多元用能需求，实施卓越服务工程的重要内容。全面开展"供电+能效服务"，有利于满足客户和社会日益多元的用能需求，优化我国能源空间布局和发展结构，是实现可持续发展的重要途径。而我国综合能源市场刚刚起步，机制不够健全，制度规范不够完善，市场参与主体与机构管理人员无经验借鉴，造成相关人员对其理论和运营模式不熟悉，能效服务领域相关的教材或系统的书籍匮乏。且大部分从业者相关工作经验并不丰富，因而难以开展有针对性的系统培训。因此，本书的出版一方面可以提高相关人员管理能力和机构运行效率，另一方面为行业从业者提供参考研究资料。因此，本书的编写对于能效服务的开展具有重要的意义。

　　本书共包含6章：第1章为中国能源消费现状与节能特点，包括能源消费现状及特点、不同部门能耗与节能特点等，系统阐述我国能源现状。第2章为能效服务基本概念，从能效服务提出背景及实施意义、能效服务内涵、发展现状与趋势、工作方法与步骤以及面临问题进行阐述，详细介绍能效服务领域知识与开展情况。第3～5章分别从电力需求响应、综合能源服务、电能替代三类市场化能效服务展开介绍，介绍各领域实施意义与发展现状、知识概念、实现流程、商业模式以及所涵盖的能效服务技术与能效服务平台等。第6章为分布式能源服务，着重从分布式光伏发电与储能技术分析能效服务应用效益。

　　本书以能效服务理论为内容主线，介绍我国能效服务理论基础、能效服务业务体系、能效服务领域内容、能效服务核心技术、能效服务支撑体系、能效服务实施流程与规范、能效服务典型案例等，全面介绍我国能效服务理论体系与应用情况，为能源行业深化推进"能效服务"提供参考和借鉴，以文字、模型、图表、图片等形式在教材上展示。通过静态动态结合的方式，方便讲师讲授课程和提升教学质量，方便学员随时随地快速便捷学习，给予市场参与主体与机构管理人员经验借鉴，提升业务水平和管理能力，丰富专业知识，完善和丰富公司培训资源库。

鉴于编者水平有限，书中难免存在不妥之处，恳请广大读者批评指正。

编　者

2023 年 2 月

目 录

前言

第 1 章

中国能源消费现状与节能特点

1.1　能源资源特点

我国能源资源的供需矛盾突出，能源资源呈现出"总储量丰富，人均占有量低"的特点。据统计，中国约有 45 种矿产资源的人均占有量还达不到全球平均水平的 50%。

从横向来看，21 世纪初我国成为第一大能源消费国。2000 年中国能源消费量超过亚太地区的一半，约占据全球消费量的五分之一。2010—2019 近十年来一次能源消耗的年均增长达 3.8%，超过大多数国家。2020 年，中国的一次能源需求增长 2.1%，是为数不多的几个能源需求增长的国家之一，并且见证了全球最大的绝对上升趋势。2020 年，中国一次能源消费量全球占比为 21.6%，成为全球能源增长的主要来源。而根据同期我国各类能源资源的探明储量与同年产量来计算，我国的石油、天然气与煤炭各自探明储量全球占比仅为 18.2、43.3 年、37 年，这些数值在世界各国的一次能源产储比中均排名靠后。（数据来源：《BP 世界能源统计年鉴 2021》）

从纵向来看，我国能源的供给缺口也在逐年增大，供求矛盾凸显。如图 1-1 所示，我国一次能源生产量和消费量分别从 2000 年的 138570 万吨标准煤和 146964 万吨标准煤上升至 2020 年的 407295 万吨标准煤和 498314 万吨标准煤，能源生产量和消费量均在不断攀升，能源的供给缺口也从 8394 万吨标准煤扩大到 91019 万吨标准煤，呈现出逐年扩张的趋势。同期，我国能源生产的年平均增速为 5.83%，明显低于能源消费的年平均增速 6.70%。（数据来源：《中国统计年鉴 2021》）

这些数据表明我国能源资源的供求矛盾日益突出，对外进口的能源资源依赖日益严重。实际上，中国于 1993 年和 2006 年分别成为石油和天然气的净进口国。《BP 世界能源统计年鉴 2021》显示，2020 年，我国石油和天然气的进口量占比分别高达 19.8% 和 14.8%，在油气进口方面，中国已经跃居世界第一。并且更糟糕的是，我国经济发展已经处于重化工业的发展期，社会发展已经进入城镇化的加速期，这必然会进一步消耗诸如石油这一类的天然环境资源，激化资源约束和经济增长的矛盾，最终会造成我国对能源的需求和供给出现较大缺口，对外依存度明显提升。我国面临着严峻的能源危机，未来的能源贫困和能源安全问题还将面临更多的复杂性和挑战性。

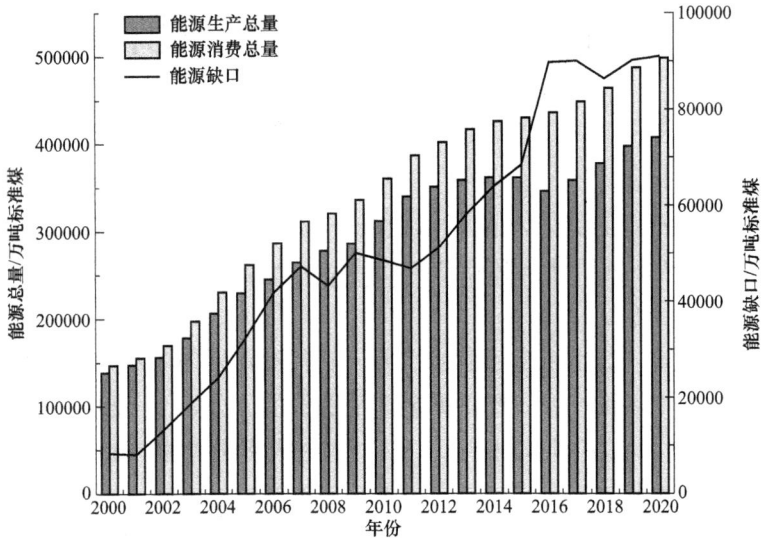

（数据来源：中国统计年鉴 2021）

图 1-1　能源供需与能源缺口情况

1.2　能源消费现状及特点

1.2.1　"十三五"能源生产、供应及消费情况

"十三五"是我国能源转型发展的重要战略机遇期，我国面临着新的能源需求形势，不仅要从能源供给侧进行结构性改革，还要改变原有的能源消费方式，实现节能与转变能源消费方式相结合，提高能源的利用效率。"十三五"期间，我国能源供求形势发生了重大变化，能源刚性需求不断上升，能源需求增速放缓，能源消费"双控"有效落实，能源供给能力和质量大幅提升。

能源消费总量得到合理控制，非化石能源消费占比提升。"十三五"期间，能源领域严格落实能源消费总量和强度"双控"制度，能源消费总量得到合理控制，能源发展布局不断调整完善。2020 年，能源消费总量 49.8 亿吨标准煤，控制在 50 亿吨标准煤以内，年均增速控制在 3%以内，以较低的增速保障了经济健康发展和民生福祉改善。2020 年能源消费总量中，煤炭消费占比 56.8%，消费比重降低；石油消费比重小幅增加；天然气消费占比增加 2.5 个百分点，较上年增加 42%，天然气消费地位增加明显；非化石能源占比 15.9%，较上年增加 3.9 个百分点；在能源消费增量中，清洁能源占 65%以上。能源生产方面，2020 年能源生产总量 40.8 亿吨标准煤，其中原煤 39.0 亿吨，原油 1.95 亿吨，非化石能源 8.0 亿吨标准煤，基本达到"十三五"规划目标要求。（数据来源：中国统计年鉴 2021）

　　能源结构加快向清洁化转型，能源结构不断优化，非化石能源装机创历史新高，非化石能源发电新增装机成为新增发电装机主体，电力结构绿色低碳化特征明显，水、风、太阳能发电规模稳居世界第一。截至 2020 年底，非化石能源消费比重达到 15.9%，超额完成"十三五"规划目标；全国全口径火电装机容量 12.5 亿千瓦，其中煤电装机 10.8 亿千瓦，占全国发电总装机比重降至 50%以下；"十三五"累计投产约 1.8 亿千瓦，完成"十三五"规划"2020 年全国煤电装机规模力争控制在 11 亿千瓦以内"的目标，煤电有序发展成效显著；完成煤电节能改造累计超 8 亿千瓦，完成煤电超低排放改造累计约 9.5 亿千瓦，淘汰关停不达标的落后煤电机组累计约 4500 万千瓦。在非化石能源装机方面，全国全口径非化石能源发电装机容量合计 9.8 亿千瓦，占总发电装机容量的比重为 44.8%，比上年提高 2.8 个百分点，其中水电（含抽蓄）装机达到 3.7 亿千瓦；核电 4989 万千瓦，并网风电 2.8 亿千瓦，并网太阳能发电装机 2.5 亿千瓦，生物质发电 2952 万千瓦，均超额完成"十三五"规划目标。此外，新增发电装机规模创历史新高，新能源逐步向主力电源发展。以 2020 年为例，全国新增发电装机容量 19087 万千瓦，同比增加 8587 万千瓦，增速大幅提升。从各类电源新增装机规模看，2020 年，新增火电装机 5637 万千瓦，自 2015 年以来，新增装机容量首次回升，较上年多投产 1214 万千瓦；新增并网风电和太阳能发电装机容量分别比上年多投产 4595 万千瓦和 2168 万千瓦，新增并网风电装机规模创新高；新增水电和核电装机分别 1323、112 万千瓦；新增生物质发电装机 543 万千瓦。2020 年，新增发电装机以新能源为增量主体。并网风电、太阳能发电新增装机合计 11987 万千瓦，超过上年新增装机总规模，占 2020 年新增发电装机总容量的 62.8%，连续四年成为新增发电装机的主力。2020 年包括煤电、气电、生物质发电在内的火电新增装机占全部新增装机的 29.53%，与 2015 年相比降低 21 个百分点。（数据来源：《中国能源大数据报告（2021 年）——电力篇》。

随着能源需求的增速放缓，电力需求也放低速度。"十三五"时期全社会用电量年均增长 5.7%，较"十二五"时期回落 0.6 个百分点。2015 年是"十三五"的开局之年，我国宏观经济调速换挡，进入发展新常态，增长方式发生转变，当年全社会用电量 5.69 万亿千瓦时，增速回落至 0.96%，为多年来最低值。2016 年后产业结构加快升级，全社会用电量增速回升，2019 年全社会用电量增速增长至 4.47%。2020 年因突如其来的疫情，用电需求再次受到影响，随着经济在第二季度实现恢复性增长，全社会用电量增速回升，全年增速达到 3.1%。此外，2015 年至 2020 年，能源消费弹性系数连续五年均小于 1，能源利用效率逐步提高。

表 1-1、表 1-2 列出了最近二十余年我国能源生产和消费的状况，表 1-3 列出了最近二十余年我国电力建设、生产和消费的变化情况，表 1-4 列出了能源消费弹性系数和电力消费弹性系数的变化情况。图 1-2 为 2000 年以来我国能源生产总量中原煤、原油、天然气、水核电构成比例变化情况。图 1-3 为 2000 年以来我国能源消费总量中原煤、原油、天然气、水核电构成比例变化情况。图 1-4 为 2000 年以来我国能源消费与电力消费弹性系数变化情况。

表 1-1 中国能源生产总量及构成

年份	能源生产总量（万吨标准煤）	构成（能源生产总量=100）			
		原煤	原油	天然气	水核电
2000	138570	72.9	16.8	2.6	7.7
2001	147425	72.6	15.9	2.7	8.8
2002	156277	73.1	15.3	2.8	8.8
2003	178299	75.7	13.6	2.6	7.7
2004	206108	76.7	12.2	2.7	8.4
2005	229037	77.4	11.3	2.9	8.4
2006	244763	77.5	10.8	3.2	8.5
2007	264173	77.8	10.1	3.5	8.6
2008	277419	76.8	9.8	3.9	9.5
2009	286092	76.8	9.4	4.0	9.8
2010	312125	76.2	9.3	4.1	10.4
2011	340178	77.8	8.5	4.1	9.6
2012	351041	76.2	8.5	4.1	11.2
2013	358784	75.4	8.4	4.4	11.8

续表

年份	能源生产总量 （万吨标准煤）	构成（能源生产总量=100）			
		原煤	原油	天然气	水核电
2014	361866	73.6	8.4	4.7	13.3
2015	361476	72.2	8.5	4.8	14.5
2016	346037	69.6	8.2	5.3	16.9
2017	358500	69.6	7.6	5.4	17.4
2018	377700	69.2	7.2	5.5	18.0
2019	397317	69.3	7.2	5.5	18.0
2020	407295	67.6	6.8	6.0	19.6
2021	433000	67.0	6.6	6.1	20.3

资料来源：国家统计局。

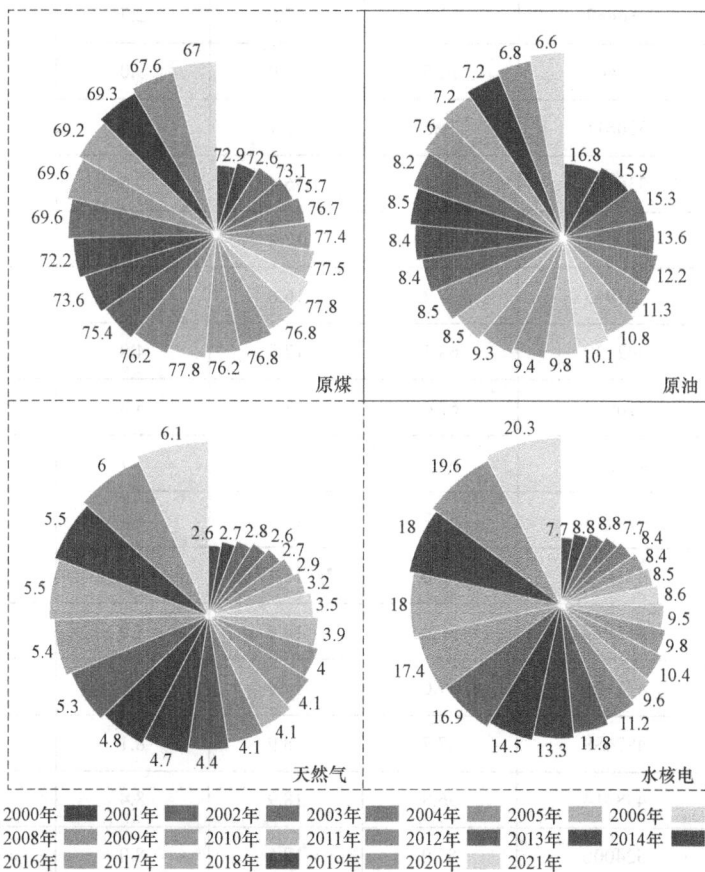

图 1-2　2000 年以来我国能源生产总量中原煤、原油、天然气、水核电构成比例变化情况

5

表 1-2　　　　　　　　　　能源消费总量和品种构成

年份	能源消费总量（万吨标准煤）	构成（能源消费总量=100）			
		原煤	原油	天然气	水核电
2000	146964	68.5	22.0	2.2	7.3
2001	155547	68.0	21.2	2.4	8.4
2002	169577	68.5	21.0	2.3	8.2
2003	197083	70.2	20.1	2.3	7.4
2004	230281	70.2	19.9	2.3	7.6
2005	261369	72.4	17.8	2.4	7.4
2006	286467	72.4	17.5	2.7	7.4
2007	311442	72.5	17.0	3.0	7.5
2008	320611	71.5	16.7	3.4	8.4
2009	336126	71.6	16.4	3.5	8.5
2010	360648	69.2	17.4	4.0	9.4
2011	387043	70.2	16.8	4.6	8.4
2012	402138	68.5	17.0	4.8	9.7
2013	416913	67.4	17.1	5.3	10.2
2014	428334	65.6	17.4	5.7	11.3
2015	434113	63.7	18.3	5.9	12.1
2016	441492	62.0	18.3	6.4	13.3
2017	455827	60.4	18.8	7.0	13.8
2018	471925	59.0	18.9	7.8	14.4
2019	487488	57.7	18.9	8.1	15.3
2020	498314	56.8	18.9	8.4	15.9
2021	524000	56.0	18.5	8.9	16.6

资料来源：国家统计局。

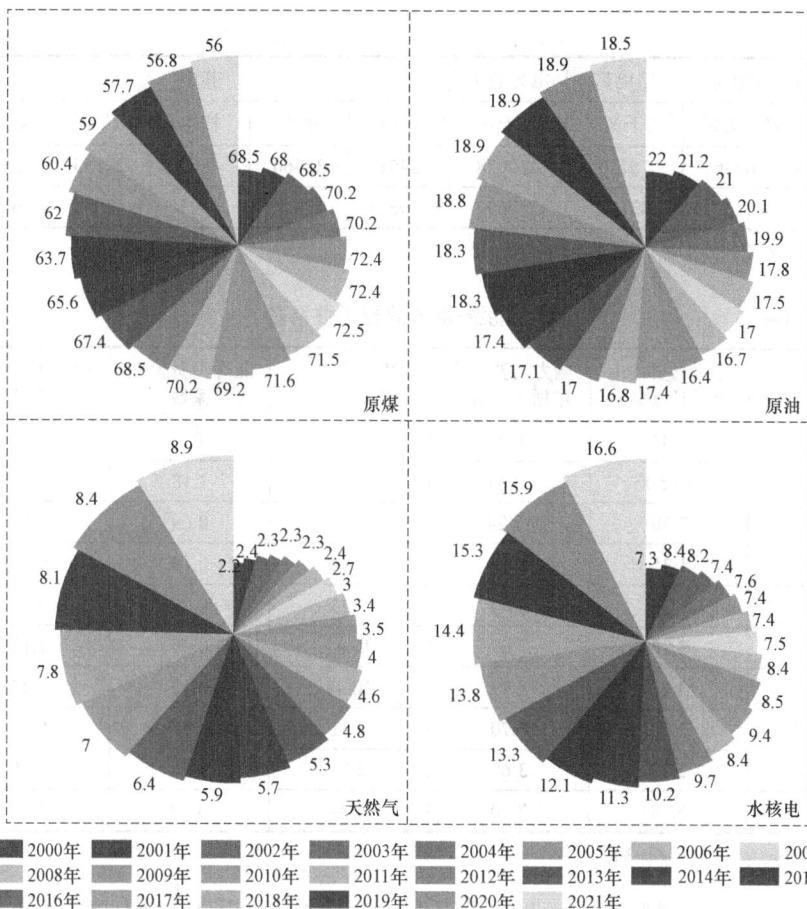

图 1-3　2000 年以来我国能源消费总量中原煤、原油、天然气、水核电构成比例变化情况

表 1-3　　　　　　　　我国电力建设、生产和消费状况

年份	发电量	用电量	电力装机	其中				
	亿千瓦时	亿千瓦时	万千瓦	火电	水电	核电	风电	太阳能
2000	13556	13471	31932	23754	7935	210	34	—
2005	25003	24940	51719	39138	11739	696	106	—
2010	42072	41923	96641	70967	21606	1082	2958	26
2015	56184	55500	152527	100554	31954	2717	13075	4218
2016	59897	59198	165051	106094	33207	3364	14747	7631
2017	64179	63077	177708	110495	34359	3582	16325	12942
2018	69940	68449	190012	114408	35259	4466	18427	17433
2019	73253	72255	201066	119055	35259	4874	21005	20468

续表

年份	发电量	用电量	电力装机	其中				
	亿千瓦时	亿千瓦时	万千瓦	火电	水电	核电	风电	太阳能
2020	76236	75110	220058	124517	35460	4989	28153	25343
2021	81122	83128	237692	129678	37016	5326	32848	30656

资料来源：国家统计局。

表 1-4   我国能源/电力消费弹性系数

年份	能源消费比上年增长（%）	电力消费比上年增长（%）	GDP 比上年增长（%）	能源消费弹性系数	电力消费弹性系数
2001	5.84	9.29	10.55	0.7	1.12
2005	13.50	13.51	15.74	1.18	1.18
2010	7.30	13.24	18.25	0.69	1.25
2015	1.35	0.33	7.04	0.19	0.04
2016	1.70	5.49	8.35	0.25	0.81
2017	3.25	7.69	11.47	0.46	1.12
2018	3.53	8.49	10.49	0.52	1.27
2019	3.30	4.70	7.31	0.55	0.78
2020	2.22	3.68	2.74	0.96	1.35
2021	5.15	7.10	12.84	0.40	1.27

资料来源：国家统计局。

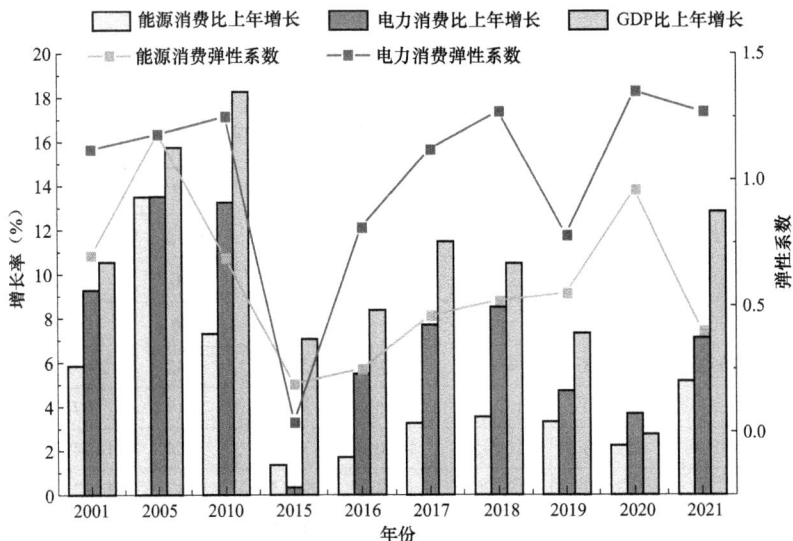

图 1-4   2000 年以来我国能源消费与电力消费弹性系数变化情况

1.2.2 能源消费特点

1. 能源消费增速明显放缓

虽然对中国能源消费是否达到峰值还有争论，但能源消费增速放缓是不争的事实，如图 1-5 所示，可以看出 2000—2020 年二十年间，自 2004 年能源消费总量增速达到最高 16.84% 之后，虽时有波动，但整体消费增速呈下降趋势，2015 年更是达到了 0.96% 的最低值。2020 年能源消费总量为 49.8 亿吨标准煤，比 2015 年增加了 6.4 亿吨标准煤，低于 50 亿吨标准煤的目标上限，超额完成"十三五"规划目标要求。整体来说能源消费总量得到合理控制。

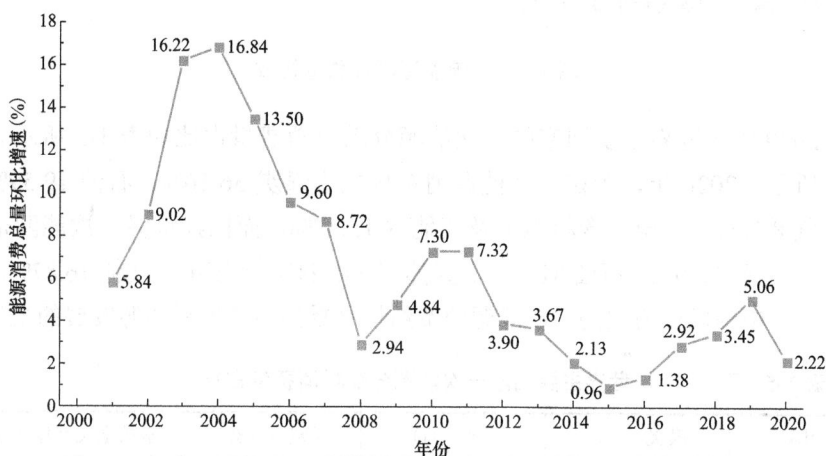

图 1-5　能源消费总量的逐年增长速率

2. 能源消费仍以煤为主，能源结构需要进一步优化

从国内能源资源条件来看，中国煤炭资源较为丰富，但石油、天然气等相对十分贫乏，截至 2020 年年底，我国煤炭探明可采储量 143197 百万吨，石油 35 亿吨，天然气 8.4 万亿立方米。（数据来源：《BP 世界能源统计年鉴 2021》）由于受国内能源资源条件限制，加上以往能源发展重能力增长、忽视质量结构优化，致使长期以来中国煤炭在能源消费结构中居主导地位。1997 年以前煤炭占中国一次能源消费总量的比重一直维持在 70% 以上的水平。近年来中国开始重视能源结构优化问题，原煤占中国能源消费总量的比重有所下降，但在 2018 年以前仍维持在 60% 以上，能源构成如图 1-6 所示。2018 年，原煤占中国能源消费总量的比重才首次降低到 60% 以下。

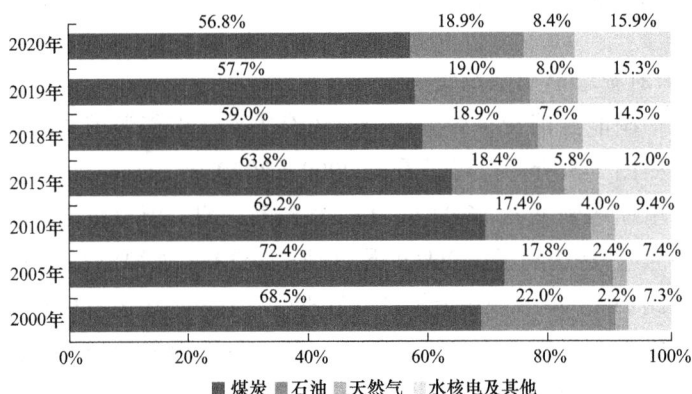

数据来源:《中国统计年鉴 2021》。

图 1-6　中国能源消费总量构成

2020 年,世界主要国家的一次能源分燃料消费量占比如表 1-5 所示。如表中所示,2020 年,中国一次能源消费构成为煤炭 56.56%、石油 19.59%、天然气 8.18%、水电(含核电)及其他占 15.67%,而同期世界一次能源消费构成,煤炭 27.20%、石油 31.21%、天然气 24.72%、水核电及其他 16.87%。相比之下,中国以煤为主的一次能源消费结构严重偏离了世界能源发展的主流。

表 1-5　　　　世界主要国家一次能源分燃料消费量占比

国家	煤炭(%)	石油(%)	天然气(%)	水核电及其他(%)
中国	56.56	19.59	8.18	15.67
美国	10.48	37.07	34.12	18.33
日本	26.83	38.11	22.08	12.98
德国	15.19	34.76	25.76	24.29
俄罗斯	11.55	22.57	52.31	13.57
巴西	4.83	38.38	9.66	47.13
印度	54.85	28.21	6.72	10.22
世界平均	27.20	31.21	24.72	16.87

数据来源:《BP 世界能源统计年鉴 2021 第 70 版》。

中国巨大的能源消费规模、以煤为主的一次能源消费结构带来了一系列的环境问题与能源问题,而且问题日益突出。中国每年消费的煤炭中,近 70% 的原煤没有经过洗选直接燃烧,燃煤造成的二氧化硫和烟尘排放量约占全国排放量的 70%～80%。煤炭等化石燃料的使用引起的二氧化碳排放是中国温室气体的主要来源，目前中国已是世界最大的温室气排放国。

3. 清洁能源消费比重大幅提高

虽然我国煤炭在能源消费总量中仍占较大比重，且高于其他世界主要国家，但近几年的能源结构优化效果是不容忽视的，非化石能源比重显著提高。清洁能源消费量占比也在稳步上升。如图 1-7 所示。从 2000—2020 年的二十年间，水核电及其他清洁能源占比有所提高，2019 年达到最高，为 22.77%。2019 年水核电及其他能源的增长速率为 66.06%，达到最高。但 2000—2020 年，二十年的水核电及其他能源消费量增长速度存在较大波动，如图 1-8 所示，说明发展尚不稳定，未来还有较大的发展潜力。

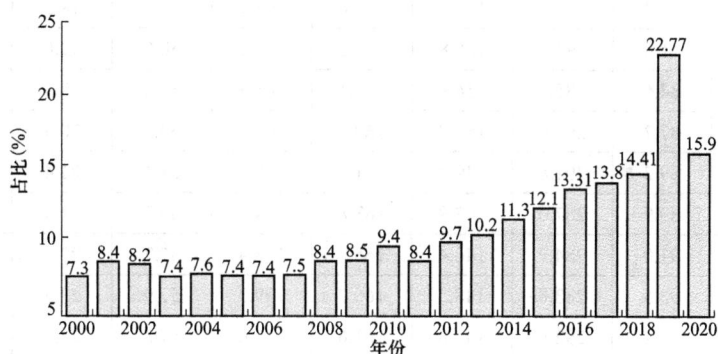

数据来源：《中国统计年鉴 2021》。

图 1-7 水核电及其他能源消费量占能源消费总量比重

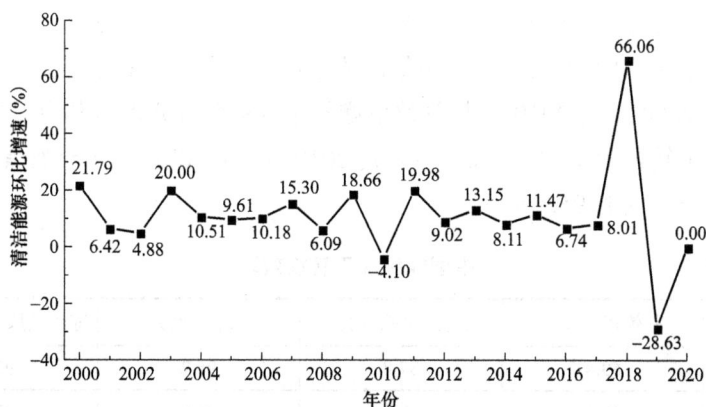

图 1-8 水核电及其他能源消费量的逐年增长速率

11

4. 人均能源消费水平逐年提高，但仍相对较低

虽然中国是世界上最大的能源消费国，但由于人口基数巨大，人均能源消费水平还相对较低，如表 1-6 所示。2020 年世界人均一次能源消费量 71.4 吉焦/人，其中美国人均消费高达 265.2 吉焦/人，日本人均消费为 134.7 吉焦/人，德国人均一次能源消费为 144.6 吉焦/人，俄罗斯的人均一次能源消费为 194 吉焦/人，中国人均消费量 101.1 吉焦/人，约为美国的 38.12%、日本的 75.05%、德国的 69.91%、俄罗斯的 52.11%。

表 1-6 各国人均一次能源消费量 （吉焦/人）

年份＼国家	中国	美国	日本	德国	俄罗斯	巴西	印度	世界平均
2010	76.2	300.7	164.2	169.6	195.1	56.0	18.2	72.6
2011	81.8	295.4	155.8	163.3	201.2	58.0	19.0	73.5
2012	84.6	285.4	154.9	165.1	201.3	58.5	19.8	73.6
2013	87.2	290.9	153.7	169.3	198.5	60.2	20.3	74.1
2014	89.2	291.8	149.9	161.6	198.5	61.1	21.4	73.9
2015	89.9	287.0	147.9	163.8	194.7	59.7	21.9	73.8
2016	91.0	284.7	146.4	165.7	198.4	57.7	22.6	73.9
2017	93.5	283.8	148.3	166.7	199.3	57.9	23.3	74.4
2018	96.4	292.4	147.8	161.6	206.6	57.8	24.5	75.5
2019	99.1	288.4	144.8	156.3	204.9	58.9	24.8	75.4
2020	101.1	265.2	134.7	144.6	194.0	56.5	23.2	71.4

数据来源：《BP 世界能源统计年鉴 2021 第 70 版》。

5. 能源加工转换效率总体不高

近二十年，中国能源加工转换效率总体缓慢提升，变化不大，如表 1-7 所示，从 2000 年到 2019 年其总效率增长了 3.9 个百分点，其中发电及供热的能源加工转换效率尤其的低，最高是 2019 年的 45.8%，远低于炼焦的 92.6% 和炼油及煤制油的 95.3%。

表 1-7 中国能源加工转换效率

年份	总效率（%）	发电及供热（%）	炼焦（%）	炼油及煤制油（%）
2000	69.4	37.8	96.2	97.3
2001	69.7	38.2	96.5	97.6
2002	69.0	38.7	96.6	96.7

年份	总效率（%）	发电及供热（%）	炼焦（%）	炼油及煤制油（%）
2003	69.4	38.5	96.1	96.4
2004	70.6	38.6	97.1	96.5
2005	71.1	39.0	97.1	96.9
2006	70.9	39.1	97.0	96.9
2007	71.2	39.8	97.5	97.2
2008	71.5	40.5	98.5	96.2
2009	72.4	41.2	98.0	96.7
2010	72.5	42.0	96.4	97.0
2011	72.2	42.1	96.3	97.4
2012	72.7	42.8	95.7	97.1
2013	73.0	43.1	95.6	97.7
2014	73.1	43.5	93.7	97.5
2015	73.4	44.2	92.1	96.9
2016	73.5	44.6	92.8	96.4
2017	73.0	45.0	92.8	96.0
2018	72.8	45.5	92.4	95.6
2019	73.3	45.8	92.6	95.3

数据来源：《中国统计年鉴 2021》。

6. 节能减排取得积极成效。

2020 年，6000 千瓦及以上电厂供电标准煤耗降至 305.5 克标准煤/千瓦时，电网线损率降至 5.6%，均优于预期目标。2020 年单位 GDP 二氧化碳排放量比 2015 年降低 18.8%，达到"十三五"能源环保目标要求。

1.2.3　能源消费发展趋势

中国经济由高速增长向高质量发展转型，2018 年我国能源消费增速自 2011 年以来达到最高值，煤炭消费稳中有增，但进入下滑通道的大趋势不变；电力消费保持快速增长，发电结构进一步优化，第三产业保持最快用电增长；可再生能源维持高速增长，能源行业整体平稳运行。2018 年，中国占全球能源消费量的 23.6% 和全球能源消费增量的 34.4%，中国连续 18 年稳居全球能源增长榜首。中国一直以来都是煤炭消费大国，由于中国产业升级和淘汰落后产能的行动，中国对煤炭的需求大幅度下降，这是世界煤炭需求下降的重要原因之一。中国的能源结构将持续改进。尽管煤炭仍是中国能源消费中的主要燃料，但 2018 年其占比降至 58.2%，创历史新低，2019—2020 年仍保持下降趋势。

改革开放以来，中国能源产业由弱到强，发展动力由传统能源加速向新能源转变，能源结构由原煤为主加速向多元化、清洁化转变，逐步形成煤、油、气、可再生能源多品种能源生产和消费体系。中国可再生能源从无到有，在能源生产中逐渐占有一席之地。在天然气需求方面，天然气相对于煤炭的竞争力上升和欧洲核能及可再生能源供应的疲软共同促进了欧洲和亚太地区天然气消费的强劲增长。中国的天然气消费大幅增加，这得益于政府在基础建设方面的改进和全球天然气资源可获得性上的提升，此外，中国煤改气项目的持续推进也大大刺激了对天然气的需求。中国在全球能源市场和节能减排中扮演着至关重要的角色。继过去 10 年碳排放增长超过 75%以后，中国的碳排放实际上在过去两年中已经有所下降。总体来说，我国的能源将朝以下趋势发展：

（1）油气对外依存度年年攀升。自 2015 年来中国原油产量总体处于下降状况，但石油的消费量却逐年增长，原油加工能力持续扩大，原油进口量继续增加，原油和石油对外依存度升至 70%上下。中国原油产量已连续多年下降，对外依存度逐年走高。现如今油价上涨显然升高了中国的进口成本，进一步提高石油对外依存的风险，对未来能源安全形成了挑战。受环保政策持续推动，中国天然气需求持续快速增长，而国内天然气产量稳定增长，进口量保持较高增速。中国是能源生产大国，也是进口大国，能源安全风险日益凸显。油气对外依存度年年攀升，煤炭产量虽然占全球 50%以上，但依然需要进口大量的标煤。

（2）能源需求增长从工业为主向民用为主转变。从工业化和城镇化进程的角度看，中国工业化已经进入中后期，而城镇化则进入中期阶段。虽然按城镇人口计算，2020 年城镇化率已达到 63.9%，但城镇基础设施和居民生活水平还有巨大差距。这意味着，未来对能源的需求将从工业用能为主向居民用能为主转变。一是居民家庭汽车用能。我国正进入汽车社会，私家车保有量由 2010 年 5938.71 万辆增加至 2020 年 24291.19 万辆，2018 年首次突破 2 亿辆，尽管未来增速将有所减缓，但仍会持续增加。二是城乡家庭电气化进程加快。我国工业和大城市家庭已经基本实现电气化，但中小城镇和广大农村还有显著差距，未来发展空间很大。三是南方冬季供暖需求强劲。随着人民生活水平的提高，南方冬季供暖作为民心工程也将摆上议事日程。供暖能耗占家庭居住能源消费的一半左右，势必大幅增加城乡居民用能。工业用能的增速势头减缓,而城乡居民用能和第三产业用能旺盛,虽然两者总量还不及工业,但未来将成为新增能源消费需求的主要贡献者。

(3)一次能源向二次能源(电力)转变。工业化、城镇化水平越高,电气化程度就越高是现代经济发展的一条规律。从世界能源发展趋势看,全球电力消费量的增长速度将明显高于能源消费总量的增长。根据国际能源署的预测,2020 年和 2030 年,全球电力消费量相对 2010 年将分别增长 30%和59%,远高于全球能源消费量 18%和 30%的增长率。尽管未来能源总量增长速度将放缓,但电力增长还将保持一定的势头。一是我国正处于工业化后期和城镇化中期,仍需大量电力支撑。二是新能源的发展,包括水能、风能、太阳能、生物质能以及核能等都要通过转化为电能而开发利用。三是能源东西转移的大格局不会变,需通过便捷高效的电力输运方式来实现。与发达国家的横向比较表明,我国电力发展还有较大的空间。2015 年,我国实现了人均电力装机 1 千瓦的历史性突破,但电力发展确未到顶。人均 GDP 和人均用电水平相关度很高,要跨越"中等收入陷阱",人均电力水平还需要进一步提升。因此,未来我国电力增长将明显高于能源总量的增长。

1.3　主要能效指标现状

1.3.1　单位 GDP 能耗

单位 GDP 能耗是反映能源消费水平和节能降耗状况的主要指标,可以表征经济活动中对能源的利用程度。"十一五"规划纲要首次将单位 GDP 能耗等环保指标纳入地方官员绩效考核;"十二五"规划纲要提出"合理控制能源消费总量";"十三五"规划纲要进一步提出"单位 GDP 能耗累计降低 15%";2021 年是"十四五"开局之年,"单位 GDP 能耗降低 3%左右"被写入政府工作报告。

2005—2018 年,我国单位 GDP 能耗由 0.95 吨标准煤/万元下降至 0.55 吨标准煤/万元,累计下降 42%左右,单位 GDP 能耗年均下降 3%左右。2006年前,受高耗能行业发展加速、能源消费向高耗能低附加值产业集中的影响,单位 GDP 能耗增速为 2%;2006 年开始进入降速区间,单位 GDP 能耗增速为负数。据 2020 年 2 月底发布的《2019 年国民经济和社会发展统计公报》显示,2018 年和 2019 年我国单位增加值能耗降低的百分比分别为 3%和2.6%,这意味着近 13 年来,我国能耗水平持续下降。各省能效水平不断提升，单位能耗增加值普遍呈现下降趋势，但省间差异较大。根据能源发展"十三五"规划要求，到2020年，单位GDP能耗比2015年降低15%。但是在"十三五"收官之年，有部分省份提出难以完成"十三五"能耗总量指标，而有的省份能耗强度达标而且发展较快。2005年北京、天津、上海、江苏、浙江、福建、广东、安徽等省份的单位GDP能耗数值较低，这些地区的能效水平基础较好。2005年陕西、甘肃、新疆、青海、山西、贵州、宁夏、河北、内蒙古、云南等省份的单位GDP能耗数值较高，虽然在"十一五"以来有大幅度的降低，但是仍与发达地区存在较大的差距。近年来，能源利用效率呈上升趋势，2006年到2008年，单位GDP能耗已累计下降10.1%。但与世界其他国家相比，中国的能源利用效率还比较低，2006年中国单位GDP能耗是世界平均水平的2.9倍，分别是美国和日本的3.7倍和5.4倍，是同为发展中国家的印度和巴西的1.4和3.3倍。

但总的来说，我国是能源消费大国，节能潜力巨大。2012年以来我国单位国内生产总值（GDP）能耗累计降低24.6%，相当于减少能源消费12.7亿吨标准煤。2012—2019年，我国以能源消费年均2.8%的增长支撑了国民经济年均7%的增长，能源利用效率显著提高。"十四五"规划纲要将"单位GDP能源消耗降低13.5%"作为经济社会发展主要约束性指标之一。

2021年，我国能源消费增速较快，能源结构持续优化，单位GDP能耗降幅较2020年明显扩大，但第二产业增加值比重上升给能耗强度下降带来不利影响。对于2021年影响能耗强度下降的关键原因分析如下：

（1）全国能耗强度进一步下降能源消费总量较快增长。经国家统计局初步核算，2021年我国能源消费总量约52.4亿吨标准煤，较上年增长5.2%。能源消费增速较快是2020年能源消费总量基数偏低、2021年出口大幅增长和夏季气温偏高等多重因素叠加导致的。但仍需注意的是，2019—2021年，两年平均能源消费增速也达到了3.7%，超过了"十三五"前四年2.9%的平均增速，接近"十二五"3.8%的平均增速。能源消费结构持续优化。2021年，我国煤炭消费量增长4.6%，原油消费量增长4.1%，天然气消费量增长12.5%，电力消费量增长10.3%。煤炭消费量占能源消费总量的56.0%，较上一年下降0.9个百分点；天然气、水电、核电、风电、太阳能发电等清洁能源消费量占能源消费总量的25.5%，较上年上升1.2个百分点。能耗强度降幅显著扩大。2021年我国单位GDP能耗较上年下降2.7%，在继续经受疫情影响的情况下，降幅较2020年扩大了2.6个百分点，同时也超出2019年0.1个百分点。就节能最关键的工业领域而言，2021年规模以上工业单位增加值能耗较上年下降 5.6%。就重点耗能产品而言，总体保持了单耗下降态势。2021年重点耗能工业企业单位电石综合能耗下降，单位合成氨综合能耗与上年持平，吨钢综合能耗下降 0.4%，单位电解铝综合能耗下降 2.1%，每千瓦时火力发电标准煤耗下降 0.5%。

（2）第二产业增加值比重上升给能耗强度下降带来不利影响。三次产业中，第二产业单位增加值能耗远高于第一产业和第三产业，约为全国单位 GDP 能耗的 1.7 倍，第二产业增加值比重上升，将拉高全国单位 GDP 能耗。2021 年，我国第二产业增加值比重较上一年上升了 1.6 个百分点，第一、第三产业增加值比重分别下降了 0.4 个百分点和 1.2 个百分点，三次产业占比基本回到 2018 年水平。这是我国产业结构近年来首次呈现出的较为明显的"二产升三产降"变化测算显示，该变化带来的全国单位 GDP 能耗上升约为 2.2%，影响了全国能耗强度实现更大幅度的下降。2021 年"二产升三产降"的产业结构变化与国内外疫情形势密切相关。一是国内疫情散发多发，对消费造成较大影响，特别是接触式、流动性、聚集性服务消费受到较大冲击。2021 年全国交通客运量较上年下降 14.1%，国内旅游人次和收入仅分别恢复到 2019 年的 54% 和 51%。二是国际疫情蔓延叠加能源危机刺激我国出口大幅增长，拉动工业加快恢复和高耗能产品产量高位运行。2021 年，化学原料和化学制品制造业出口较上年增长 40.3%，钢材、未锻轧铜及铜材、未锻轧铝及铝材出口数量较上年分别增长 24.6%、25.3%、15.7%，仅钢材、铝材两项出口产品的内含能就超过 6000 万吨标准煤；规模以上工业增加值较上年增长 9.6%，两年平均增长 6.1%，增速已接近正常年份平均水平；工业产能利用率达到 77.5%，为近年新高；高耗能产品中，乙烯产量增长 30.8%，对于有产能控制要求的有色行业，电解铝产量仍增长了 3.8%。总体来看，2021年，在百年未有之大变局和新冠疫情叠加的复杂形势下，虽然我国能源消费增速相对较快、第二产业增加值比重出现较大幅度上升，但单位 GDP 能耗下降幅度仍超越了之前两年，取得的成绩来之不易。

1.3.2　全社会能源利用效率

1990—2000 年，我国的能源强度均大于 10MJ/$2011PPP GDP（兆焦耳/2011PPP 美元），处于较高水平。不过在这十年时间里，能源强度从 21.18MJ/$2011PPP GDP 下降到了 10.23MJ/$2011PPP GDP，下降幅度高达 51.7%，能源效率得到快速提高。然而，在 2000—2005 年间，能源强度发生了微小的反弹。研究认为该现象是因为高耗能产业快速增长、工业化进程加快导致的，二产占比的增加带来了能源强度的反弹。2005 年以后，我国能源强度继续下降到较低水平，从 2005 年的 10.28MJ/$2011PPP GDP 降至 2015 年的 6.69MJ/$2011PPP GDP，并逐渐趋于相对稳定的状态，能源效率得到有效提高。多数学者认为，近年来我国能源强度不断下降，主要是技术进步、城市化、产业结构调整等因素导致的。

同发达国家能源强度相比，我国能源效率仍处于较低水平。自 1997 年以来，我国能源效率一直处于低等收入和中等收入国家之间。2015 年，我国能源强度比世界平均能源强度仍高出约 30%。我国地域辽阔，不同区域的能源消费现状也有所不同，受产业结构、经济发展水平、技术水平等因素影响，各地能源强度差异较大。整体来看，华北、华东、华南的能源强度较低，而西北、西南地区能源强度较高，全国能源效率不平衡的问题较为严重。出现这一结果，主要是由于华北、华东、华南地区经济发展水平较高，其能源技术较为进步，又有更为合理的产业结构和能源消费结构。为此，我们就如何提升能源利用效率提出如下建议：

（1）各地区的能源消耗水平差异巨大，以北京、福建为代表的东部地区能源强度低，以宁夏为代表的西部地区能源强度较高。对于能源强度大且具有很大提升空间的中、西部地区，尤其是宁夏、新疆、青海等地区，应将其作为重点监测区域，允许地方政府因地制宜制定合适的节能政策。继续深入推进供给侧结构改革，控制高能耗产业的增长，淘汰落后产能，加快释放优质产能。对于高能耗的行业要严格执行准入门槛，从源头上限制能源消耗。要建立有效的退出机制，逐步淘汰落后产能。建议充分利用现代社交媒体作为宣传中介，培养和增强全民的节能意识，形成从个人到企业再到国家的节能社会氛围。

（2）除了节能，减少对环境的污染也能提高能源的利用效率。对甘肃、内蒙古、山东、山西等煤炭大省，应着力减少小型煤窑数量，严格把控污染物排放和污染物处理。对于煤炭资源并不丰富的省市，应大力提高煤层开发技术，并积极开发清洁能源，有针对性地对产业结构进行调整和优化，加大环境保护和污染治理力度。鼓励各地方政府出台适合当地实际情况的地方性法规，如可以视当地的工业发展情况制定严于国家污染物排放标准的地方标准。此外，相关数据统计部门在环境保护的监测过程中，应当完善对各地区污染治理方面的数据统计，便于及时反馈污染治理的成效与不足，从而更好地监测环境保护情况。

（3）西部和中部地区要综合考虑水资源和生态环境的承载能力，以节水节能为前提，引入先进的技术设备，加大可再生能源的开发力度。对于东部地区，可考虑稳步发展海上风电，推行多元化的能源消费结构。对煤炭依赖度大的地区，必须积极探索煤炭等能源的高效开发使用技术，降低煤炭消费比重，实施煤炭减量替代，稳步、有序地推进"煤改气"。引导不同地区合理优化产业结构，积极发展第三产业，降低第二产业的比重。同时，应继续提高对外开放水平，坚持"走出去、引进来"的重要战略思想，积极引进国外先进的生产技术，在国际通行规则下，可放开自由贸易试验区的建设，推动贸易的平衡发展，扩大对外贸易中的正外部性，提高能源利用效率。

1.4　各部门能耗与节能特点

1.4.1　工业部门能耗与节能特点

1.4.1.1　工业部门能耗

"十三五"以来，工业领域以传统行业绿色化改造为重点，以绿色科技创新为支撑，以法规标准制度建设为保障，大力实施绿色制造工程，工业绿色发展取得明显成效。工业和信息化部节能与综合利用司司长黄利斌指出，统计数据显示，"十三五"规模以上工业单位增加值能耗降低约 16%，单位工业增加值用水量降低约 40%，重点大中型企业吨钢综合能耗水耗、原铝综合交流电耗等已达到世界先进水平。

在工业领域，《"十四五"工业绿色发展规划》（工信部规〔2021〕178号）颁布，明确了"十四五"工业领域节能目标和任务。《高耗能行业重点领域能效标杆水平和基准水平（2021 年版）》（发改产业〔2021〕1609 号）发布，强化节能标准对高耗能行业能效提升的引领作用。工业内部结构持续优化，高技术制造业和装备制造业增速分别较上年增长 18.2% 和 12.9%，均高于 9.6% 的规模以上工业增加值增速；在传统产业方面，部分高耗能产品产量实现负增长，2021 年粗钢、水泥产量分别下降 2.8%、0.4%。（数据来源：国家统计局）特别是，党中央、国务院持续强调坚决遏制"两高"项目盲目发展，节能降碳领域相关文件均将其作为重点任务，要求对"两高"项目实行清单管理、分类处置、动态监控，坚决拿下不符合要求的"两高"项目。

我国工业能效水平不断提升，规模以上工业单位增加值能耗在"十二五"大幅下降基础上，"十三五"进一步下降 16%，2021 年下降 5.6%。"十四五"

时期，支撑制造业比重保持基本稳定，用能需求将刚性增长。同时，工业节能提效面临着用能结构绿色化水平不高、节能提效技术创新及装备推广存在短板、重点用能行业节能挖潜难度日益加大等问题。到 2025 年，重点工业行业能效全面提升，数据中心等重点领域能效明显提升，绿色低碳能源利用比例显著提高，节能提效工艺技术装备广泛应用，标准、服务和监管体系逐步完善。具体工业能源消费量见表 1-8，由表可知，近二十年间我国工业能源消费量增长逐渐趋于平缓。

表 1-8　　　　　　　　　　　工业能源消费总量　　　　　　（万吨标准煤）

年份	2000	2005	2010	2015	2016	2017	2018	2019
能源消费量	103014	187914	261377	295953	295615	302308	311151	322503

数据来源：《中国统计年鉴 2021》。

中共中央宣传部举行"中国这十年"系列主题新闻发布会的第八场发布会，介绍党的十八大以来工业和信息化发展成就。工业和信息化部副部长辛国斌在谈到工业领域节能降碳和绿色转型时表示，规模以上工业单位增加值能耗在"十二五""十三五"分别下降 28%、16%的基础上，2021 年又进一步下降 5.6%。现阶段我国工业能源利用有好的方面，同时也仍存在一些问题。

（1）利好方面。

1）工业能源结构的调整和完善：迫于可持续发展的要求和环境保护的需要，近些年来，我国在能源结构的调整方面加大了资金投入和政策支持，而且取得较为满意的进展，根据相关数据显示，我国清洁能源在整个能源结构中所占的比重由 2011 年的 4.6%升至 2014 年的 9.2%，而其所占的比重也会随着社会环境保护意识的增加，以及清洁能源开发技术的进展而进一步得到提高。

2）工业能源自给自足能力强：我国国土辽阔，自然资源充足，工业能源也相当丰富。根据我国国土资源部发布的相关文件，以及对我国的一次能源生产总量与消费总量进行对比后发现，我国在工业能源的生产上一直保持着较高的生产产量与生产速度；在一次能源的使用方面上保持着近九成的自给率，而且随着能源探测技术和开发技术的进步，我国在工业能源的产量增长方面并不存在较大的压力。

（2）仍存在的问题。

1）工业能源利用效率较低，能源浪费现象严重：因工业生产中的设备和技术落后造成的能源浪费。工业生产过程不够科学造成的余能和热能的浪费。工业能源转化效率低造成的能源浪费。

2）工业能源利用和处理不当，对环境造成严重的污染和破坏：有很多工业属于高污染、高能耗的工业，比如钢铁行业、水泥行业以及电力行业等。有的工业企业不顾有关规定，不对这些工业垃圾的排放和处理进行严格的管理，造成工业废物的排放量超标，对企业周边的土地、水源、空气等都会造成严重的环境污染，甚至威胁到周边地区居民的生命健康。

1.4.1.2　工业部门节能特点

工业部门在我国国民经济体系中居于主导地位，同时也是最大的能源用户，历来是政府节能管理的重点领域。在政府的积极推动、工业部门的共同努力下，工业节能取得了明显成效，主要高耗能工业产品单耗指标显著下降，工业能源利用经济效率逐步提高，对工业和整个国民经济的持续快速发展起到了重要支持和促进作用。尽管如此，由于多年来工业的粗放型高增长，现有工业体系从整体上看仍相对落后，先进工业装备所占比重偏低，企业平均规模偏小，加上工业内部产业结构偏重，工业能源利用效率水平仍相对较低，与工业发达国家相比还有明显差距。目前我国主要高耗能工业产品单耗指标比国外同类产品单耗指标的先进水平高；单位工业增加值能耗居高，是日本等节能先进国家的数倍。无论从现状还是未来发展的角度看，工业部门都具有巨大的节能潜力。

1. 工业部门节能潜力分析

工业是我国的立国之本、兴国之器、强国之基，创造了超过 30% 的经济产出和近 30% 的就业岗位。同时，工业也是我国能源消费的主要领域，占全社会用能的 60% 以上，事关能源安全、环境治理、应对气候变化等战略全局。"十三五"时期，在相关部门的有力引导下，形成了企业积极参与，全社会共同响应的节能工作格局，工业能效大幅提升。根据工业和信息化部发布的数据，2016—2019 年，我国规模以上企业单位工业增加值能耗累计下降超过 15%，单位工业增加值碳排放累计下降超过 18%。能效提升收获了实实在在的经济效益："十三五"前四年，工业部门累计节能 4.8 亿吨标准煤，节约能源成本约 4000 亿元，节能已成为工业企业"降成本"的重要途径。

我国仍处于工业化和城镇化深入发展的历史时期，传统行业的比例仍然偏高，战略性新兴产业和高科技产业还不是主要的经济增长动力，能源结构偏煤、能源效率偏低，重点地区和重点行业的污染问题还没有从根本上解决。与此同时，我国的资源、环境制约日趋严重，碳达峰和碳中和的时限较短，技术储备不足，推进工业绿色低碳发展的任务十分艰巨。

目前，中国仍处于经济结构调整和产业转型升级的关键时期，"十四五"期间应对气候变化、实现碳达峰目标的叠加，使我国实现工业的绿色、低碳转型成为必然，但也面临着巨大的挑战。我国工业结构与能源结构以煤炭为主，能源利用率偏低，碳量大，是全球最大的能源消耗国和排放国。"十三五"期间，我国工业的绿色发展水平有所提升，但是结构性矛盾却越来越突出。钢铁、有色金属、建材、化工等高消耗行业的能源消费并没有出现根本的下降，煤炭主导的能源结构没有发生变化，粗放的经济发展模式也需要转变。在欧美等发达国家加速发展绿色经济的同时，诸如"碳边界调整"等绿色贸易体制也会给我们带来很大的压力。由于多种因素的作用，我国工业的绿色发展需要加速。幸运的是，现在我们的产业在节约能源方面有着很大的潜力。

（1）"碳达峰、碳中和"目标对工业节能提效提出新要求。一直以来，我国能源消耗和碳排放主要来自工业，推动工业部门低碳转型对实现能耗双控目标和"碳达峰、碳中和"具有重要意义。碳排放空间的大小对工业部门要素供给条件产生重大影响，传统高碳行业发展规模、产业布局、技术工艺等面临深刻调整。在低碳转型的众多路径中，节能提效具有较好的经济效益，应放在更为突出的位置；而要实现"碳达峰、碳中和"目标，节能提效也必须贡献更多力量。未来工业节能提效一方面要向纵深发展，不断探索新技术、新工艺，挖掘更深层次节能潜力；另一方面要向跨领域、跨部门方向发展，以生态链接、循环耦合等模式，在更广范围内优化能源配置。

（2）第三次工业革命为工业节能提效创造新动能。当今世界正处于以智能化、数字化和网络化为特征的第三次工业革命中，先进的技术、设备和模式为工业领域提供了新的动力。尤其是工业生产的智能化和精细化，可以大大节约能源和原材料的使用，从而提高能源的利用率。比如 3D 打印的加材工艺，就可以达到近乎零废品的生产，而信息物理技术（CPS）则可以实时地改变生产环境，使生产过程中的温度、湿度、压力等条件达到最优。此外，新一轮的工业革命将会促使"私人定制"替代大规模的流水线产品，从而使终端产品的市场竞争力和附加价值得到根本上的提高，从而使能源的综合利用效率大大提高。

（3）双循环发展格局下工业节能提效面临新形势。我国总体上已处于工业化中后期发展阶段，虽然工业增加值占 GDP 比重有所降低，但仍是经济和社会发展的主要支柱。在全球范围内，世界各国遭受新冠肺炎疫情影响之际，而我国的工业经济却是第一个恢复过来的，因此我国在全球产业分工体系中的枢纽地位进一步巩固，工业发展总体上呈现出良好的态势。之后的疫情期间，全球协作网络或将向区域化发展，在此过程中机遇和挑战并存。未来，我国要面对发达国家"再工业化"和发展中国家工业化的双向竞争，同时也要顺应和引领国内消费升级浪潮。因此，要在双循环发展格局之下，调整在全球供应链、产业链、价值链中的定位和作用，大胆"走出去"和"引进来"，巩固和壮大制造业发展优势，优化贸易模式和产品结构，创新工业节能提效发展路径。

（4）挖掘局部、流程、系统节能潜力。"局部节能"是指在工业生产的某个工序或设备层面，通过实施节能技术改造、应用节能设备，在"局部"取得节能效果。未来应以"技术可行、经济合理"为原则，推动相关节能减碳技术设备的普及。针对当前存量产能，开发、推广和运用先进、成熟、适用的各种能效技术，在经济合理的条件下大幅度提高技术的应用比例，推动存量产能在不对主体装备进行根本性调整的基础上，尽可能达到能效最优。例如钢铁行业焦炉上升管余热回收技术、石化行业的微界面强化反应技术和高效精馏技术、水泥行业的"第二代干法水泥"相关技术等，都将为"局部节能"贡献力量。

"流程节能"是将工艺各环节统筹起来，通过优化生产组织方式，尤其是环节间的接续，来提高"流程"能源利用效率。钢铁行业"一罐到底""近净成形"技术，铜冶炼行业"一步炼铜"技术等，都是"流程节能"的典型代表技术。发展界面技术可以实现生产过程中的物质流、能量流、温度、时间等参数的衔接、匹配、协调，达到紧凑化、连续化和高效化的效果，从而提高能源利用效率。此外，"铝液直供"是电解铝行业在产业链上下游优化组织方式、实现"流程节能"的典型模式，该模式省去二次熔炼工序，具有节约能源（每吨铝材可节约能源110千克标准煤）、减少金属烧损（减少2%～3%的铝材损耗）等多重效益。

"系统节能"是将整个企业甚至产业链上下游企业视为一个整体，从最终产品出发、从全系统角度"自上而下"考虑，优化工艺路线、各生产单元配置和分工，实现能源的最优化利用，从而在整个系统上节约能源。例如，炼化一体化是石化行业"系统节能"的典型代表，与同等规模炼油企业相比，炼化一体化企业的产品附加值可提高25%，节省建设投资10%以上，降低能耗15%左右。此外，未来工业节能提效应与循环经济发展协同推进，通过建设复合型工厂与社会化企业等方式，发挥工业企业的社会效益、构建企业与社会的生态链接，提升资源、设备利用效率，优化工业企业与城市系统的关系、实现产城融合发展。

2. 工业企业节能措施

节能不是减少能源消耗，而是提高能源利用效率，也是我国经济"新常态"下的迫切需求，需要从政府、企业、社会多方面协调。可从技术和管理两个方面采取措施。

（1）技术节能。技术节能的概念：技术节能是从技术角度开展节能。如通过能源信息系统、专家系统，查询能源消耗状况，重点对高能耗设备进行技术改造，采用新型节能设备、淘汰落后工艺、优化工艺步骤。

技术节能的措施：在节能材料选择上，充分运用超导材料、耐高温、耐高压、耐腐蚀、保温等节能材料。在利用先进制造技术上，机器人控制、信息技术、使用高效能源等方式，以及集约化用能，协调供电、供水系统综合运用，将"工业4.0"的CPS系统和企业能源信息管理系统结合起来，从能源消耗、能源监控、制造生产、销售等全生命周期的整体角度，考虑实现节能降耗、提高生产效率。

（2）管理节能。管理节能的概念：管理节能是指建立节能管理机构、完善节能制度，科学制定制造企业能源消耗计划。另外，还需要用活、用好现行能源政策。

管理节能的措施：

1）遵照政府颁布的节能法规和措施，工业企业应结合自身情况，积极申报政府部门的节能重点项目，争取政府资金支持企业节能。

2）建立健全保障制度，抓好企业流程优化，制定专项方案，整改高能耗部门和车间。

3）推行全员节能减排，将节能减排融入日常工作管理和成本管理中，层层落实责任，将能耗优化深入到整个企业。

4）建立科学奖惩机制，开展以降耗为主题的合理化改善和建议活动，表彰节能优秀员工，使企业生产制造和节能减排、成本控制融入一体，形成系统工程，达到节能减排的目的。

1.4.2　交通领域能耗与节能特点

1.4.2.1　交通领域能耗

交通运输业作为国民经济发展的支柱性行业，是我们目前生活中必不可少的产业，同时也是石油消耗和碳排放最大的行业之一。在交通运营和前期建设环节分别对应着大量的能源消耗，石油是整个交通过程中最为常见的能源，其他如电力、天然气等能源使用较少。随着能源危机和环保问题的出现，电力、天然气等能源慢慢被重视，所占的消耗比例也慢慢增大。据国际能源署（IEA）的测算，2019 年全球交通运输行业碳排放量约为 80 亿吨，占能源活动碳排放总量的 24.2%，预计在 2035 年交通运输碳排放量将高达 93 亿吨。交通运输业的快速发展日益成为拉动我国社会经济发展的重要因素，同时也已成为我国第三大能耗行业和第三大碳排放来源行业。

1. 几种交通运输方式的能源消耗

（1）铁路运输。近年来，铁路运输的单位能耗在运输量增加的情况下实现了下降，随着电气化水平的提高，铁路运输的主要牵引动力转变为电机车和内燃机车为主，在新能源产业的发展下，铁路运输用油逐渐下降，电力以及清洁能源的使用比例逐渐增加。同时，铁路运输能耗占所有交通运输业能耗的比重也在逐渐下降，铁路运输的能源结构也得到了一定程度的优化。

（2）公路运输。我国公路运输耗能十分的严重，公路运输，尤其是公共汽车，营运货车等，每年的燃油消耗量极大，公路运输消耗的能源占据整体交通运输行业一半左右。公路运输的耗油结构主要以成品油为主，但是由于煤气的进一步推广和使用，使得汽车的柴油、煤油的消耗降低，进一步达到了环保的目标。

（3）水路运输。水路是我国向国外运输货物的主要方式。由于水路运输的过程中，远近洋货物运输占据了重要的比例，大约占据了水货运转量的 13%，占据了货运周转量 70% 左右。水路运输的能耗主要为运输船的柴油消耗，消耗的燃料为柴油与燃料油，水路运输的燃料单耗已经基本与国际平均水平持平，水路运输的能耗结构以油耗为主，约近五成。电耗约为三成，煤耗占 12% 左右，油耗所占比重偏大，有待进一步优化结构。

（4）航空运输。我国航空运输是近些年比较流行的运输方式，由于航空运输速度快，更受使用者的喜欢。航空运输的耗能主要是航空煤油，我国在优化航空路线之后，航空耗能有所下降，并呈现一直下降的趋势，目前占据交通运输耗能 7% 左右，是耗能比较小的运输工具。

铁路运输考虑内燃机车和电力机车，主要能源使用类型为柴油和电力。公路运输主要采用汽油车、柴油车和纯电动汽车，主要能源使用类型为汽油、柴油和电力。水路运输主要采用燃油船和 LNG 船（液化天然气船），主要能源使用类型为燃油和天然气。航空运输采用专用的航空煤油。如图 1-9 为交通领域不同运输方式的能耗类型。

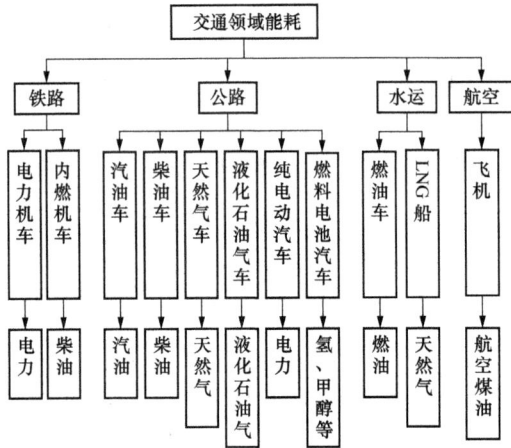

图 1-9 不同交通运输方式的能耗类型

2. 交通领域能源消耗特点

（1）交通运输业的能耗增长速度高于社会其他行业平均水平。随着经济的不断发展，各个区域内的经济交流频次的增加，交通运输的能耗快速增长，已经成为仅次于工业与生活消费的第三大能耗产业。我国居民百姓生活所造成的耗能，以及工业企业的生产耗能每年都有一定的增长，但是交通运输的耗能增长率总体上却高于全社会的耗能。

（2）交通运输业中石油消耗比重较大。在交通运输业中能耗的最主要的部分是对石油的消耗，石油消耗中又以汽油、煤油、柴油三种成品油为主要消耗的能源，而原油和燃料油消耗较少。在交通业的消耗中，汽油、煤油、柴油的消耗量呈现出明显的上升趋势，而其中的柴油消耗占全社会的比重最大。中国交通运输业对石油消耗的比重非常大，交通运输的能耗状况直接影响到中国全社会对石油的消耗量，也直接影响到中国全社会资源节约的效果。我国交通运输业对油品的消耗总体呈现出上升趋势，且高于全社会平均水平。

（3）交通运输业电力消耗比重下降。铁路是交通运输业中消耗电量较大的项目，电车、地铁等交通工具占用电量的比重较小。交通运输业耗电量在逐渐下降，占社会行业中的比重逐渐降低，在交通运输业规模增速高于其他行业的情况下，交通运输业在电力消耗的使用方面效率较高，整体能够节电，在节电水平上高于社会其他行业平均水平。

3. 交通领域能源利用现状

交通能源消耗量来自统计年鉴的能源平衡表中的交通运输、仓储和邮政业的能源消耗量。由于缺乏交通运输能源消费统计，且仓储和邮政业所占比例较小，通常将交通能源消耗量近似计算为交通运输、仓储和邮政业的能源消耗量。

近二十年来，由于经济发展和交通周转量需求的增大，我国交通运输行业发展迅速，综合体系逐步完善，交通运输业成为能耗最大且增速最快的行业之一。2001—2019 年，我国交通运输、仓储、邮政业（以下简称交通运输业）的能耗量呈持续递增趋势，由 2001 年 10257.08 万吨标准煤增长至 2019 年 43909 万吨标准煤，翻了 4.3 倍。同期，交通运输业能耗占比由 2001 年 7.60%上升至 2019 年 9.01%，能耗占比提升了 1.41 个百分点，如表 1-9 所示。交通运输业的发展高度依赖石油燃料的消耗，目前已成为我国第三大碳排放来源行业。2019 年，《中华人民共和国气候变化第二次两年更新报告》发布了 2014 年国家温室气体清单，其中交通运输温室气体排放 8.2 亿吨二氧化碳当量，占全国温室气体排放总量的 6.7%。

表 1-9　　　　　　　　交通运输业能源消费总量　　　　　　（万吨标准煤）

年份	2001	2006	2010	2015	2016	2017	2018	2019
能源消费量	10257.08	18582.72	27102	38317.66	39651.21	42190.79	43617	43909

数据来源：《中国统计年鉴 2021》。

交通领域不同能源消耗随着社会经济与宏观环境的变化，表现出不同的变化趋势。见表 1-10，2015—2019 年，交通运输业煤炭消耗呈现出逐年递减的趋势，2015 年煤炭消耗 491 万吨，2019 年当年消耗 283 万吨；汽油、煤油、燃料油与天然气消耗呈现出逐年递增趋势，2015 年汽油消耗 5306 万吨，煤油消耗 2504 万吨，燃料油消耗 1439 万吨，天然气消耗 237 亿立方米，2019 年当年汽油消耗 6245 万吨，煤油消耗 3689 万吨，燃料油消耗 2025 万吨，天然气消耗 341 亿立方米。各类型能源消耗中，汽油与柴油消耗占比最高，燃料油与天然气消耗近年来增长较快。

1.4.2.2　交通领域节能特点分析

交通与民生关系密切，从我国国情看，随着经济社会发展，为更好满足人民日益增长的美好生活需要，全社会的运输总量仍将保持较大规模且持续增长。从技术发展看，短期内重型货车、船舶、飞机等都还缺乏成熟经济的新能源替代技术，现有的机动车和船舶等交通装备数量巨大，实现逐步替换仍需要相当长的时间。加快建立以低碳为特征的道路运输体系，转变行业粗放式发展方式，是当前和今后一个时期道路运输发展的重大战略任务。交通部门节能减排路径归结起来分为三种：技术减排、组织管理减排和能源升级替代。

表 1-10 交通运输业 2015—2019 年能源消费量

年份	煤炭（万吨）	焦炭（万吨）	原油（万吨）	汽油（万吨）	煤油（万吨）	柴油（万吨）	燃料油（万吨）	天然气（亿立方米）	电力（亿千瓦时）
2015	491	3.02	35.85	5306	2504	11162	1439	237	1125
2016	403	3.21	22.34	5511	2814	11068	1511	254	1251
2017	352	6.01	8.67	5698	3173	11235	1771	284	1717
2018	321	—	9	6068	3463	11167	1796	286	1608
2019	283	—	9	6245	3689	9867	2025	341	1752

数据来源：《中国统计年鉴 2021》。

1. 技术减排路径

技术减排即基于传统交通用能结构，通过交通运输工具在节能技术方面的进步，提高能源利用效率。各种道路交通工具是交通能耗的主体，与其他国家相比，我国公路运输行业的能源利用效率偏低，主要原因包括受技术、人员技能、能源价格和运输组织化程度等因素的影响。因此我国交通运输行业尚存在较大的技术节能空间。

技术减排措施主要包括：发展节能环保型汽车；在交通行业内部采用节能的新工艺、新技术、新设备、新材料；强制淘汰高耗低效运输工具。

节能潜力分析：发展高能效汽车，提高能源利用效率是技术减排路径的两条主线。例如每辆混合动力汽车比普通轿车每年可节油约 378 升，相应减排二氧化碳 832 千克，具有明显的节能环保优势。从燃料动力技术看，柴油发动机相比汽油机具有更高的热效率以及更低的废气排放，且技术成熟度高。

2. 组织管理路径

组织管理减排即通过对交通基础设施及驾驶员进行科学的组织管理以及引入先进的智能交通系统，减少空载率和单位行驶里程能耗，从而提高交通运输效率。

组织管理减排的措施主要包括：实行公路甩挂运输、高速公路不停车收费、推广道路运输信息化、城市交通智能化等。

　　节能潜力分析：组织管理减排是在我国近期所有减排路径中节能潜力最大，机会最多，但同时也是节能难度最大的领域。节能潜力最大是因为我国交通存在问题最多，如管理体制方面、政策法规方面、规划方面、技术方面、运营管理机制方面等，其中一个或某几个方面有所改进都将对提高道路运输效率产生正面影响，从而带来交通环境的改善和效率的提高，进而直接或间接起到提高能效和节能的实际效果。机会最多是因为交通所产生的道路拥挤带来的外部不经济成为一个世界性的问题，使得公交优先受到广泛的关注。节能难度最大是由于中国交通在管理上较为分散，地方政府对交通节能与排放控制的重要性认识存在差异。

　　3. 能源升级替代

　　能源升级替代即通过推广纯电动、氢燃料电池等新能源车辆技术的应用，配合加气、充电等配套基础设施的规划与建设，从整体上改变道路交通工具的用能结构，从而提高能效、降低排放。

　　能源升级替代的措施：根据现阶段的技术开发与试验应用进展状况，以及各种替代燃料的可获得性，主要的替代燃料包括：天然气、液化石油气、醇类燃料（甲醇、乙醇）、电能（燃料电池）、氢气、二甲醚、生物质能（生物柴油）等。

　　节能潜力分析：交通工具的能源升级替代路径无疑具有最大的节能潜力。以达摩卡车生产的电动卡车为例，零排放，能降低用户能源使用的 60%，且寿命是柴油机寿命的 20 倍，节能的同时实现高效降本。但新能源汽车技术在一定时期内可能无法取得技术的重大突破，同时还面临着经济性差的问题，因而新能源汽车实现商业化和一定的市场普及率还需要一段时间的大力推动。

1.4.3　建筑领域能耗与节能特点

1.4.3.1　建筑领域能耗

　　过去二十年，中国城镇化发展迅速，建筑规模的迅速增长也带动了我国建筑领域用能与碳排放的持续增长。一方面，大规模的建设活动消耗大量建材，这些建材的生产、运输等过程产生了大量的能耗与排放，在我国全社会占有相当的比例。另一方面，不断增长的建筑面积也导致了更多的建筑运行用能，加之随着经济社会的发展，人民的生活水平不断提升，使得采暖、空调、生活热水、家用电器等终端用能需求和产生的碳排放也不断上升。中国建筑运行用能约占全社会总用能的 20%，由建筑建造所导致的原材料开采、建材生产、运输以及现场施工的能耗也占到全社会总能耗的 20%以上。

1. 建筑领域全生命周期能源消耗

建筑全生命周期能耗主要涉及三大阶段：建造阶段（manufacturing phase）、使用阶段（use phase）和拆除阶段（demolishing phase）。

建筑的建造阶段能耗包括建筑原材料的开采挖掘、建筑材料的生产制造加工、建筑材料的运输等过程中消耗的能源，新建建筑施工及既有建筑维护、改造过程中消耗的能源。这一阶段能耗构成有水泥、钢铁、塑料、玻璃、陶瓷、石材、石灰、木材、其他材料以及材料运输、建筑施工用水和用电。

建筑的使用阶段能耗是指建筑在运行过程中所消耗的能源，即为维持建筑正常使用功能，主要包括建筑采暖、空调、热水供应、炊事、照明、家用电器、电梯等方面的能耗，其中采暖空调占比 65%，热水供应占比 15%，电气占比 14%，炊事占比 6%。

建筑的拆除阶段能耗是经过一定使用年限之后，建筑物解体拆除、建筑拆除物运输、分拣后的建筑废弃物处置所消耗的能源以及可回收利用的建筑材料通过再利用所节约的能源消耗。这一阶段主要耗能构成为拆除用电、拆除用水、垃圾处置和循环利用的建筑材料。

2. 建筑领域能源利用现状

中国统计年鉴数据显示，2001—2019 年，我国建筑领域的能耗量呈持续递增趋势，由 2001 年 1452.80 万吨标准煤增长至 2019 年 9142 万吨标准煤，翻了 6.3 倍。同期，交通运输业能耗占比由 2001 年 1.08%上升至 2019 年 1.88%，能耗占比提升了 0.8 个百分点，如表 1-11 所示。2020 年《中国建筑能耗研究报告》显示，2018 年全国建筑全过程碳排放总量为 49.3 亿吨，占全国碳排放的比重为 51.3%，建筑全流程碳排放主要包括建材生产、建筑施工、建筑运行三个阶段。建材生产阶段碳排放 27.2 亿吨，占全国碳排放比重为 28.3%，其中钢铁碳排放占比 48%，居建材首位；建筑施工阶段碳排放 1 亿吨，占全国碳排放比重为 1%；建筑运行阶段碳排放 21.1 亿吨，占全国碳排放比重为 21.9%，建筑领域能源消耗主要集中在建材生产阶段和建筑运行阶段。

表 1-11　　　　　　　　　建筑领域能源消费总量　　　　　　　（万吨标准煤）

年份	2001	2006	2010	2015	2016	2017	2018	2019
能源消费量	1452.80	3715.24	6226.30	7696.41	7990.93	8554.51	8685	9142

数据来源：《中国统计年鉴 2021》。

建筑领域不同能源类型的消耗也呈现出不同的发展趋势。见表 1-12, 2015—2019 年度，建筑煤炭与燃料油消耗呈现出逐年递减的趋势，2015 年煤炭消耗 878.07 万吨，燃料油消耗 53.51 万吨，2019 年当年煤炭消耗 640 万吨，燃料油消耗 32 万吨；汽油与电力消耗呈现出逐年递增趋势，2015 年汽油消耗 408.58 万吨，电力消耗 698.67 亿千瓦时，2019 年当年汽油消耗 500 万吨，电力消耗 991 亿千瓦时。各类型能源消耗中，煤炭、汽油、柴油与电力消耗占比最高，电力消耗近年来增长较快。

表 1-12　　　　　　　　　　2015—2019 年建筑领域能源消费量

年份	煤炭（万吨）	焦炭（万吨）	汽油（万吨）	煤油（万吨）	柴油（万吨）	燃料油（万吨）	天然气（亿立方米）	电力（亿千瓦时）
2015	878.07	6.68	408.58	12.5	555.71	53.51	2.16	698.67
2016	805.29	7.05	437.26	10	561.26	51.91	1.95	725.62
2017	732.82	12.57	472.32	9.75	596.06	43.24	1.8	789.22
2018	650	11	505	17	543	32	3	888
2019	640	10	500	16	530	32	3	991

数据来源：《中国统计年鉴 2021》。

1.4.3.2　建筑领域节能特点分析

在各种能耗当中，我国的建筑能耗比例最大、增长最快，已占到全国总能耗的 27.6%，全国目前既有的 400 多亿平方米城乡建筑 99% 为高耗能建筑，而新建的数量庞大的房屋建筑中 95% 以上亦为高能耗建筑。要降低建筑能耗，就必须推行建筑节能，在建筑中降低能源消耗。建筑节能是各种节能途径中潜力最大、最为直接有效的方式，是缓解能源紧张、解决社会经济发展与能源供应不足这对矛盾的最有效措施之一。明确我国建筑节能空间及潜力，对于降低我国能源消费、保障能源供应具有重要意义。越来越多的学者逐渐将目光转向了居住建筑节能潜力的研究，以期控制我国建筑能耗总量不断上升的趋势。

住房和城乡建设部发布《"十四五"建筑节能与绿色建筑发展规划》，部署提升绿色建筑发展质量、提高新建建筑节能水平、加强既有建筑节能绿色改造、推广新型绿色建造方式等九大任务，为建筑领域节能降碳以及实现碳达峰、碳中和目标提供了指引。随着城镇化发展和人民生活水平提高，未来我国建筑存量还会大幅增加，建筑能耗和碳排放量仍将有较大幅度增加，未来建筑领域还将释放巨大的节能降碳潜力。

　　我国推广建筑节能工作正有序开展，政府批准成立散装水泥办公室和墙体材料革新与建筑节能办公室，制定了相关的管理措施大力推广散装水泥、预拌混凝土和新型墙材的使用。同时也在积极进行既有建筑的节能改造，已摸索出一套行之有效的改造方法。

　　深圳市建科大楼作为三星级绿色建筑，该楼将共享共生理念贯穿从设计到运营的全过程，应用了约 40 项绿色技术措施，包括被动式节能设计、自然采光通风、人工湿地、立体绿化、风光互补节能、光电幕墙、温湿度独立控制空调等，以最低的资源消耗营造了安全、健康、高效的人居环境，修复生态环境，从而实现花草虫鸟与人的和谐共生。与深圳地区同类型的办公大楼相比，建科大楼每年可减少运行费用约 150 万元，其中相对常规建筑节约电费 145 万元、节约水费 5.4 万元、节约标准煤 610 吨，每年可减排二氧化碳 1600 吨。

　　像建科大楼这样的绿色建筑并非个例。我国绿色建筑正实现跨越式发展，城镇绿色建筑占新建建筑的比重从 2012 年的 2%大幅提升至 2020 年的 77%。建筑节能占比 65%的节能目标已基本普及，部分省市已经定下了建筑节能 75%的目标，从而对建筑材料、部品、施工工艺方法等提出了更高的要求。

　　在中国的经济和社会发展中，节约能源是一项长期的战略任务。低碳环保成为人们日渐关心的问题，而向低碳经济转型，加快节能减排，也已经成为世界经济发展的趋势。各个领域都在谋求生产和节能相结合的发展之路，处于黄金时期的建筑行业，自然首当其冲。

第2章

能效服务基本概念

2.1 能效服务提出背景及实施意义

2.1.1 能效服务提出背景

为贯彻落实能源革命要求，适应能源电力加速转型的新形势，推动能源消费侧绿色发展，国家电网有限公司（以下简称国网）于 2020 年 7 月首次提出"供电+能效服务"，推动"供电服务"向"供电+能效服务"延伸拓展，由传统的围绕电的"供电服务"转型为以电为中心，聚焦客户用能情况优化的"能效服务"，简单来说就是进行转型，从过去客户的"用电助手"转型成未来客户的"用能管家"。该举措使"能效服务"再次成为热点。"能效服务"一词脱胎于"节能服务"，正如"能效"演变于"节能"。

"能效"即"能源效率"，由"节能"一词演变而来。为了应对 20 世纪 70 年代的能源危机，节能的概念被提出，1979 年世界能源委员会对"节能"的定义是："采取技术上可行、经济上合理、环境和社会可接受的一切措施，来提高能源资源的利用效率"。自 20 世纪 90 年代，国际上普遍将"节能"一词用"能源效率"来替代。2006 年，世界能源委员会给出的"能源效率"的定义是："减少提供同等能源服务的能源投入，"即指能源的服务产出量与能源使用量的比值。"能效"相较于"节能"更加侧重于服务以及能源消费侧，"能效服务"即"能源效率服务"。虽然在我国关于节能以及节能服务的研究探索很早就已开始，且已臻完善，但关于能效服务以及其主要的业务发展并没有形成清晰、统一的认知与体系。我国能源资源结构较差，能源供需失衡，在此背景下，国家电网公司为贯彻落实国家"双碳"战略部署，推动能源安全战略落地提出"能效服务"，是国家电网公司在新形势、新任务、新要求下提出的新举措、新型服务方式，也是国家电网公司满足客户多元用能需求，实施卓越服务工程的重要内容。

（1）我国能源资源结构不理想、能源消费现状堪忧。2011—2020年我国持续推动能源结构优化调整、优先发展非化石能源、加快清洁能源发展。但我国目前单位GDP能耗仍是世界平均水平的1.5倍，是OECD（经济合作组织）的2.7倍。其中，煤炭消费量在能源消费总量中的比重逐年降低，但仍然占据主导地位；石油消费量近10年占比变化不大；天然气消费占比稳中有升；水能、核能、风能、太阳能等一次电力及其他能源消费占比加快提升，2020年较2011年占比翻倍。我国能源结构已开展了一定程度优化调整，煤炭消费量占比逐年降低，但"一煤独大"能源结构特征仍然突出。2020年煤炭消费占比56.8%，远高于美国、英国、法国等发达国家，也高于世界平均煤炭消费占比27.2%，和印度相当。高比例煤炭使用，造成了我国严重的环境污染和温室气体排放，同时煤炭的使用带来的二氧化碳的排放占总排放的比重达到80%。国家能源局印发的《2022年能源工作指导意见》提出：稳步推进结构转型，加快能源绿色低碳转型。

（2）"碳达峰、碳中和"进程加快、任务艰巨，绿色发展和低碳发展成为能源发展重中之重。根据国际能源署（IEA）统计，2021年，全球与能源相关的二氧化碳排放量增加了6%，达到363亿吨，创造了新的历史纪录。其中，中国二氧化碳排放量就超过119亿吨，占全球总量的33%，中国排放量的增加主要是由于电力需求的急剧增加，而电力需求严重依赖煤电。因此，实现碳达峰、碳中和，能源电力行业任务最重、责任最大，将承担主力军作用。"碳达峰、碳中和"进程加快，能源的生产、消费和利用呈现新的发展趋势，能源主体调整带来电源主体的颠覆性变化，非化石能源快速发展，源荷界限模糊，逐渐向一体化发展；能源深度脱碳带来社会生产生活用能方式转变，用户逐渐从单一用能需求向多元化用能需求转变；能源效率提升带来以电为枢纽的能源资源配置方式的改变，能源节约观念从量的节约到强度下降转变。

《2030年前碳达峰行动方案》（国发〔2021〕23号）明确提出实施节能降碳增效行动，建设能源节约型社会。实现"碳达峰、碳中和"的核心是控制碳排放。而降低碳排放的一个重要方向就是提质增效。"节能促减排、替代必增效""能效是第一能源""节约的能源是最清洁的能源"等理念的提出更是突出了"能效"在促进"双碳"目标实现过程中的核心地位。

因此国家电网公司为贯彻落实国家"双碳"战略部署，推动能源安全战略落地的重要实践，积极开展并推进能效服务，实施"供电服务"向"供电+能效服务"延伸拓展。

（3）"双控"行动的提出将降低能耗强度、提高能源效率作为核心目标。党的十八届五中全会上，提出了实行能源消耗总量和强度"双控"行动，该行动是推进生态文明建设、解决资源约束趋紧、环境污染严重的一项重要措施，既能节约能源资源，从源头上减少污染物和温室气体排放，也能倒逼经济发展方式转变，提高我国经济发展绿色水平。2021 年 9 月 16 日，国家发改委印发《完善能源消费强度和总量双控制度方案》（简称《方案》），《方案》指出，"十三五"以来，能耗双控工作取得积极成效的同时，也存在能源消费总量管理缺乏弹性、能耗双控差别化管理措施偏少等问题。此次的《方案》强调降低能耗强度是首要坚持的核心目标。

2.1.2　能效服务实施意义

在"双碳"发展目标下，我国能源供需已经步入提质增效的新阶段，作为平衡能源供需的重要主体，电网企业推动能源结构向清洁低碳、安全高效转型时不我待，国家电网公司率先吹响了"供电+能效服务"行动号角，依托智慧用能、需求响应、多能互补等新技术、新模式，推动终端能源利用效率提升，促进分布式新能源开发利用，提升源网荷储协同效率，助力新型电力系统建设。

（1）提高用能效率、降低用电成本，推动能源消费高效化和减量化。对消费侧来说，能效服务是在能源消费高效化、减量化综合发力，聚焦客户用能优化，提升全社会能效水平。

该服务以电能的高效利用为中心，帮助客户发掘能效提升潜力，搭建客户与能源服务市场主体供需对接平台，汇聚优质资源，提供更具经济性、智慧化的用能解决方案。一方面推动能源消费高效化，通过能效服务推进高效用能设备普及、多能互补、管理节能等，实现能源消费节能提效；同时，推动能源消费减量化，通过能效市场化服务发展分布式新能源，加速电能替代，推动实施以电为中心的多能供应，有效减少化石能源消费总量，助力客户降低用能成本，提高全社会用能效率。

（2）有利于促进国家电网及其他电力企业公司打造新的增长极。就国家电网公司来说，从传统的供电服务向"供电+能效服务"转型，有利于促进公司综合能源服务等新兴业务提升，推动公司可持续发展。

从履行企业社会责任的角度，电网企业承担着电力传输和供应的重要职责，肩负着国家节能减排、绿色发展的重要使命。尤其是在建设清洁低碳、安全高效的新一代能源系统的过程中，电网将成为能源转型的中心环节，需要电网企业发挥更积极的作用，承担更为重要的责任，开展能效服务是国家电网公司保障国家能源安全，履行央企责任的应有之举。从推动企业自身发展的角度，开展能效服务有多方面的价值，一是有助于节能增效、降低供能成本，巩固企业售电市场；二是有助于增加客户黏性，通过向客户提供更优质全面的服务，巩固和拓展用户群体；三是有助于拓展业务范围，带动产业发展，培育市场新业态，获得新的利润增长。

（3）助力"双碳"目标，促进新型电力系统建设。开展能效管理的意义十分重大，它的价值甚至超过了能源开发的价值。

自 2005 年颁布《可再生能源法》并从 2006 年 1 月开始实施以来，我国风电及太阳能光伏发电发展成效显著。2020 年我国光伏发电装机容量为 2.53 亿千瓦，较 2019 年同比增长 24.02%，2021 年上半年我国光伏发电装机容量为 2.68 亿千瓦；2019 年我国风力发电装机容量为 2.1 亿千瓦，2020 年我国风力发电装机容量为 2.82 亿千瓦，同比增长 34.29%，在 2021 年上半年我国风力发电装机容量为 2.92 亿千瓦。总体上看，以太阳能、风能为代表的可再生能源取之不尽，用之不竭，而且清洁又环保。但我们也要清楚地认识到，可再生能源的获取也是要付出代价的，因为这些来自自然界的能源密度很低，例如建设风能、太阳能电站需要大面积的土地，而人类社会的土地资源是有限的。此外，可再生能源发电出力的可控性和可调度性差，大规模开发和高比例利用目前还受到技术和管理机制方面的制约。近年来出现的严重弃风、弃光现象，造成了极大的浪费。这大大削减了源侧的碳减排潜力，负荷侧的潜力开始被大力挖掘。"能效是第一能源""节约的能源是最清洁的能源"等理念的提出，突出负荷侧能效管理的重要性，负荷侧的提质增效可以进一步促进分布式风光能源的消纳，促进双碳目标的实现以及新型电力系统的建设。

2.2 能 效 服 务 内 涵

2.2.1 能效服务定义

能效是指在能源利用中，发挥作用的与实际消耗的能源量之比。从消费角度看，能效是指为终端用户提供的服务与所消耗的总能源量之比。

在全社会加快能效提升的背景下，能效服务应运而生。能效服务是以供电服务为基础，以电为中心，聚焦客户用能优化，通过电能替代推进终端用能电气化，开展综合能源服务提升全社会能效水平，实施需求响应，实现源网荷储友好协同互动，具有经济高效、绿色智慧、多元灵活、资源综合利用、提高电网供电能力等特征的能源服务。

同时能效服务不是面向某一项能源形式、某一个环节的维护和优化，也不仅是通过简单产品来实现互联互通，它通过综合用能数据可视化，对数字化体系进行系统化分析，优化各项用能指标，对多种能源形式及管理流程形成全景分析、综合分析、专业分析，解决行业痛点，优化能效和运营。开展能效服务，可充分发挥电力能源供应的技术、产品和服务优势，帮助缓解用能紧张与优化用能结构，提升企业用能效率，推动经济社会高质量发展。

所谓"提高能效"是指用更少的能源投入提供同等的能源服务，"改善能源效率"就是要以尽可能少的能源投入来获得尽可能多的服务产出量。可以看出，在概念层面上，能源效率与节能基本一致，但从中也能看出能源效率含义要更加广泛，"节能"侧重于减少能源消耗，"能源效率"更侧重能源服务。站在宏观层面看，"能源效率"更加侧重于它的经济、社会和环境系统可持续发展方面，不仅仅是指它工程技术或者物理学方面的效率。所以，能源效率的内涵是所消耗的能源量对于维持或者促进整个经济、社会和环境系统可持续发展的贡献量。

因此"电力能效"，就是指在对电能的利用中，电能的消耗对于或者促进整个经济、社会和环境系统可持续发展的贡献量。换而言之，电力能效是指电能为电力客户提供的服务与所消耗的总电量之比。电力能效服务就是为电力客户提高能效而开展的工作，也即用更少的电能投入提供同等的电力服务。电力能效优化是指在电力能效评估结果的基础上，采取有效改进措施并指导用户进行合理用电，提高用电效率，降低电力支出等一系列用电优化活动的总称。电力能效优化手段有负荷管理手段、经济手段、技术手段等。负荷管理手段是指通过负荷控制和负荷调度来提高电力能效。经济手段是指通过采用分时段电价等方式调节用户用电时间等。技术手段则指利用谐波抑制、无功补偿和电磁平衡等技术来提高用户用电效率。

对于国家电网所提出的"供电+能效服务"，是借助供电营销业务系统、用电信息采集系统数据以及历史用电量等大数据，分析企业的电能能效账单，制定能效优化方案，从用电管理、设备维护、人员技能等方面进行隐患排查，帮助督办整改安全用电隐患，挑出隐患"毒刺"，确保企业安全用电。同时，实施能效提升改造空间，为企业提供清洁、高效、经济的用电能效服务，降低企业用能成本，重点检查高耗能企业的生产工艺是否可进行电能替代，在生产工艺需要热水、蒸汽、热风等行业，推广蓄热式与直热式工业电锅炉及热泵应用。

2.2.2　能效服务体系

能效服务体系主要由能效服务公司、第三方测评机构和能效管理平台三部分构成。

（1）能效服务公司：根据国家能效服务奖励办法等鼓励政策，成立的具有独立法人资格的能效服务公司，其主要管理方式为合同能源管理，其获得节能收益和政府补贴的方式是开展能效服务，例如节能诊断、设计、融资、改造和运行管理等，负责承担部分年度节能量指标。

（2）第三方测评机构：经过政府认定或授权的第三方节能量测评机构，主要开展节能量监测、审核等工作，为能效服务提供有法定效力的第三方认定。

（3）能效管理平台：在充分利用国网系统信息资源和营销网络的基础上，集成能效服务网络、能效数据中心、节能标准建设、节能指标管理与考核等内容形成的综合性管理平台。

2.2.3　能效服务业务内容

供电服务满足客户基本用电需求，是开展能效服务的基础，能效服务满足客户多元用能需求，是提升供电服务的有效支撑，二者相辅相成。能效服务相应业务内容如下：

（1）"安全防护"服务企业可靠用电。协助客户开展用电安全隐患排查和系统性分析，为客户提供安全巡检、政策宣传、应急咨询、整改建议等服务，建立隐患排查、隐患治理等规范性记录，提升客户用电安全管理水平。

（2）"用能诊断"服务能源精细管控。依托省级智慧能源服务平台，聚合用户自有平台、能源服务商运营平台等，不断丰富各行业用能大数据信息，为政府机构提供能效大数据分析服务，为用能企业、能源服务商等提供专业化用能诊断服务，实现用能信息一览式精细化管控。

（3）"能效分析"服务用能效率提升。围绕客户各类能源消耗、主要用能设备、需求响应能力、安全用电情况等维度，智能化分析用能信息数据，并通过"网上国网"渠道，每月自动推送能效账单，提出能效提升建议方案，协助客户改善用能方式，提升能源使用效率。

（4）"电能替代"服务能源清洁利用。因地制宜，深入推进各领域电气化技术应用，为客户分析使用电能替代传统化石能源的潜力点，并结合客户实际需求，提供经济性评估、替代技术咨询、配套政策宣传等服务，促进电能在终端能源消费占比不断提高，助力提升全社会清洁用能水平。

（5）"多能协同"服务能源变革发展。结合区域能源规划，开展能源综合利用系统仿真及运行优化，推广以电为中心的各类能源技术应用，满足客户冷热电等用能需求，并提供技术推广、案例宣传、政策讲解等服务，为多能协同项目提供用能优化分析，推动能源高效转化利用。

（6）"需求响应"服务电力供需平衡。深入工业企业、公共建筑等重点行业，开展需求响应能力调研分析，构建不少于最大负荷 5%的可调节负荷资源库，充分利用市场化手段，促进新能源消纳，保障电力供需平衡，提升电网运行经济、安全水平。

（7）"智慧充电"服务绿色出行。积极服务公交、出租、环卫、物流等广大电动汽车客户，构建车桩相随、布局合理、安全可靠、智能高效的充换电网络。以"车生活"为主题，推广"车辆+充电套餐"销售模式，形成丰富的互联网服务和营销体系。打造互联互通"银联"枢纽，大力开展"寻找合伙人"行动，不断优化"全国充电一张网"。

（8）"能效创新"服务产业技术发展。聚焦重点业务发展需求和核心能力建设，激发创新要素活力，对标国家标准要求和行业能效管理先进水平，研发关键技术装备，全面开展能效服务规划、设计、建设管理、运维管理等服务，并积极与社会各界合作，共同推进能效服务产业发展。

（9）"能效共享"服务生态圈建设。通过开展能效专题培训、典型项目现场学习、高峰论坛等方式，与广大高压客户共享先进的能效技术产品、管理模式，讲解相关配套支持政策，让客户了解自身的节能潜力，提升客户能效管理意识和能力，促进企业间开展能效提升相关合作，打造能效服务生态圈。

2.2.4　能效服务业务分类

能效服务主要包括公共服务与市场化服务两方面，公共服务主要依托省级智慧能源服务平台，通过电能监测、能效诊断、方案提供、交易撮合等方式，挖掘客户深层次用能需求，引导客户按需选择市场化服务。在发展模式上，公共服务产品包括出具咨询意见、诊断报告、评估结果等产品。总的来说，公共服务就是为用户提供专业的用能分析，帮助用户更好选择节能方式。

市场化服务主要包括需求响应服务、综合能源服务、电能替代服务三类业务。以市场化方式，为客户提供规划设计、工程实施、系统集成、运营维护等服务。在发展模式上，市场化服务产品包括制冷制热节能改造服务、节能设备改造服务、电能替代服务、智能运维服务、余热余压余气利用服务、楼宇用能优化服务、多能供应服务、分布式光伏等清洁能源服务、专属充电站设计建设运营服务等一系列产品。简而言之，市场化服务就是一切能够为客户节能降耗的服务。

2.2.5 能效服务作用

我国的能效服务主要面向能源系统终端，以满足客户用能需求为导向，利用需求响应、综合能源服务、电能替代和分布式服务等途径和手段，通过政策体系设计、节能技术应用、金融体系支撑、市场机制支持、标准体系建立和商业模式推广等保障措施，有效促进能源转型，拉动经济绿色发展，实现碳减排，推动我国经济社会全面绿色转型。

（1）降低能源消耗总量。

1）有效降低能源消费强度。工艺升级、电能替代、多能协同等能效服务手段可以有效提升各行业能源利用效率，进而降低全社会单位 GDP 能耗，以更少的能源消耗满足经济社会发展需求。

2）减少不必要能源浪费。通过设备运行状态监控、用能监控等服务，以及数字化技术的不断赋能，可有效优化各类终端设备运行状态，在满足用户用能需求的同时，通过优化设备运行功率或起停状态等手段减少能源浪费，进一步降低能源消耗总量。

（2）优化能源结构。

1）促进清洁能源消纳，提高清洁能源占比。通过综合能源服务，探索多能互补、多元互动新模式，实现清洁能源本地开发、就近高效利用；需求响应可灵活响应清洁能源出力变化，促进清洁能源消纳。

2）提升电气化水平，控制煤炭消费总量。电能具有清洁、安全和高效等优势，推进电能替代可以促进能源清洁化发展，是控制煤炭消费总量的重要举措。

（3）提高能源利用效率。

1）实现以电为中心的多能协同优化。通过电能替代的逐步渗透、综合能源的智慧运行和需求侧的主动响应，实现以电为中心的多种能源协同优化和源网荷储有效互动，提高用户侧能源系统整体效率。

2）通过用能诊断与节能改造提升能效。结合大云物移智链等数字化技术，通过综合能源服务增强系统用能监测与诊断能力，对主要耗能设备进行节能改造，减少单位产值的能源消费。

（4）降低用户用能成本。能效服务能够通过多种方式降低终端用户用能成本。推广高效率用能技术，减少用户能源消费量；就近开发利用可再生能源，降低工商业用户综合用电成本；挖潜多元化需求响应资源，优化负荷曲线，获取外部收益；实现用户侧智慧能源管控，提高系统运行效率和设备利用率；推动以电为中心的终端能源一体化供应，发挥多能协同效应，减少能源供应成本。

2.3　能效服务发展现状与趋势

2.3.1　能效服务发展现状

国家电网在组织架构、协同机制、信息平台、技术研发、政策争取、示范宣传等 6 个方面统筹安排，系统推动"供电+能效服务"实施落地。组织机构方面，构建能效服务组织体系，赋予省市县供电公司能效服务职责，增强支撑单位能效服务技术支持能力，强化新兴产业单位市场化组织机构建设；协同机制方面，推进能效服务专业团队建设，建立适应"供电+能效服务"的协同工作体系和联动机制，促进专业协同和主业产业协同，实现能效服务队伍专业化、业务市场化；信息平台方面，加快推进省级智慧能源服务平台、"绿色国网"等平台建设，为能效服务发展提供信息化支撑；技术研发方面，加强能效服务核心技术装备研制，构建技术标准与指标评价体系；政策争取方面，促请各级政府在财税、环保等方面加大支持力度；示范宣传方面，强化示范项目建设、宣传推广与品牌塑造，营造业务发展良好氛围。

截至 2021 年，国家电网已实现经营区内 27 家省公司"供电+能效服务"全覆盖，统筹开展能效公共服务及能效市场化服务，取得了积极成效。

（1）积极推行节能公共服务促进全社会节能。以服务于政府节能工作，服务社会整体用能水平的提高为目标，全面推动节能服务，取得了积极的效果。一是网络营销。公司以"网上国网"为基础，对 1 亿 6000 万低压用户、400 余万高压用户进行了电能质量分析。在"绿色国网"和省级平台的基础上，共向社会发布了 100 多万篇综合节能诊断报告。二是对顾客进行调查。为用户提供能效账单、现场用能诊断、行业能效对比等普惠服务；利用业务大厅的优势，建立"碳服务窗口"，为客户提供碳减相关的服务。

（2）积极扩大能效市场化服务，以优质的产品满足用户的节能和效率要求。针对客户不同的能源使用需要，实施以市场为导向的能源效率服务，帮助企业、大型园区和公共建筑客户提高能源效率。一是帮助企业节约能源，降低成本。针对高能耗的生产企业，已累计实施了数万个节能服务项目，如余热余压余气利用、空压机改造等，节约能源占 10%以上。二是加强公共建筑和新型基础设施的能源利用。针对写字楼、公共建筑、数据中心等新的基础设施，进行能量存储和节能优化。三是要加强园区的多功能协作。重点发展区域内的大型服务业和产业园区，要综合运用分布式光伏技术，部署能源优化系统，促进能源梯次利用，达到多能源互补、协同优化的目的。

（3）建成数字化平台体系，提升服务质效，构筑产业生态。围绕"供电+能效服务"业务开展需求，创新应用数字化平台体系为业务实施赋能，为产业生态化发展助力。一是建成以"网上国网""绿色国网"和省级平台为主体的"供电+能效服务"数字化平台体系，构建了统一平台建设标准，实现系统内各省级电力公司全覆盖。二是形成适应"供电+能效服务"业务发展的平台运营模式。建成省级平台与"绿色国网"一体化运营团队，依托各省级电力公司营销服务中心开展平台运营，广泛整合用户侧数据资源。三是依托平台体系有力支撑业务开展。线上提供用能用电分析和节能节电建议，向社会其他能效服务主体提供节能降耗产品案例、软件应用等服务资源。

（4）加强组织机构与技术支持，推进电力+节能服务系统的稳步发展。一是大力推动"供电+能效服务"系统的构建。27 个省供电公司组建了 762 个综合服务班组，20 个省供电公司在省级市场服务中心设立了专业技术支持部门，共计 105 名专业技术人员，全面支撑能效公共服务开展。二是要建立政府与企业之间的合作关系。与工信部合作，对"万家企业"进行节能检查。积极与政府部门联系，通过战略合作协议、召开现场会议等形式，积极推动节能领域的发展。承担多个省重点能源企业的能源消耗在线监测，为政府实施节能监察和加强能源审计管理等方面提供技术支撑。三是要加大对关键技术的研究与应用。开发和推广涵盖中央空调、照明系统的节能控制系统的软硬件系统，并广泛用于多种场合，节能效果达到 16%。建立了 16 个通用模型，建立了 9 个典型的工业节能指数评估系统，并对其进行了实地验证，促进了能源效率的全面评估。牵头制定了 150 多个政府机关节能指标、绿色工厂等相关标准，引领能效提升方向。

（5）各省电力公司因地制宜开展特色实践。国网江苏省电力有限公司积极对接地方政府，承建省能源大数据中心、省级重点用能单位能耗在线监测平台和公共机构能耗感知一张网，为政府加强能源治理提供数据服务支撑。精细开展行业能效分析，分级分类制定客户能效标签 27 项，精准开展综合能效诊断。印发 5 大领域、20 个子领域能效服务典型解决方案，一站式提供"节能改造+智能运维+电力需求响应+电力辅助服务+碳交易代理"套餐服务。

国网山东省电力公司在省级智慧能源服务平台创新设置 7 大类、23 项能效分析评价指标，全方位反映客户用能现状。大力推广能效账单，通过平台每月定期向客户推送综合能效诊断报告，现场开展能效账单解读、配套政策咨询、电气化技术介绍、典型案例分析、省级平台推广等一系列服务，助力用户能效水平提升。

国网浙江省电力有限公司针对纺织、钢铁等高耗能行业，开展企业用能设备和工艺生产流程诊断分析，制定能效提升方案。探索"供电+能效服务"县域模式。依托省电力公司专业技术团队打造县域能效服务试点，梳理重构 20 余项营销业务流程，将能效服务与传统供电服务有机融合。

国网上海市电力公司利用数字化手段提升服务质效，开发"掌上管家"智能移动作业终端，汇聚 10 余个后端系统、50 余类业务数据，依托中后台推出 11 大类、共计 40 项的前端现场作业场景，智能提升现场工作效率。

国网湖南省电力有限公司探索能效"双经理制"，根据个人岗位能力设置一、二级能效经理，充分发挥人员特长，推动能效服务工作高效开展。

2.3.2　能效服务发展趋势

国家电网有限公司实施能效公共服务和市场化服务，依托省级智慧能源服务平台挖掘客户深层用能需求；以电能替代、综合能源服务、需求响应服务等方式开展能效市场化服务，不断完善"供电+能效服务"工作流程。

1. "供电+能效服务"常态化

"供电+能效服务"常态化是能效服务的发展趋势，也是能效服务的发展阶段。如果能效服务具备了服务产品的丰富性、服务供给的及时性、服务需求的多样化满足能力等，能效服务便进入常态化阶段。以国家电网浙江电力为例，浙江电力在推进能效服务常态化方面，他们积极探索尝试，大力推动能效公共服务普及，加大能效公共服务推进力度，探索将能效服务嵌入传统营销业务，打造"供电+能效服务"县域模式；推动"分类分级"能效公共服务产品体系建设，全维度满足个性化能效提升需求；立足客户经理业务现状，逐步构建能效服务专业化团队，将能效服务纳入客户经理认定考评；分行业、分领域推动出台能效提升政策标准，营造良好的政策氛围等。

针对"供电+能效服务"，国网浙江电力提出了新的发展目标：到2023年，公司将基本建成"供电+能效服务"业务体系，形成政企联动常态、能效公共服务规范、能效市场化服务健全、支撑保障体系完善的格局，推动公司成为能效服务产业的引领者和推动者。从这一发展方向看，国网浙江电力实现"供电+能效服务"的常态化是值得期待的。同时，"供电+能效服务"还处于发展的起步阶段，迫切需要提高公众及社会主体的认识。

2. "供电+能效服务"数字化转型

数字化转型可以提升能效服务。开发综合能源有很多好处，比如，把能源技术与信息技术融合起来，让能源供给与消费进行联动响应，寻求技术突破与模式综合推进，就可以达到能源的综合利用和阶梯推进，从而提高能源的利用效率；通过数字化转型来提升能效管理水平，可以有效的减少电力系统用能的消耗。

必须清楚的是，能效服务不只是针对某一种特定的能源形式或是某一个环节的维护和优化，也不单纯是通过简单产品来实现互联互通。取而代之的是，通过综合用能数据可视化，对数字化体系进行系统化分析，优化各项用能指标，对多种能源形式及管理流程形成全方位的、综合的以及专业的分析，真正解决行业痛点，优化能效和运营。

在可再生能源发展迅速的今天，多能互补与电能替代已经越发清晰地成为未来一次能源清洁化的发展方向，这也为综合能源的发展提供了思路。电网企业是连接用电网络和用电数据的核心平台，因此，由电网企业发挥主导作用，同时满足综合用户功能需求和数据价值利用，是综合能源的发展趋势。电网企业应该适时地将用户的需求和市场的供给通过数据的方式进行有效结合，构建综合能源平台。

从国家电网的综合能源业务实践表明，综合能源转型是指从供电服务转型为"供电+综合能源"服务，这意味着电网公司要从传统供电端到用户端延伸。实现这一转型和延伸需要结合大量成熟的应用场景、边缘控制解决方案等，通过数字化设备和解决方案来实现数字化转型，并提高能源使用效率，降低能源成本。电网企业依托于完善成熟的电力网络系统，在电力传输的同时，通过节能综合用能数据，实现客户全场景用能数据的实时采集，并通过综合分析，充分挖掘客户节能潜力，依托于现货电力市场和综合能源服务的平台，助力客户实现能效提升，实现经济效益和社会效益双赢。

2.4 能效服务的工作方法

电网公司开展能效服务工作方法如下:

1. 筛选具备能效优化条件客户

电力客户均有降低用电成本的意愿,但鉴于大多数客户对自身电量电费计算复杂性的认知模糊,以及缺乏与同类用电性质客户能效信息对比渠道,导致大多数客户不知自身用能情况能否具备优化空间,需要电力部门主动与客户沟通,协同提高能效应用水平。作为市县公司,要想在大量的用户中,迅速找到那些具有提高能效空间的客户,必须采取一定的技术方法进行初步筛查,简单来说,初筛方法有以下 5 种:

(1)均价筛查法。将营销系统内同时段、同电价、同容量等同条件的客户电量电费信息导出,批量计算各客户的综合均价,并进行比较。将综合均价较高的客户筛选出来,作为能效提升意向分析对象。

(2)均价波动法。由各市县公司确定出一定的能效提升意向客户,将该客户营销系统内一个时间段内的电量电费信息导出,比较该客户综合均价的变化情况,将均价高低波动原因进行分析,查找能效提升方向。

(3)特定条件法。设置一定的筛查条件,从营销系统内导出符合条件的客户明细,再进一步进行综合分析。筛查条件如:力调电费为正(罚)的、计费容量与用电量不匹配的、线损或变损电量超过一定阈值或比例的、多次实施电量电费退补的……便于精准定位用能存在提升空间的客户。

(4)调查问卷法。设计调查问卷,有针对性地将电压等级、产值能耗、负荷情况、电费额度等情况纳入调查范围,利用集中宣贯、上门走访、线上问答等方式,收集客户的问卷反馈结果,针对客户反映情况,分析客户是否具备能效提升潜力。

(5)上级派单法。市县公司接受省级营销服务中心下发的能效提升客户名单。省级营销服务中心结合智慧能源综合服务平台和"绿色国网"平台,通过用能数据分析,挖掘客户需求,梳理出能效提升客户名单,由市县公司进行进一步分析,并与客户进行进一步对接。初筛客户对象,优先考虑高耗能企业、改制企业、公共事业企业、开发区和产业园区新兴企业、筹划建设企业等,其中:市公司(客户服务中心)主要服务 35 千伏及以上客户,县级公司主要服务 10 千伏客户,市公司(客户中心)可协助、参与县级公司 10千伏客户能效服务。

2. 确定能效综合诊断结果

县市公司在初步获得具备能效优化条件的客户后，需要进一步进行综合诊断，分析客户能效应用方面存在的问题，协助客户提升用能效率。用能诊断主要包括以下方面：

（1）计量方面。①计量方式是否准确且与系统一致，四费率计量是否平衡；②分表减度是否长期存在减度不下等问题，分表是否也同步实行四费率计量；③计量倍率设置是否匹配合适；④有功、无功电量计量是否正常；⑤电量转供结算是否正常；⑥线损、变损计算是否正确，分摊是否准确；⑦存在定比定量的，是否符合用能实际情况。

（2）电费结算方面。①客户电价是否符合实际情况、电价参数设置是否准确；②是否未按电价政策要求采用峰谷分时电价；③根据计费容量，确定是否需要变更电价；④根据用电量、用电负荷等情况，核查是否需要减容，满足报停报开条件的，是否未申报处理；⑤基本电费"容需对比"结果是否符合客户实际情况，两种方式的对比差异是否过大；⑥存在电量转供、设备租赁等情况的，是否需进行容量分摊；⑦力调参数设置是否准确；⑧无功线损分摊是否准确。

（3）现场诊断方面。①客户电气设施接电方式及铭牌参数等是否与营销系统一致；②客户接电方式是否需要改造；③客户的负荷利用效率是否正常；④客户的供电可靠率是否正常，是否需要储能设备；⑤客户的设备是否陈旧老化、是否存在安全隐患；⑥客户的设备运维是否符合要求，是否配备专业运维人员；⑦客户的用能效率是否具备提升空间；⑧客户是否有电能替代、市场化售电、新能源项目建设等用能需求等。

3. 提供能效提升方式

市县能效服务团队根据客户数据分析和现场诊断结果，出具能效诊断报告，并提供能效提升方式：一是由市县公司提交能效提升建议；二是市县公司继续与省市综合能源公司等机构共同进一步推进能效市场化服务。

（1）提出能效提升建议。市县公司所提供的能效提升的建议，属于能效公共服务范畴，总体上比较"大众化"，并不需要用户进行大规模的电气设备改造投资，仅通过建议客户改变一定的用能习惯，采取一定的节能措施，达到客户降能降耗的目的，就可以使用户更好地接受。

1）对于峰谷分时计量的用户，建议客户合理分布用能时段，提高谷段用电量，降低尖峰用电。

2）对于负荷率较低的客户，建议采取减容方式，减少基本电费支出。

3）对于存在租赁情况的客户，建议考虑租赁户的分时用电、容量分摊及内部线损等情况，转移部分电费成本开支。

4）对于电气设备存在陈旧老化、安全隐患较大等情况的客户，应及时对设备、线路等进行维修、维护，提高能源利用效率，降低因设备安全问题造成的经济损失。

（2）推进以市场为导向的能效服务。就市县公司而言，要尽可能地争取客户采取能效市场化服务。能效市场化服务包括：电能替代、综合能源、需求响应这三类服务，为客户提供规划设计、工程实施、系统集成、运营维护等，以提升客户能效为切入点，促进清洁能源开发利用，实现全社会能效水平提升，推动公司效益提升。能效市场化服务中，市县公司主要配合工作包括：

1）推动专变客户签订专变智能代运维合同，配齐各县支公司线下运维队伍，强化属地代运维服务及安全管理责任落地。

2）按照用户的要求，协助进行客户"转供电""转改直"等改造，配合实施相应的手续办理、合同签订、项目查勘、施工改造、验收及服务收益结算等工作。

3）配合与大型集团公司、开发区和产业园区新增企业、筹划建设企业等客户进行交流，推进与大客户售电业务的合作，协助签订市场化售电合同。

4）与相关职能部门沟通，配合推进楼宇亮化用能优化、部分区域路灯整体托管等项目的实施。利用智慧能源综合服务平台进行节能管控。

5）配合推进电能替代项目实施，如：非电中央空调"气改电"项目、清洁供热项目、农业电能替代项目等。

6）配合推广移动储能产品试点应用，配合推广电池、交直流转换成套设备、能量控制系统及设备、移动储能车等新能源配套储能设备的租赁推广工作。

7）配合专变费控设备的租赁及建设，全面推进客户专变费控装置安装、使用等相关工作。

8）配合做好各类新能源项目建设准备工作，如：集中式光伏项目、分散式风电项目、电动汽车公司属地充电站项目建设、能源站建设等的前期开工建设准备工作。

9）配合开展数据变现服务，配合与相关客户签订智能代运维线上能效分析报告数据增值服务合同、满足政府及银行等机构电力征信数据定制服务，开展用能分析数据增值服务，不断拓展电力数据变现服务。

10）配合对本单位所属小水电资源进行摸底，提高结算效益，拓展电力市场。

2.5 能效服务的工作步骤

电网公司开展能效服务工作步骤如下：

（1）业务培训。

组织能效服务队伍进行全方位的业务培训，制定专业技能认证方案，确定岗位资质，建立专业化队伍，适应市场拓展能效服务业务要求。培训内容具体包括：

1）培训能效服务政策、思路、理念、要求、目标等相关方面，明确能效服务工作方向。

2）培训涉及能效服务及综合能源的新系统、新技术、新设备等，包括：需求侧管理、节能改造、电能替代、能源综合利用分析、运行效益测算等技术，使能效服务团队能够熟练掌握，并能够支撑工作开展。

3）培训各类能效诊断（分析）报告、能效服务合同、能效服务方案的格式、条款、技术标准等内容，使能效服务团队能给客户进行详细解释说明。

4）培训能效服务内容、服务标准等，梳理、编写《能效服务工作手册》，对能效服务工作进行规范。

5）培训代运维服务人员及市场化能效服务各专业支撑人员，并组建一支长期的服务团队。

（2）客户普查。

1）完成客户能源信息数据接入、业扩新装客户用能信息补录等工作，补充采录客户能效基础档案、用能设备资产、能源消费、能效服务需求等，同步到智慧能源平台，动态更新客户档案。

2）有计划、有针对性地进行走访，收集客户能效信息、详细介绍每项能效服务业务的优势，了解客户用能需求、开展周期性普查，为深入开展能效服务奠定基础。

3）走访相关政府部门、园区管委会、能源发展规划部门等机构，支撑做好市场信息收集、筛选、项目储备等工作。

4）全面完善市场网络，结合不同客户对能源服务的诉求，并把市场和客户按类型、行业、服务需求细致划分，确定能效服务对象。

（3）能效服务。

1）确定能效公共服务的内容和方式，制定各类产品服务标准、形成标准化服务流程，将能效公共服务纳入供电服务业务流程。

2）联合综合能源公司、供电服务中心等机构，通过用能咨询和能效诊断，共同为客户量身定制多种综合能源及能效服务"套餐"组合方案。

3）为客户加装负荷监测终端和监控视频，及时掌握客户用电信息，依托智慧能源平台，为客户定期推送电能能效账单。

4）协助做好现场查勘、工程施工、手续办理等相关市场化能效服务配合工作。

5）将营销重点工作与能效服务工作相结合，如：专变费控推广、有序用电及可调节负荷分析、用电策略优化等。

（4）后续服务。

1）搭建客户与政府及职能部门、产商、各能效市场化服务机构等之间的联系纽带，跟踪工作进度、沟通业务问题、完善数据信息、评估能效优化效果等，建立长效联系机制。

2）履行相关能效服务合同和能效服务方案中的工作职责。

3）建立能效服务工作台账，梳理、编制能效服务策略方案书。

4）推动当地政府出台节能减排政策，业务操作指引，争取税收减免，为客户争取相关能源补贴。

2.6　能效服务工作面临的问题与解决思路

能效服务工作刚刚起步，仍存在诸多问题，现对这些问题以及解决思路分析如下：

1. 能效服务优质人才不足

（1）存在的问题。各企业之间竞争，究其根源不过是人才的竞争，人才已经成为企业发展必不可少的因素。能效服务也是一样，需要人才的不断输入，建立健全一套完善、合理、适当的人才培养机制。只有完善人才培养体系，充分发挥人才的作用，能效服务才能够更加长久地保持活力。供电企业作为传统体制企业，经过"三集五大"改革后，企业人员总基数有所降低，但存在人员年龄、学历、经验等多方面断层现象，影响企业可持续运营。同时人才供给与需求数量差距悬殊，能效服务产业在面临"十四五"发展机遇的同时，能效服务在发展过程中也面临着众多的问题。究其原因，缺乏一支精通技术、熟悉管理、事业心强的高素质专业人才队伍，是我国开展能效工作的最大"软肋"，能效服务人才的紧缺一定程度上也制约了产业的发展。

（2）解决思路。加强引进和培养能源技术与互联网技术相结合的高水平复合型人才，重视能效服务的专业化人才队伍建设，为能效服务产业发展等提供充足的人力资源。加大对能效服务人才培养的投入力度，搭建国际人才培养合作平台，形成多方主体联合共同参与的能效服务人才培养支持机制。组织定向技术培训，逐步建立健全能效服务的人才储备体系，形成符合能源企业绿色高质量发展要求的专业化人才队伍。同时借鉴发达国家节能产业人才培养经验，加大政府财力支持。从世界各国的经验来看，能效服务产业从起步到发展壮大都离不开政府的支持和引导，尤其是目前我国能效服务行业正处于起步阶段，更需要政府在财政、金融、税收等方面进行扶持。

完善知识产权的嵌入使用，对做出关键技术突破贡献的企业、个人予以知识产权保护或者鼓励。建立人才激励考核机制和保障机制，把人才的个人业绩和企业的总体经济效益相挂钩，保障人才和企业共同发展，从而提高能效服务人才队伍的总体质量。不断加大科研经费的支持力度，推动企业、个人钻研能源技术的发展，推进科技成果与企业发展壮大的融合。

2. 实现机制与市场建设有待进一步加强

（1）存在的问题。国内各子系统、各区域间的能源体系仍然没有得到有效的突破；由于缺少以用户能效为基础的奖励或惩罚机制，能源效率的投融资渠道未能建立起来；各能源市场、碳市场和需求响应机制还需要加强，市场主体的活力还需要进一步强化。

现行的能源管理体制下，各能源管理机构独立性相对较强，各部门之间的政策存在不协调，缺乏统一规划等问题；另外，为了维护本地区的利益，地方政府过多干涉跨地区的电力交易，限制了以电为核心的能效管理。

我国能源效率激励机制尚不完善，对于一般的企业和用户来说，其诱惑力并不大。我国尚缺少与能效服务有关的绿色金融产品，有关的制度还不健全，投资和融资渠道尚未畅通。同时，电力、天然气等市场发展不够成熟，碳市场还处在建设的初级阶段，市场价格机制以及市场结构不够完善，需求响应由于电价管制等原因，导致市场化竞争仍不充分。

（2）解决思路。推进能效服务体制改革，打破能源壁垒：通过加强能源法律体系和管理体制建设，逐步打破能源壁垒，一方面高效促进电、油、煤、气和氢等不同能源系统和体系间的数据共享、协同规划以及优化调度机制；另一方面有力提升地区间各类能源的跨区输送能力，扩大能源优化配置范围。

优化财税支持政策，拓展绿色金融投融资渠道。建立基于能效提升的补贴政策，逐步完善相关法规，对能效不达标的企业或个人用户予以适当处罚，提升各类主体参与节能改造的积极性；推进绿色债券市场的建立和基金发行，鼓励能效服务项目实施主体利用绿色债务融资工具申请绿色金融债券、绿色企业债券和绿色资产支持证券等，多渠道吸引社会资本。

健全市场交易机制建设，推动市场间协同发展。充分借鉴国外先进经验并结合我国国情，逐步完善电力、天然气等领域的现货、辅助等细分市场，推动碳排放、碳期权等碳市场建设，促进构建能源市场与碳市场的协同机制，进一步完善能源定价体系，并依托先进数字化技术构建功能完备的能效管理平台，提升交易效率及系统与用户的互动效率。

3. 关键核心技术亟须加大攻关力度

（1）存在的问题。能效服务涉及领域多、产业链相对较长，同时与各类先进设备及数字化技术结合紧密。我国在操作系统、综合能源规划技术和需求响应管理平台等"软科技"方面，以及能源路由器、先进大型电器等综合能源服务及电能替代领域"硬科技"方面均存在薄弱环节，不仅增加了整体成本，还有被"卡脖子"的风险，制约了能效服务的高质量、可持续发展。

（2）解决思路。集中优势力量突破"卡脖子"技术。由政府牵头，组织相关领域科研机构以及企业形成技术攻关团队，针对仿真软件、规划软件操作系统、先进设备、核心元器件及原材料等"卡脖子"技术展开深入研发，实现我国在能效服务领域关键技术的自主可控。

完善产学研高效协同与科技交流机制。相关部门出台指导管理办法，进一步明确科研机构与企业在收益分配、知识产权归属等方面的利益，并将成果转化作为企业奖励及科研机构考核的关键指标，使产学研体系有法可依、有章可循，有效推动技术创新能力；同时积极组织具有国际影响力的先进学术论坛及完善的国内外人才交流机制，促进能效提升及节能领域学术沟通。

加强能效综合型人才培养并建立相应的认证体系。在建立综合 5G 通信、大数据和云计算等新兴数字化技术及能效服务的复合型人才培养体系的同时，构建覆盖多能源专业的课程设计，有效打破电气、热动和能源市场等不同能源学科的壁垒；制订相关各类资格证认证，积极与国际认证体系接轨，实现人才的双向流动，不断壮大专业化人才队伍。

4. 抓紧建立统一的业务标准体系

（1）存在的问题。当前我国能效标准的制定主要针对用能产品而非整体行业：一方面能效管理缺乏统一的高质量标准体系；另一方面不同业务之间数据标准化程度较低,致使关键设备和数据接口间兼容性较差、企业间协同成本较高、业务间数据共享能力较弱以及系统与用户间互动能力受限,严重制约了企业与企业间、企业与用户间的高效合作。

(2)解决思路。加强标准化工作顶层设计,制定一批核心关键标准。依据能效服务发展实际需求,加强具体产业的标准化工作顶层设计和统筹协调,加强数据接口、业务融合等方面的标准制定,大力推动产业快速发展,着力开展创新程度高、应用能力强的重要技术标准及相关运行和管理标准制定工作,切实提升节能领域服务质量。

加强标准管理体系建设,打造高效高质的标准制定和发布平台。政府、行业、企业在标准管理与制定中都发挥着重要作用,要充分发挥政府的管理作用、协会的纽带作用以及企业的主体作用,加强协同,共同打造高水平、高效率的标准平台。

加强标准的跨界协调与合作,促进产业的高质量、低成本发展。针对行业应用需求,拓展现有标准化工作的领域和范围,探索建立跨行业跨领域标准化工作机制,建立与产业联盟的合作共赢关系和模式,降低产业链合作成本,促进产业高质量发展。

5. 商业模式需要持续创新培育

(1)存在的问题。能效管理与数字化等先进技术高度耦合,涉及政府、企业和个人等多种类型,用户需求差异程度较大,对沟通机制要求较高,且能效管理同时涉及实物资产和数字资产两大领域,传统商业模式中难以满足节能服务的切实需要,商业模式的滞后制约着该领域商业价值及社会价值的充分发挥。

不同领域商业模式差别较大。能效服务内容广泛,其中实物资产与数字资产在商业模式中具有明显差别,且数字资产价值挖掘仍处于初期。细分业务中电能替代以实物资产为主,需求响应以数据资产为核心,而综合能源服务同时涉及两大领域。各类不同细分业务间联系十分紧密,整体商业模式设计难度较高。

应用场景个性化特征较强。能效服务涉及政府、工业、居民和交通等具有不同需求的用户群体,同类用户间由于在用能需求、经济承受能力等因素上具有差异性,相关企业需针对其要求制定个性化、定制化解决方案,政府与企业之间、企业与企业间沟通机制需加强,单一商业模式较难覆盖全部应用场景。

与先进技术耦合程度较高。非侵入式状态监测、5G 通信、大数据、人工智能和能源互联网等先进技术与能效检测、综合能源服务和需求响应等节能业务联系紧密，为提升节能潜力打下良好基础，但各类技术的具体应用模式仍有待进一步探索。

（2）解决思路。持续创新能效服务产品种类，不断提升服务能力。借助先进信息通信技术、智能量测技术以及各类高能效设备，打造集能效监测、多能供应、需求响应和设备升级等服务于一体的产品体系，实现各类细分业务间的有机融合，提升节能一体化服务能力；依托数据挖掘技术不断丰富用户画像，针对不同用户制定个性化、定制化解决方案，提升用户黏性及满意度。

打造"平台＋生态"发展模式，推动企业合作及良好互动。积极构建针对多类能效服务的智能化平台：一方面可以有效联通能效服务产业链的上下游企业，为企业间高效商业合作提供通道，形成可持续发展的生态圈；另一方面还可以加强企业与政府等不同类型用户间的需求对接，进一步提升服务能力。

积极尝试跨界合作及政企合作，不断推动业态及模式创新：一方面，充分挖掘能效节能与互联网领域的合作可能性，依托大数据、数据挖掘等技术，深入探索能效服务数字产业化潜力，通过跨界合作提升节能业务盈利增长点；另一方面，探索 PPP 等模式在能效服务方面的具体应用，提升整体经济效率。

第3章

电力需求响应

3.1 电力需求响应内涵

3.1.1 电力需求响应定义

响应是指对某种政策的一种反应，是一种应对行为。比如在实行峰段与谷段差异电价时，相关电力用户改变原有用电行为就是一种响应。需求侧响应是需求侧管理在电价政策上一种更快捷、更灵活的反应，能够让需求侧管理表现出更大的作用。需求响应从其概念的提出、实际运用到现在越来越多地引起不同国家的关注，其重要性日益突显。电力需求响应是在电力市场化背景下逐渐发展起来的，它的主要作用是通过电网侧与用户侧双向互动，致力于电力系统运行效率的提升，为参与需求响应的各类主体带来效益。

需求响应（demand response，DR）即电力需求响应的简称，是指当电力市场电价升高或系统可靠性受影响时，电力用户接收到供电方发出的诱导性减少负荷的直接补偿通知或者电力价格上升信号后，根据价格或激励措施，短暂性改变其原有用电行为，达到降低或者转移某时段的用电负荷而响应电力供应，从而促进电力供需平衡、保障电网运行稳定，同时抑制电价上升的短期行为。简单来说，电力需求响应是用户对电网号召的一种响应，有计划地暂时调整自己的用电习惯（包括减少和增加两种情况），从而促进电力系统稳定的行为。其本质是一种用电负荷精细化管理的方法，通过对电力用户的各种负荷的使用情况、历史数据或即时数据以及用电方式等进行精细分析，在用户当中寻找用电高峰时期被浪费、可调控、可节约的负荷，将这些负荷分门别类与调控模式联系、储备起来，在电力高峰时使用。

从不同的角度来看，电力需求响应可以有不同的定义，从资源的角度来看，电力需求响应可以作为一种资源，是指减少的高峰负荷或装机容量；从能力的角度来看，电力需求响应能够提高电网运行稳定性，增强电网处理紧急事件的能力；从行为的角度来看，电力需求响应是指用户参与电能管理，改变用电行为。

对于一般的居民用户而言，打开电源就可以用电，他们除了关注节约电费、正常用电等因素外，基本很少考虑关于用电的其他问题。这看似平常的用电背后是整个电力系统在维持运行。电力用户使用的电是由发电厂、电网在实时平衡，大多数情况下电力可以满足日常需求，但在某些时间段有可能出现电力的供应跟不上需求，这时候就需要电力用户帮助整个电力系统做实时的平衡。通过电力需求响应，用户可以积极参与到电力的使用管理中，并尽最大的可能激发电网的供电能力，保障电网的供电安全。

比如，在冬夏两个季节，由于空调长时间的制热与制冷，使电网的高峰负荷超过了当前的供给能力，如果为满足季节性高峰用电而增加电网相关设备投资，所投资的这些设备需要全年工作，当在其他季节时段时，设备使用效率会有所下降，这样既增加了设备购置费用，又增加了维护、维修等费用，这些投资花费最终会进行转嫁，由电力用户所承担。如果在用电高峰时段，一些用户通过降低电量使用，使高峰负荷保持在电网的可供给范围之中，这样电网公司可以不用增加额外的设备投资来满足高峰负荷。而对那些在高峰用电时段减少电量使用的用户，电网公司可以相应地给予一定补偿。如果补偿费用低于新增设备投资费用，这种做法对电网公司和用户都是互益的。而对于电力用户来说，原本只能消耗电能的电气设备，现在也成为可以带来收益的资源。还有通常所知的拉闸限电，可认为是一种被动的电力需求响应，但属于比较简单粗暴的方式，会影响用户日常的生活和生产活动，在非必要的情形下不会采用，带有计划色彩的强制方式逐步被市场化的电力需求响应所替代。

电力需求响应在用电的时段、负荷上，促使用户端能够按照供电状态，调节自身的用电需求及负荷，用电企业调整自己的电能消耗方案。电力需求响应是一种更灵活、更快捷的响应，其更侧重于一种短期行为的影响，可以在短时间内提高需求弹性，平滑负荷曲线。用电用户在电力需求响应中，属于一种自愿参与行为，可直接根据市场情况对自身负荷需求和用电方式进行调整，一是保障电网资源的正常供应，二是降低电能的消耗，体现节能降耗的特征。

3.1.2 电力需求响应类型

随着电力市场化改革工作的持续推进，电力需求响应在我国表现出了不同的类型：从实施主体角度，可分为系统主导型和市场主导型；从市场类型角度，可分为经济型、紧急型和辅助型；从实施目标角度，可分为经济主导型和可靠性主导型。大多数情况下是依据电力用户响应行为的不同将需求响应分为两大类：基于价格的价格型需求响应（price based demand response，PBDR）以及基于激励的激励型需求响应（incentive based demand response，IBDR）。

随着综合能源系统的提出和发展，在原先价格型需求响应和激励型需求响应的基础上，又出现了综合能源市场中的需求响应机制。在此背景下，以多种能源间相互耦合为基础的替代型需求响应（alternative demand response，ADR）应运而生。据此，目前电力市场下需求响应的主要类型如图 3-1 所示，主要为价格型、激励型以及替代型三种类型。

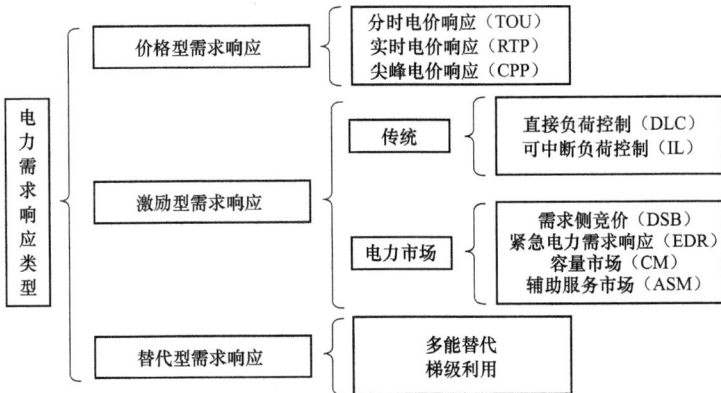

图 3-1　电力需求相应类型

1. 价格型需求响应

电力行业曾经按照用户的用电特征，将电力用户划分成商业用户，工业用户以及普通的居民用户等不同类型，针对不同类型的用户分别以不同的固定价格收取费用，这种固定价格可理解为是某一时间段内的平均供电成本。然而，在不同时段电能供给的边际成本并不相同，以固定的价格收取费用具有一定的局限性。价格型需求响应则针对性地解决这一问题，通过在不同时段设定不同的电价，可以反映供电成本的变化。具体而言，价格型需求响应就是电价随着供电成本的提高而增加、随着供电成本的降低而减少，使得用户在原先用电行为的基础上，根据电价的变化调整自身用电习惯起到平抑负荷曲线，削峰填谷的作用。用户通过参与价格型需求响应项目可以将高峰时段的用电有序地转移至用电低谷时段，降低自身用电成本的同时还提高了电力系统的运行效率。

依据时间尺度的不同，可将价格型需求响应分为三种，分别为分时电价（time of use pricing，TOU）、实时电价（real time pricing，RTP）和尖峰电价（critical peak pricing，CPP）。

分时电价机制是指根据电网的负荷特性，一般将一天划分为峰、平、谷三个不同的时段，分别设定不同固定的电价，高峰时段适当调高电价、低谷时段适当调低电价，以引导用户改变其用电行为。该机制是当前应用最为广泛的价格型需求响应机制，其时间尺度较长，一般为几个小时，在实际生活中比较容易实现。

实时电价机制中，电力运营商每隔 1 小时或者更短时间就对电价进行一次更新，通过将零售侧的价格与电力批发市场的出清电价联动，精确反映每天各时段供电成本的变化。这是一种较为理想的价格机制，在电力市场信号的传达方面更加高效。不过，由于时间尺度较小，实时电价的实现相对困难。

尖峰电价在分时电价上叠加尖峰费率而形成，电力运营商预先设定电价标准，在非尖峰时段执行分时电价，当可能出现尖峰负荷对系统运行产生威胁时，提前一定的时间通知用户进行负荷削减，并对用户进行较高的经济补偿，可以降低尖峰负荷对系统运行的影响。

2. 激励型需求响应

激励型需求响应根据补偿机制可分为传统的激励型需求响应和电力市场下的激励型需求响应。

传统的激励型需求响应是指电力运营商通过激励机制引导或控制用户在规定时段减少用电，该类项目包括直接负荷控制（direct load control，DLC）和可中断负荷控制（interruptible load，IL）。在直接负荷控制项目中，当发生电力紧急状况时运营商可直接中断参与项目的用户的用电负荷，以实现降低电力系统负荷峰值，保障系统运行可靠性的目的。类似地，在可中断负荷控制项目中，项目参与者提前与运营商签订合同，并按照合同中规定在一定时段内减少一定量的用电负荷以获取相应的激励补偿，但是项目参与者无法达到合同中的要求，也可能会受到相应的惩罚。

随着电力市场的改革和发展，电力市场下的激励型需求响应随之而生，该类项目包括需求侧竞价（demand side bidding，DSB）项目、紧急需求响应（emergency demand response，EDR）项目、容量市场（capacity market，CM）项目以及辅助服务市场（ancillary service market，ASM）项目等。在需求侧竞价项目中，用户可以根据个人的实际用电情况对自己的可削减负荷进行评估以在电力市场中竞标，中标与否由电力运营商决定。中标后，项目的参与者按照规定对用电负荷进行削减即可获取经济补偿，否则将会受到惩罚。在紧急电力需求响应项目中，项目参与者在紧急电力事件的发生期间减少用电负荷，即可获取一定的激励补偿。在容量市场项目中，项目参与用户向电力运营商提供一定量的可削减负荷作为系统的备用容量，系统容量不足时用户必须按照要求削减一定量的负荷，无论负荷是否被调用参与用户均可获取一定补偿。在辅助服务市场中，电力用户和发电机组均可参与，参与者根据电力系统运行的需求提供相应的辅助服务如频率控制，可靠性备用等，可以有效地保证电能质量和系统安全。

3. 替代型需求响应

近些年来随着综合能源系统的发展，除电能外，热能、天然气以及石油煤炭等多种能源之间可以实现协调规划和互补互济。在此基础上，需求响应由传统的仅有电能参与响应的形式逐渐发展成为多种能源均可参与的综合需求响应。用户除了通过减少或转移用电负荷外，还可以根据不同能源的实际价格选择合适的能源代替电能以参与响应，在保证正常负荷需求的同时还可以起到降低用能费用的效果。

替代型需求响应，指的是用户通过各能源间的转换，满足用能需求的同时降低用能费用并帮助平衡供需关系，不同于价格型和激励型，替代型需求响应中用户的用能需求不受影响。该类项目可以充分利用综合能源系统中能源形式的多样性，通过不同能源的转化以及存储等方式来抑制能源系统的波动性，提高能源利用效率的同时，改善系统运行的可靠性和经济性。

3.1.3　电力需求响应参与主体

电力需求响应参与主体涉及较多，其中包含电力用户、电网公司、发电企业、政府机构、负荷聚集商与能源管理服务公司等多个主体。每个参与电力需求响应的主体都能产生相应的效益。电力需求响应既有直接效益又有间接效益，直接效益涉及用户和电网企业，间接效益涉及发电企业和政府服务机构。

对于电力用户而言，在电价较高时减少用电量，从高电价转移至低电价时减少了电费，可由此获得收益。对于尖峰电价回扣而言，对用电量降低的用户给予一定的电价回扣，同样也能获得一定的电价收益。对于激励性电力需求项目，用户削减用电负荷，从而得到一定的激励补偿，也形成了电价收益。此外，用户在电力需求响应过程中能够获得一定的电力系统可靠性体验，能够降低电力系统因容量不足、意外事故等造成突然停电的概率和损失。

对于电网公司而言，电价激励型项目一方面能够保证电网、电力系统稳定运行，另一方面能够减少不稳定运行损失；在购电成本方面，电网公司通过与发电企业签订电量购买合同协议，在月度或者日度市场购买电量，电价的不同或者电价激励措施能够降低购电成本；在可免投资成本方面，为满足生产生活需要，电网公司必须对输配电进行一定的投资以满足电力负荷需求，但在用电高峰期，需求响应项目能够缓解电力系统容量短缺、用户削减用电容量、增加电力系统供电容量、减少输配电投资成本局面从而推动电力系统升级改造，能够提高电力系统的平稳运行，增加电网设备设施的寿命，降低维修成本。

对于发电企业而言，电力需求响应通过减少发电供给侧的容量投资，从而优化配置用电资源与容量。将煤、气、水等电力供应侧资源与需求侧资源进行统一规划与统筹，合理配置需求侧和供给侧资源。同时，通过纳入需求响应机制降低发电侧投资运行成本，以此来改变用户用电模式，从而使得峰值电力的需求也发生了变化。此外，电力需求响应措施可引导用户在高峰期或者电力紧张期减少用电，在电力低谷时期增加用电，提高系统运行效率以降低价格尖峰出现的概率，这样不仅从长远角度看，能够产生固定持久的负荷，还能够减少在发电设备上的投资，对于推进生态环境保护也具有重要积极的作用和意义。

对于政府机构而言，通过需求响应政策的实施能够错峰用电，提高用电效率，进一步减少二氧化碳的排放量，这相当于减少了相应的碳排放，形成了节能减排效益。减排效益主要体现在以下两个方面：一是对于参与电力需求响应项目的电力用户，为了减少电费或者得到激励补偿的经济利益，会在一定程度上减少用电量，降低碳排放；二是对于不参与电力需求响应项目的用户，将会在生活中改变自己的用电习惯，并考虑参与电力需求响应的可能性，也相当于是一定程度的节能减排。

对于负荷聚集商而言，作为各种电力需求响应资源的整合者，利用技术与商业手段，将分散的负荷整合成可以控制的负荷组。其将提供需求响应资源的电力终端用户及要购买需求响应资源的其他市场参与者联系起来，帮助拥有需求响应资源的终端用户进入电力市场，保持系统平稳经济运行。

对于能源管理服务公司而言，通过将区域内的需求侧负荷资源进行不断优化管理可为提供可调负荷资源的电力用户以及负荷聚集商开展相关服务，能够满足电力用户寻求负荷聚集商、负荷聚集商寻求自己的目标客户的切实需要，为电力用户和负荷聚集商之间建立起互相衔接的纽带。为了优化资源配置，提高用电效率，应该挖掘能源管理服务公司参与需求响应的能力，引导用户自愿参与到电力需求响应中，自觉改善其用电特性，实现系统优化运行。

各主体之间相互联系并发生作用，形成了多主体参与的协同结构。总体原则坚持政府主导、企业推动、用户倒逼机制，发动政府、企业、负荷聚集商与能源管理服务公司与用户协同合力，通力协作将此结构运行良好，共同为用电用户提供服务。

其中，政府职能机构作为主导，通过政策引导与科研经费支持作用于发电企业并激发其积极性，政府机构还通过政策支持作用于电网公司，电网公司再通过相关政策激励电力用户产生需求发生用电行为，能源管理服务公司提供相应用能服务。发电企业作为推动力量，通过降低电价或者调整阶梯电价等行为来进一步推动电力用户产生需求发生用电行为。电网公司作为激励主体，在政府机构政策作用下进一步激励电力用户产生用电需求从而改变用电行为。政策机构作为电力用户的主导，发电企业作为电力用户的推动，电网公司作为电力用户的激励，三者之间存在相互作用的循环关系。

3.1.4 电力需求响应实现目标

一直以来，用电需求都被视为一种刚性需求，因此，"扩张保供"成为解决供需平衡的传统思路，主要考虑从厂网侧增加供应，通过增加发电装机和输配电容量等来满足消费侧的用电需求。这种思路的弊端在于投资成本较大，且资产利用率较低。传统思路下，当电力供求矛盾突出时，更多的是靠实施有序用电、负荷控制等行政手段来减少高峰用电负荷，这种解决方案也不可避免地会影响电力消费端的生产生活。电力需求响应是有大量用电单位集体参与的用电与供电之间双向互动的有计划的项目活动，其采用市场化的方式给用户更多的权力，让其自主决定何时用电、用多少电，以"市场化手段+智能技术+互联网"在大系统范围内将电力供应与电力需求优化平衡、综合应用。实施电力需求响应，可实现以下目标：

（1）提高电网与电力用户的互动水平，降低经济成本。在市场中形成对价格有响应的需求可以提高市场的经济效率。当系统处于峰荷时段并且实时批发价格较高时，用电价值低的用户就会降低其需求；当系统处于低谷需求时段并且实时批发价格较低时，用电价值高的用户就会增加其用电。它通过调动电力用户加入负荷调节，电力用户按照市场运营规则，通过测算自身的生产负荷可控能力，进行需求响应，并可获得相应的电费补偿，同时减少或推迟了发电机组的投资，实现了整个电力系统资源以及社会资源的优化配置。通过提高电力需求对市场价格的响应能力，可以在满足同样供电可靠性水平下降低总的供电成本，也可以降低系统高峰需求时段的现货价格水平和价格波动幅度，为整个市场和系统运营带来巨大的综合效益。

（2）实现削峰填谷，降低高峰时段的电力需求，提升电网运行的稳定性和效率。需求响应中，电力用户与电网企业或者地方政府，预先实行相关的约定，当电网运行处于紧急状态时，可以接受监控中心的服务命令，在分区分时的条件下，灵活地切除负荷，维护电网运行的安全性，降低电能消耗。通过价格杠杆，可调动电力用户主动参与电网调峰，减轻电网运行压力。如峰谷电价、可中断负荷补偿电价等价格手段，为用户提供了对用电方式进行选择的机制，即用户可以选择在用电高峰期继续用电（辅以较高的电价），也可选择在高峰期中断部分用电，引导用户根据自己的生产特点和要求选择用电方式，使其更加科学、合理地用电。同时，用户参与电力需求响应可使电网高峰负荷降低、负荷曲线平稳、实现削峰填谷，既维护了电网的稳定，又起到平衡电网负荷与提升运行效率的目的。

（3）优化发电厂的运行方式，增强电网消纳更多间歇性分布式能源的能力。电力需求响应通过负荷的调节作用在系统中扮演着优化电厂运行方式和消纳可再生能源的重要角色，对电力系统的运行起着重要的保障作用。由于电能无法大规模存储，为了确保电力系统发电出力与用电负荷实时平衡，电力需求响应是支撑新型电力系统供需动态平衡的有效手段。随着电力用户进一步参与需求响应之中，根据需求响应信号及时调整自身用电行为，使得发电厂运行方式不断优化，助力电网消纳更多间歇性分布式能源。

3.1.5　电力需求响应发展现状

3.1.5.1　国外电力需求响应发展现状

美国电力市场环境开放，是世界上实施 DR 项目最多、种类最齐全的国家，其 DR 起步早，相关政策法规相对完备，理论研究相对完善，处于世界领先的水平。美国最先开展需求响应技术研究和试点，2002 年，美国劳伦斯伯克利国家实验室开始研究 DR 通信协议，并主要承担 Open ADR 的研究工作，2010 年 5 月，Open ADR 成为美国首批 16 条智能电网"互操作性"标准之一，2011 年进行了 Open ADR2.0 版本的认证和测试；2012 年，Open ADR

联盟将 Open ADR2.0a 作为美国的国家标准发布。霍尼韦尔研究的 ADR 系统由 DR 自动化服务器（demand response automation server，DRAS）驱动，并与用户的能量管理系统相接。系统采用 Open ADR 通信协议实现 DRAS、控制器和能量管理系统（energy management system，EMS）之间的信息传递，旨在帮助用户改善能效，降低电网在用电高峰时段的负荷。加利福尼亚能源委员会与加州大学伯克利校区的跨学科研究团队签署合同，开展了 DR 技术研究。目前在这方面做得比较好的公司有 Comverge、Atmel、Ambiant、LOXONE 等，其中 Comverge 是一个智能能源管理解决方案供应商，该公司于 2013 年 2 月 4 日推出了 Direct Link 系列产品，并凭借此系列产品获得了 TMC net 网站颁发的 2014 年智能电网产品年度大奖。西门子公司研发的需求响应管理系统（demand response management system，DRMS），已在北美最大的能源及能源服务提供商之一——Direct Energy 公司上线应用。DRMS 将整合 Direct Energy 公司每个用户的辅助计量设备，并采集消费数据，通过分析以便更好地决定市场交易的能源量。DRMS 能够支撑 Direct Energy 公司对供应方合约进行套期保值，或在高需求及供应价格升高时获得最大化收入，来优化以市场为导向的交易。另一方面，美国需求响应组织较为完善，项目类型也较丰富，其需求响应市场机制、运行规则由各州根据自身实际管理和实施。如加州主要运营负荷参与计划、需求削减计划等项目。纽约州主要利用可中断负荷参与日前现货市场或运行备用市场。

与美国类似，欧洲各国依据各自的方案和规则开展需求响应，主要侧重点集中在需求响应关键平台的开发建设、智能用电标准的制定和修订。法国在 1996 年便提出了名为 Tempo 的需求响应电价项目，此项目将全年分成蓝色日、白色日和红色日 3 种电价，每天又分峰荷与非峰荷两种电价；爱尔兰国家能源监管委员会针对家庭用户及中小型企业开展了智能计量系统测试、成本效益分析等 DR 相关技术研究，其中比较分析了按月计费、双月计费、户内显示、减负荷激励这 4 类向用户反馈模式的效益；德国的弗劳恩霍夫研究所（Fraunhofer）开发了双向能源管理界面用于管理家庭能源，旨在实现从能源供应商接收电价信息，并在成本最优化条件下控制可转移负荷的功能；意大利国家电力公司、意大利电信公司和家电企业开展"Energy@Home"技术研究，旨在通过家电、智能电表和宽带通信的合理连接实现 DR 用户和电网的双向互动，在提高能效水平的同时，降低电网的高峰负荷。实践中，法国的 Tempo 项目是分时电价的典型成功案例，超过 1000 万消费者参加了这一项目；2015 年创立的 Kiwi Power 公司，利用 DR 能够为英国电网完成近

200MW 的电力调配，且持续时间可以长达 1h。欧洲有 8 个区域性电力市场，没有统一的市场规则及技术标准，也没有整体性的 DR 计划，因此欧洲各国主要依据各自制定的方案和规则开展 DR 项目，欧洲需求响应实施情况如表3-1 所示。

表 3-1　　　　　　　　　　　　欧洲需求响应实施情况

国家/地区	需求响应实施内容及效果
英格兰、威尔士	利用需求侧竞价项目，抑制了尖峰电价和发电商滥用市场
瑞典、挪威	用户参与以"时间—价格—电力购买兆瓦数"为形式的竞价，效果良好
英国	需求侧资源可以响应电网频率变化
丹麦	建立需求侧资源等同于发电侧资源的机制
苏格兰	将需求响应用于缓解配电线路紧张状态，提高配电可靠性
法国	充分利用储能、分布式能源装置共同参与需求响应，并设计多种电价方案

2012 年，日本经济产业省对 DR 用例进行调查，最后确认使用 OpenADR2.0 作为日本自动 DR 标准基础。2013 年开始应用《日本需求响应接口规范 1.0》这一过渡性规范。该规范由经济产业省设立的 DR 行动小组负责起草，适用于电力公司（能源供应商）与电力用户（独立服务提供商和终端消费者）之间通信。日本 2014 年年底实施自动 DR 实证试验。使用 ADR 国际标准规格 OpenADR2.0，在电力供应紧张时，自动向用户发出节电要求信号（简称 DR 信号），家庭、企业等用电方自动接收 DR 信号，用 EMS 控制用电量，对 DR 结果自动进行报告。在实践应用中，京瓷株式会社、日本 IBM 株式会社、株式会社东急 Community 集团等公司，为实现电力供求平衡并构筑电力稳定供给模式，启动了自动需求响应（auto demand response，ADR）实证试验。该试验使用 ADR 国际标准规格 OpenADR2.0Profileb，在电力供应紧张时，自动向用户发出节电要求信号，家庭、企业等用电方自动接收 DR 信号，利用能源管理系统控制用电量，对 DR 结果自动进行报告。试验地点为京瓷横滨事业所等共计 25 处，试验一直持续至 2015 年 3 月。目前，在日本大多仍然是由供电方用电话及电子邮件的方式，向用户发出节电请求，难以迅速应对时刻变化的电力供求情况。如果实现自动化，则有利于维持供求稳定。

澳大利亚于 2005 年成立了 EL-054 标准委员会，该标准委员会致力于研究利用 DR 解决空调负荷过高的问题。2012 年，标委会发布 AS/NZS4755 系列标准，促进了电力用户侧具备规模的能够及时快速响应电网企业需求的家庭电气设备集群的形成，以及灵活需求响应服务市场的建立。AS4755 主要包括 3 部分：AS4755.1 主要是需求响应的概念和术语；AS4755.2 主要是关于需求响应使能装置，该装置用于在需求方和响应方之间传输有关信息；AS4755.3 主要从物理层面、功能层面规定了需求响应实施过程中相关电气设备的信息交互接口实施参与需求响应。

3.1.5.2　国内电力需求响应发展现状

目前，国内在 DR 系统开发、试点项目实施过程中，借鉴了 Open ADR 的有关内容，但更多的是立足国内现状，基于电网企业相关业务应用系统（如负荷管理控制系统、用电信息采集系统等）建设需求响应平台，通过招募负荷聚合商等对电力用户侧负荷资源进行统一调控。同时，我国的需求响应机制和项目设计，多数情况下由政府主导，参与用户以工商业用户为主。需求响应适应当前电力系统的发展要求，不仅有利于促进电力系统的高效运行，更对整个电力行业发展、节能减排发展以及社会经济发展等方面都有着重要的战略作用。

在需求响应研究方面，中国电力科学研究院在需求响应领域开展了标准体系、仿真系统、终端和系统研发等工作，建立了国内首个需求响应仿真实验室，已经初步具备用户侧分布式电源并网、工商业及居民负荷集群调控等仿真试验功能，取得了美国 Open ADR 联盟授予的一致性测试实验室资质，成为继韩国、日本之后中国首家 Open ADR 一致性测试实验室。清华大学建立了基于成本—效益分析的经济驱动需求响应模型，实现了用户参与需求响应成本效益的精细分析。华北电力大学提出了自动需求响应信息交换接口设计方法，设计了接口的体系架构、层次模型和接口功能。东南大学基于系统动力学方法，建立了需求响应资源综合价值评估模型。

在实践应用方面，我国于 2014 年 8 月在上海首次启动了国内需求响应试点，之后北京、苏州、佛山等地陆续启动需求响应试点。目前，我国 DR 需求响应工作形成了政府主导，电网企业支持参与，负荷集成商规模化、系统性整合电力用户资源，电力用户广泛主动参与的需求响应工作体系。

1. 北京需求响应试点

2015 年，北京市发改委建立了北京市电力需求侧管理服务平台，将部分负荷集成商的企业平台和北京节能环保中心的公共机构监测平台接入。平台分为 3 级架构，分别为市级平台、集成商平台、用户平台。市级平台具备 DR 功能，可实现 DR 事件和实施指令发布，并对实施数据进行监测和统计。DR 用户可通过负荷集成商平台接入市级平台，由负荷集成商对用户进行 DR 全过程管理。平台架构可实现 3 级平台响应信号的信息化传递和响应数据的实时采集。2016 年，北京市发改委正在研究通过以下途径落实需求侧潜力挖掘工作：①重点面向有序用电名单内用户和空气重污染情况下停限产用户推广 DR 应用，优化用户生产方式；②提升公建领域用户对 DR 工作的认知，在不影响用户正常工作生活体验的情况下，鼓励用户实施空调计量和控制改造，形成可复制可推广的 DR 参与模式；③继续推广居民侧 DR，提升社会认知度，挖掘居民侧用户响应潜力，并创新执行手段和方法。

2. 上海需求响应试点

2015 年，上海市电力公司为了完善 DR 平台上的需求侧管理服务，研究开发了基于光纤通信方式的负荷管理终端，实现了客户分项计量数据接入、远程视频监控、指纹登录识别、自动程序升级等功能。其终端还具备开放式软件平台，可以根据需求拓展相应的终端功能，将为 DR 业务提供后续拓展空间。2016 年，上海市电力公司再次完成需求响应平台改版工作，并已通过实践应用。平台作为上海市需求侧管理平台的主要模块，将继续增强与现有用电负荷管理系统以及负荷集成商之间的数据交互。同时，公司通过研究基于利用建筑分项计量监控平台进行商业楼宇 DR 的控制策略与市场机制，依托上海市长宁区、黄浦区的公共建筑分项计量平台，对公共建筑进行 DR 控制，从而降低能耗，节约资源。

3. 江苏需求响应试点

国网江苏省电力公司对用户申报条件、启动原则、工作流程、补贴办法、各方权责等 DR 全过程进行了详细分析，支撑省经信委制定了《江苏省电力需求响应实施细则》，研发了涵盖 DR 用户申报、用户审核、多方签约、需求发起、用户反馈、效果评估与反馈、用户申诉与反馈、补贴核算等 DR 全业务流程的电力 DR 平台，作为电能服务管理平台的 DR 子模块进行应用，实现了电力 DR 工作全系统化、网络化运行。

4. 佛山需求响应试点

佛山在电力需求侧管理平台上，拓展了自动需求响应功能，并依托电力公司的负荷管理系统采集和监测参与响应用户的负荷数据；管理模式为政府主导，电网公司具体组织实施，负荷集成商、电力用户积极参与；项目类型主要为自动需求响应；实施模式规定参与用户 3 年内累计参与响应次数不少于 10 次，参与响应负荷一般不超过该用户总负荷的 15%，补贴标准为 130 元/千瓦。

2017 年 9 月，《电力需求侧管理办法（修订版）》发布，自其发布以来，我国需求响应的探索实践有了新的进展和突破，如多地实施了"填谷"需求响应、需求侧竞价模式首次出现、参与的负荷和主体更多元、负荷响应更精准等。

"削峰"与"填谷"并行，提升电网灵活性成为新重点。除负荷高峰期的"削峰"需求响应外，2018—2019年，天津、江苏、上海、浙江、山东等地均实施了"填谷"需求响应。几个省份的实施背景和侧重点略有差异，但实质均为缓解各种因素导致的电网运行调节压力。如天津是为了缓解春节期间用电、用热矛盾；江苏、上海、浙江、山东等则主要为解决空调负荷快速增长等造成的电网峰谷差增大，以及风电、光伏发电等新能源发电大规模并网带来的电网平衡问题。多地"填谷"需求响应的实施表明缓解电力供需缺口已不再是电力需求响应的首要任务。需求响应所发挥的作用正逐步向提升能源电力精细化管理水平和电网运行灵活性、促进新能源发电消纳等转变。

市场化程度逐步提升，补贴资金来源更广泛。我国激励性需求响应通常以约定补偿为主。2018年，江苏在国庆期间实施的需求响应中首次采用竞价模式。2019年，上海开展了需求响应年度竞价工作，且交易品种和调用方式都更为丰富。今年，山东建立了适应电力现货市场的"双导向、双市场"需求响应机制，电力需求响应实施模式由"需求侧报量+固定补偿价"模式向市场化的"需求侧竞价+最高限价"模式转变。与此对应，需求响应的补偿资金来源也更为广泛，跨省跨区可再生能源现货交易购电差价盈余成为需求响应资金新的重要来源。如山东提出2020年度经济性削峰、填谷需求响应的补偿费用暂从电网企业参与跨省跨区可再生能源现货市场交易形成的资金空间支出；浙江则明确2020年度电力需求响应补贴资金来源于2019年跨区域省间富余可再生能源电力现货交易购电差价的盈余部分。

参与负荷和响应手段更多元，精准、数字化成为亮点。由于"填谷"需求响应的出现和数字化技术的发展，参与响应的负荷类型和手段均呈现出新的特点。就负荷类型而言，除工业用户、居民空调负荷外，自备电厂、新能源汽车充电站/桩、各种类型的储能设备等也成为响应负荷的一部分，从而可以实现负荷双向调控。具体到响应手段，依赖不断完善的技术手段，负荷响应的自动化水平不断提升，需求响应也在向数字化方向转型，负荷调控更为精准、响应速度更快。如上海依托需求响应虚拟电厂平台深层连接、精准接入客户用能设备，并实现大量闲散、碎片化负荷的聚合和协调优化；江苏储能需求响应资源管理系统实现了更精准、快速的负荷自动响应；浙江在2020年需求响应工作通知中明确，加快相关平台建设，实施响应全流程管理和线上办理，深化需求响应大数据分析。这些更快速、更精准的负荷调控手段为需求响应资源参与更短时间尺度的系统互动打下了良好基础。

随着参与需求响应的负荷类型不断增多，负荷响应的自动化水平不断提升，负荷调控更为精准、响应速度更快，需求响应所发挥的作用正逐步向提升能源电力精细化管理水平和电网运行灵活性、促进新能源消纳等转变。随着电力市场改革、新型电力系统建设以及"双碳"目标战略实施等工作的不断推进，各类用户侧负荷设备、电动汽车、温控负荷等分散可调节负荷资源将更多地纳入电力市场交易范围，进一步推动需求响应发展。

3.2 电力需求响应实现机制

3.2.1 市场初级阶段

1. 实施项目

在市场初级阶段，我国对需求侧资源的利用主要集中在各类负荷项目，以政策性引导的有序用电为主，分时电价为辅。

有序用电：是在供电不足等情况下，采取行政、经济和技术措施依法控制部分用电需求，维护供用电秩序平稳的管理工作。具体措施包括错峰、避峰、限电和拉闸。

峰谷分时电价：将1天或1年划分为高峰、低谷和平时段，通过适当调整峰期和谷期电价来引导用户优化其用电结构和用电方式，是基于价格的电力需求响应措施之一。

2. 运作模式

在初级阶段，由于需求响应发展时间较短，各主体对相关项目的运行机制还未形成充分的认识，政府应发挥主导作用，并以电力公司作为实施主体。与此同时，负荷聚合商等电能服务机构等应积极参与需求响应项目的开展，一方面根据政府和电力公司的部署开展需求响应项目主体业务、分析典型用户的需求响应潜力，另一方面可为用户提供设备安装和技术支持等服务。

3. 激励机制

（1）对电力公司的激励。开展需求响应项目要求投入大量资金，节约电能消耗的同时有可能使电费收入减少，可能会削弱电力公司开展需求响应的积极性。对此，政府和监管部门可以考虑设立智能电网建设基金或电力需求侧专项资金对电力公司给予一定比例的开支补偿。

（2）对用户的激励。用户是需求响应项目的直接参与者，其参与积极性直接关系到项目开展全过程的效果和效益。因此，应综合采用多种方式对用户进行激励，具体包括：

折让激励：给予购置特定节电产品的用户适当比例的折让，或者对参与需求响应的用户给予一定的电价折扣。

免费安装激励：电力公司或负荷聚合商为用户全部或部分免费安装节电设备，以激励电力用户参与节电项目投资。这种机制为需求响应的大规模推广应用奠定了良好的硬件和用户群基础。

节电特别奖励：对用户提出的准备实施且行之有效的优秀节电方案给予"电力用户节电特别奖励"，借以激发更多的电力用户提高用电效率。

电价激励：电价激励是一种有效且便于操作的激励手段，但程序比较复杂，调整难度较大。用户可以根据自身的情况进行选择，以获得电费节约。在市场初级阶段,我国主要实施峰谷分时电价机制来激发用户赢取节电收益。

（3）对负荷聚合商的激励。负荷聚合商与愿意购买需求响应资源或服务的电网公司签订合同，并通过与电力用户合作实施需求响应项目，共享项目实施效益。借鉴国外需求响应项目实践，对负荷聚合商的激励包括以下 2 方面：

电网侧的市场推广费用收益：负荷聚合商在需求响应项目中要集中零售用户的需求响应资源，并在电网公司注册这些资源，提交需求削减信息给电网认证，因此收取电网公司给予的市场推广费用补偿。

用户侧的节电效益分享收益：负荷聚合商作为大用户参与需求响应项目，按照最终响应效果获取政府给予的容量补贴，并按照协议给零售用户分配补偿份额。在支付用户应得的补贴时，负荷聚合商可以按照政府相关政策或者与用户签订的合同条款，获取一定的补偿价格收入。

3.2.2　市场过渡阶段

1. 实施项目

在过渡阶段，需求响应实施模式可在初级阶段的基础上，逐步减少指令型的有序用电项目，同时开展并推广尖峰电价试点、引入直接负荷控制，紧急负荷响应等需求响应项目。

尖峰电价：是在峰谷电价的基础上发展而来，预先设定时段和价格，与峰谷电价最大的区别是尖峰电价仅在一年内的少数"紧急日"执行，且只预先规定一年最多执行天数、但不规定具体日期，而是由电力公司根据预测提前一天或数小时通知用户。

直接负荷控制：对于一个确定的考察范围，将其总负荷按用电特性分类,在不影响用户用电满意度的情况下，将各类用电负荷在时序上重新调度以降低总峰荷。

紧急需求响应：除了尖峰电价机制和直接负荷控制项目，在过渡阶段，我国还可以考虑引入紧急需求响应项目。按照美国 PJM 市场的定义，紧急需求响应项目是指在电量市场价格达到规定的价格上限、系统运行备用不足等紧急状态下，需求响应资源作为一种容量资源，按照调度中心指令削减负荷的行为。

2. 运作机制

进入市场过渡阶段，随着用户对需求响应运作机制逐步了解，负荷聚合商逐渐建立起良好的合作关系，实施模式由政府包办过渡为负荷聚合商主导、各参与实体主动参与。具体而言，负荷聚合商等用能服务机构负责需求响应项目的计划、资金分配、评估和验收等工作，并接受政府监管和定期审计检查。在市场过渡阶段，负荷聚合商除了初期的需求响应主体业务，主要可以采取以下 2 种业务模式来提高用户参与积极性，扩大市场占有率。一方面加快平台研发以抓取用户数据；另一方面，为用户提供直接负荷控制等需求响应项目的关键技术设备支持，最大程度地提高用户的参与度。

3. 激励机制

（1）对电力公司的激励。在市场过渡阶段，对电力公司可采取"奖励金机制"的激励方式。与市场初期实施的补贴机制的成本指向性不同，奖励金机制是根据电力公司实施需求响应项目所节省的单位电量和容量进行经济奖励，会使电力公司为获得更多的奖励金而尽可能地节电。

（2）对电力用户的激励。在市场过渡阶段，除了初期的折让和免费安装激励等方式外，还应当增加可中断电价、积分营销机制来进一步激励用户提高需求响应项目参与度。

可中断电价机制：电网公司与用户签订可中断负荷合同，在负荷短缺时中断用户的供电，并给用户提供一定的补偿，这一补偿机制称为可中断电价机制。

积分营销机制：基于积分营销的需求响应实施激励机制是指用户根据电网公司发布信息调整用电，依照积分标准对用户响应行为累计积分，根据积分兑换标准用户可以获取额外的用电服务效益。

3.2.3 市场成熟阶段

1. 实施项目

进入市场成熟阶段后，我国的需求响应项目开展可考虑引入更加灵活的市场手段，最终形成以需求侧投标市场和辅助服务市场两大市场为载体的市场局面，以改进后的峰谷分时电价、尖峰电价和实时电价为激励调节手段，以直接负荷控制为支撑手段的需求响应体系。

需求侧竞价是需求侧主动参与市场竞争的机制。在市场成熟阶段，用户可通过改变自身用电方式，以竞价的形式自发参与市场并获得相应的经济利益。主要包括双边合同交易和参与市场竞标两种实施机制。

2．运作机制

随着需求响应机制日益成熟，负荷聚合商与电力用户间的业务势必会进一步完善和扩展，快速响应市场变化和客户需求，包括满足客户多元化、个性化需求，充分利用平台资源为客户提供能效服务和合同能源方案等增值服务，通过收取咨询费或管理的方式，构建成熟期企业新的盈利模式。

3．激励机制

进入成熟阶段后，用户普遍认可了需求响应在经济、环境和社会等方面的综合效益，各类需求响应项目发展成熟，用户的参与率也基本稳定在一个中高水平。与此同时，负荷聚合商在该阶段的业务重点逐渐从需求响应基础业务转移到增值业务，盈利可观。因此该阶段的政府的政策补贴将逐步减少，以实时电价为主体的动态电价机制可以作为默认电价在所有用户中广泛推行，激励用户根据电价水平自主、适时调整用电习惯。

3.3 电力需求响应管理平台

3.3.1 电力需求响应管理平台功能

电力需求响应管理平台功能主要包含客户管理功能，电力数据采集功能，用电负荷预测功能，响应能力评估功能，需求响应项目管理功能，邀约需求响应功能，用户结算功能，评价与监管功能，可以满足不同参与主体的多场景的需求，支持全流程化操作的辅助决策，建立全过程的评价体系，确保需求侧响应活动及时、高效地开展。

（1）客户管理：客户管理是支持对客户的注册、维护、注销以及分类等管理的功能模块。通过引导客户填报信息完成注册过程，形成客户信息档案，构建统一客户管理体系，主要包括客户注册、客户信息维护、客户注销、客户分类管理等子功能单元。管理的客户类型和范围包括但不限于电力用户、分布式能源、电网企业等。

（2）电力数据采集：通过电力数据采集功能模块接入实时用电或发电功率数据，包括电力用户以及含储能、光伏在内的多种负荷、电源类型。

（3）用电负荷预测：针对"用户—区域—电网"多级主体的多时空尺度用电预测，是电力企业评估电力供给紧张程度、评估需求响应实施必要性的数据基础。用电负荷预测模块实现多时空尺度用电负荷预测技术，开展不同用户的用电预测，实现不同业务下不同时间维度的精确用电预测和用电数据定制服务。

（4）需求响应能力评估：在实施需求响应项目申报以及实时自动需求响应策略优化时，需要准确评估在线用户或负荷聚合商的需求响应能力，包括计算负荷基线、分析响应时间以及评估负荷下调能力等。需求响应能力评估模块按照企业的用电特点进行用户分类，标示对负荷高峰贡献较多的重点行业及企业，以认识企业用电规律，了解潜在的需求响应潜力和优化响应措施，解决"用户、负荷聚合商、分布式能源"多层次、多元主体需求响应能力评估问题。

（5）需求响应项目管理：需求响应项目管理主要功能有基于价格的需求响应项目和基于激励的需求响应项目设置、审核、发布、参与申请及管理，基于价格需求响应又可分为分时电价、实时电价、峰谷电价项目，基于激励的需求响应项目又可分为直接负荷控制、可中断/可削减负荷等项目；此外，提供需求响应项目执行过程监控功能。

（6）用户结算管理：主要功能有查看结算账单和明细、设置项目结算触发时间和规则、结算支付方式、结算申诉管理、结算分析等。

（7）用户评价与行为监管：用户评价与行为监管模块主要提供对于电力用户和负荷聚合商参与需求响应项目的合规性行为监管、信用评价打分以及违规警告和考核惩罚功能，包括用户违规行为记录、违规警告、用户信用评价、负荷聚合商服务评价、用户考核惩罚、用户黑名单。

在需求响应平台的辅助下，负荷聚合商可以及时调动用户侧资源参与电力需求响应业务，增强了对负荷的管控能力，也帮助用户有效提升了经济效益。需求响应平台的应用得以实现需求响应用户申报、用户审核、线上签约、需求发起、用户反馈、效果评估、补贴核算等需求响应全过程管理，在精细化需求管理、及时响应等方面呈现出显著的应用效果。

需求管理精细化。需求响应平台实现了对代理用户的分类管理，通过大数据技术对每类设备的运行特征、生产工艺等进行分析，为能源优化、节能等提供数据支撑，对用能价格进行有效管理，进而根据用能价格调整生产生

71

活方式，改变用能曲线，从而达到精细化管理的目标。

响应互动及时性。需求响应平台辅助电力企业建立与用户之间的及时、高效的互动机制。售电公司通过与用户的互动，及时掌握用户的用能需求、用能舒适度范围以及用户参与需求响应的意愿，在互动过程中，制定参与需求响应的策略和计划，并取得用户的确认授权，提高响应效率和准确性。

响应监测系统化。需求响应平台支持负荷聚合商对确定参与需求响应的用户进行系统性的监测，建立用户—计量点—设备的系统性分层监测体系，实时掌握用户参与需求响应的效果和执行过程，确保整个需求响应过程的高效完成。

响应策略智能化。需求响应平台按照不同的响应目标和业务场景，结合多业务之间的互联互通形成智能化的响应策略，并能根据各个业务的变化对策略进行智能化的调整，有效减少对生产生活的影响并扩大响应收益。

响应结算实时化。在响应活动结束后，需求响应平台可实现实时的响应结算，让用户对响应效果一目了然，有效提升用户满意度和参与需求响应的积极性。

3.3.2 电力需求响应管理平台系统架构

1. 电力需求响应管理平台总体架构

电力负荷需求响应平台应能够实现需求响应智能决策和执行，以及上下级平台的数据和信息交互等功能，需求响应终端持续监测可调负荷资源的运行状态及负荷数据，实时测算需求响应能力并上报电力需求侧实时管理系统平台；在电网启动需求响应时，平台根据上报的需求响应能力，智能分配负荷调控指标，通过需求响应终端下发需求响应事件至用户生产系统以及用户交互装置。

如图 3-2 所示，电力需求响应平台应为上级平台提供互动接口，能够获取上级平台下发的响应事件通知及上级平台提供的其他相关信息（具体由上级平台开放的接口与功能决定），并向上级平台上报签约企业档案信息、用户的响应反馈信息以及事件相关的过程数据。向下应为各类用户提供基本信息管理、数据采集、基线计算、削减量计算及参与需求响应互动等功能，帮助企业完成需求响应相关业务。

平台应提供与云平台的数据接口，以获取企业关口用电数据，另外，平台还管理企业自装电表的档案信息，实现企业数据接入管理，并管理企业自装电表采集的数据，为后续提供各类电能服务提供数据支撑。

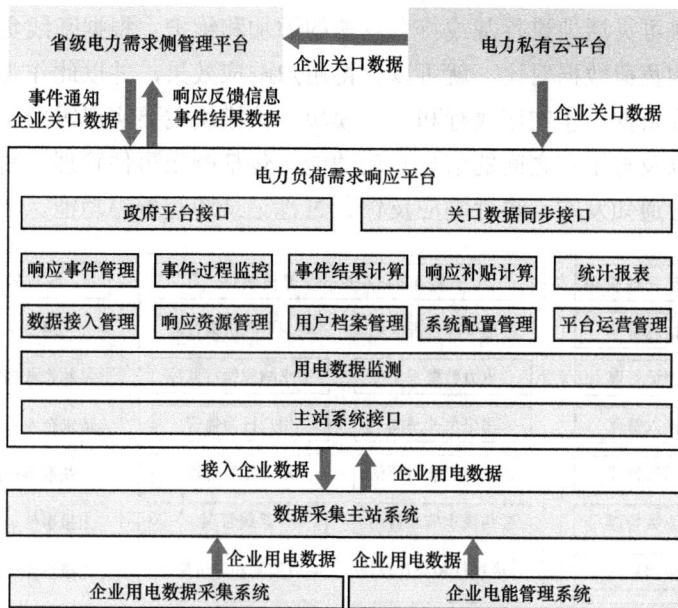

图 3-2　需求响应平台总体架构图

从平台的总体架构中可以看出电力负荷需求响应平台的定位是为负荷聚集商或用电企业提供参与需求响应的通用运营服务平台，通过平台提供的各项功能和基于平台的运营服务，为不同类型的客户提供需求响应服务。

2. 电力需求响应管理平台应用架构

平台应用架构分为四大部分，分别是系统功能模块、平台运营管理模块、需求响应管理模块及接口模块，其中需求响应管理模块为平台的核心模块，如图 3-3 所示。

电力需求响应管理模块。电力需求响应管理模块作为平台的核心模块，主要承担了需求响应资源潜力分析、需求响应策略以及基线负荷和过程监控等功能，主要功能介绍如下：①响应资源管理模块。该模块主要是对区域内的需求响应用户的响应潜力给出理论测算值，并可根据用户实际响应情况进行修正，也可以根据用户自身实际情况进行修正，从而形成更加准确的响应资源库。②响应遴选决策模块为各级需求响应事件管理者（政府部门、电网公司或电能服务商）提供配置和维护需求响应资源遴选决策策略的功能，可以基于负荷率和能效等不同目标创建不同的响应策略。在不同的策略中，选择不同的资源组合，以优化响应效率。通过客户参数设置，可配置默认的响应资源属性，实现自动反馈。③响应监测和评价模块。该模块可以根据用户特点选择的不同基线算法，从而更加准确快速的完成用户基线负荷的计算，并且该模块可灵活地进行基线符合算法的添加和维护。根据基线负荷和用户响应过程的负荷数据对比，就可以获得用户响应效果，并以此作为响应效果核算和评价依据。④响应执行和交互模块。该模块主要实现需求响应执行的过程管理以及与用户之间的信息互动功能，包括响应事件管理、需求响应日程表、事件通知发布、事件响应反馈、过程记录和查看等功能。

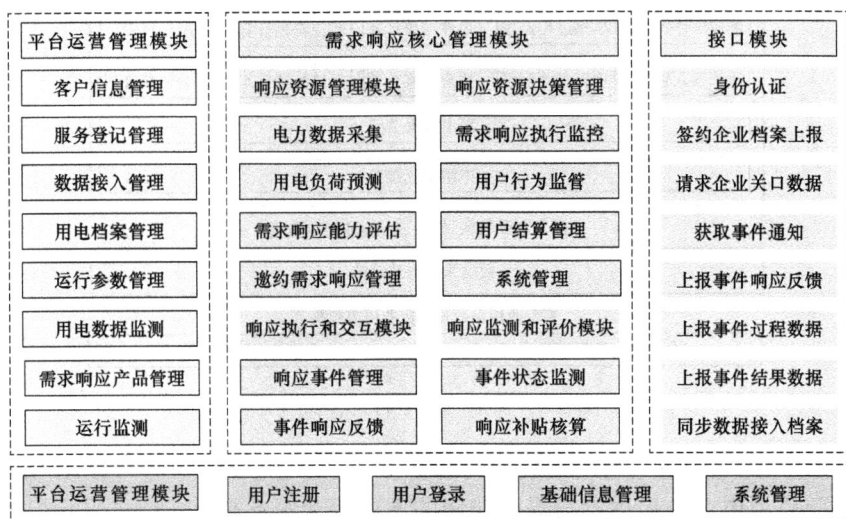

平台运营管理模块	需求响应核心管理模块		接口模块
客户信息管理	响应资源管理模块	响应资源决策管理	身份认证
服务登记管理	电力数据采集	需求响应执行监控	签约企业档案上报
数据接入管理	用电负荷预测	用户行为监管	请求企业关口数据
用电档案管理	需求响应能力评估	用户结算管理	获取事件通知
运行参数管理	邀约需求响应管理	系统管理	上报事件响应反馈
用电数据监测	响应执行和交互模块	响应监测和评价模块	上报事件过程数据
需求响应产品管理	响应事件管理	事件状态监测	上报事件结果数据
运行监测	事件响应反馈	响应补贴核算	同步数据接入档案
平台运营管理模块	用户注册	用户登录	基础信息管理	系统管理

图 3-3　需求响应平台应用架构图

系统功能模块。系统功能模块主要提供平台的系统公用功能和系统管理功能，主要包括用户注册、用户登录、平台基础数据管理，如编码信息、区域信息、行业分类信息等，平台系统管理，包括系统账号管理、用户权限管理、角色管理、菜单管理等，实现系统快速配置与部署，帮助快速建立平台的运行环境。

平台运营管理模块。平台运营管理模块主要针对平台运营人员提供的运营支撑工具，通过运营提供平台运营功能，实现平台客户与运营服务人员的信息传输与互动，完成业务受理、客户信息管理、客户业务状态的跟进及运营数据的监测与统计。

接口模块。接口模块主要是包括面向政府侧的电力需求侧管理平台及面向数据采集系统的接口，其中，面向政府侧平台的接口，主要包括获取事件信息及上报签约企业档案、事件响应反馈及事件过程数据等。

3.3.3　电力需求响应管理平台关键技术

电力需求响应管理平台的高效率运转离不开一些关键技术和设备：

1. 自动需求响应技术

自动需求响应技术是在智能电网的基础上，靠信号触发需求响应实施程序自动调度负荷，而完全不依赖人工操作。随着多能需求响应的发展，自动需求响应技术需要拓展到多能领域，自动需求响应应当包括参与多能需求响应用户端数据采集、传输、分析形成可调资源库，当出现高电价或需要维护电网稳定性时向用户端能量管理系统发送触发信号，当接收到触发信号后按照预先制定的负荷设备与分布式电源设备控制逻辑方案，实施需求响应完成削峰填谷，并将信息反馈至自动需求响应服务器，触发条件及执行逻辑均可预定，如果需要修改则将新的策略重新写入控制程序。国外自动需求响应技术已开展了系统框架、运行模型及机制等研究，日本已经试验验证自动需求响应技术的可行性。国内在这方面刚刚起步，江苏、上海、山东已展开相关研究。信息物理系统（cyber physical systems，CPS）能够支撑网荷间信息交互，支持多能需求响应用户侧设备接入被主动识别的功能，能使网荷侧信息快速达到协调共享。目前江苏、上海已建立 CPS 并融合了实时仿真平台，更全面的功能有待进一步开发。另一关键技术是网荷接口标准，国际上网荷通信较为主流的协议标准为美国的 OpenADR2.0，国内目前已发布行业标准 DL/T 1867—2018《电力需求响应系统信息交换规范》，有助于统一和规范设备通信接口，提高需求响应效率。

2. 信息与通信技术

在需求响应中，用户端除了原有的可调节负荷外，另外会配置储能、电动汽车等分布式能源，具有源荷双向调节功能。与传统的信息技术相比，区块链技术通过智能合约及加密手段等技术，记录所有交互信息并进行可靠共享，适应分散的多元能源系统结构。在用户端的能量管理系统中，通过区块链技术收录可交易的需求响应资源特征及风、光、储等能源市场的价格信号，能够在减少信息传递的同时促进资源整合，其强大的查询与统计功能通过大数据技术实现更高级的管理服务。P2P 的去中心化交易方式也能够降低需求响应交易准入门槛，从而提高参与主体的多元性和积极性。已有研究表明分布式电源与用电设备信息传递后，整个需求响应过程能够实现自动交易和结算。目前 5G 技术以其高可靠、低延迟、高网速、大容量以及能够可靠支撑大规模数据信息交互的特点，开启了互联网通信加控制的新时代，为能源的传输分配带来了创新的解决方案。在多能需求响应中，用户设备侧安装的终端，可通过 5G 技术通信，将设备数据发送到管理中心主站或者云端，并将云端的下发指令传输到终端。目前全国智能电网用户接口标准化技术委员会

（SAC/TC549）承担着标准体系建设工作，于 2014 年启动电力需求响应标准体系制定，相应的国家标准、行业标准等都在统筹制定中。较早使用的 OpenADR 标准因涉及付费授权与网络安全等问题，在行业标准 DL/T 1867—2018《电力需求响应系统信息交换规范》发布后，将逐步被取代。

3. 能源计量技术

区别于传统的需求响应，多能需求响应使用计量技术采集存储并分析多元用户端数据时，对采集数据的及时性、有效性和传输数据的快速性、可靠性要求更高。在电力领域电力计量技术采集存储并分析用户端数据，采集数据的及时性、有效性和传输数据的快速性、可靠性关系着需求响应结果认定的精确度。量测体系实现网荷信息互动，为需求响应提供硬件支持，是部署需求响应的技术前提。我国从 2019 年起正式实施国家标准 GB/T 37016—2018《电力用户需求侧响应节约电力测量与验证技术要求》，该标准规定了参与需求响应的用户节约电力的测量与验证方案等。电力计量在应用中坚持稳定、成熟的技术路线，随着自控技术与通信技术的发展而不断进步，在应用中更高效安全，自动化智能化程度更高。

4. 智能控制技术

智能控制技术是指在无人为干涉情况下，具有一定的自主驱动实现目标控制的技术，是控制理论的高级发展阶段。自动控制技术在使用时，在设备控制中内置算法，被触发时实现控制功能，常用的算法有模糊控制、遗传算法、神经网络算法等。目前在能量管理系统、智能电器及电网友好型设备等方面应用广泛，以满足智能电网及需求响应的要求。

5. 动态负荷聚合建模技术

小容量的居民和商业用户的可调负荷数量庞大但单个容量小，参与需求响应意愿较强，但参与途径不畅，而负荷聚合技术将数量庞大且分散的中小用户的可调负荷与分布式能源，运用数学方法进行整合，形成具有一定规模的资源库，从而参与需求响应项目。目前对于负荷聚合建模的研究是根据负荷的初始运行状态、可调容量等指标，针对大量的负荷建立固定的负荷聚合模型，聚合完成后不再根据场景的变化及负荷自身的变化对负荷聚合模型进行修正。然而实际系统运行中，负荷侧可控负荷作为一种需求响应资源，其响应容量、响应速度等参数会因时空尺度的变化而存在差异，这种负荷聚合方法无法满足系统运行的实际需要。因此需要根据削峰填谷、调频等不同应用场景对调度参数的需求，建立计及多时空尺度、用户使用行为随机性的动态聚合模型，实现负荷资源的调度与控制。另外聚合结果多为总体资源潜力水平，分解至用户的方案可能不唯一。

6. 负荷聚合模型控制指令的分解

负荷聚合模型的运行控制是一个多变量（大量控制对象）、多目标（如经济指标最优、用户满意度最高等）、非线性的动态随机控制模型。由于负荷聚合体存在调节潜力极限值，当调度部门下达的控制指令等于该最大调节潜力时，负荷的控制方式唯一，即所有负荷均以最大调节量参与调度；但当控制指令小于最大调节潜力时，就存在多种负荷控制方式，需将控制指令分解至单个负荷，且每个负荷的控制指令可能不尽相同。因此需要根据用户的用电意愿、响应容量、控制成本、调度精度等因素建立多目标规划函数，采用准确快速的寻优方法寻找其中的最优调度方案，将下发的控制指令进行分解，通过集中控制或分布式控制方式等实现对大量负荷的有效控制，使得控制结果满足经济指标最优、用户满意度最高等要求。

7. 物联网技术

物联网通过海量部署能够捕获不同信息格式和内容的前端采集及传感元件、广泛应用感知技术，将人、物、机器、传感控制装置在局域网或者互联网上紧密连接。它是智能化、远程化的网络，能够完成物—物、人—物互联的远程管控。

物联网的实质是实现各种信息传感设备与通信信息资源（互联网、电信网甚至电力通信专网）的结合，从而形成具有自我标识、感知和智能处理的物理实体。实体之间的协同和互动，使得有关物体相互感知和反馈控制，形成一个更加智能的电力生产、生活体系。

物联网为智能分析提供数据基础，保障用户的数据正确、快速、安全地传输到终端，同时通过物联网，柔性负荷聚合商可以方便地向用户终端下达控制指令，提升负荷聚合商的响应能力。依托物联网还可以构建数据安全分级体系，基于不同安全等级明确数据保障技术，在确保安全的前提下开放数据权限，实现数据互联互通，保障业务执行效率和管理顺畅度。

8. 云计算及大数据技术

云计算为用户提供被虚拟化的、动态的、可伸缩的基于互联网的、海量数据的计算模式。居民负荷的负荷数据多种多样，各类负荷信息具有实时变化性，通过采用云计算业务，可解决负荷聚合过程中的数据存储和挖掘问题。

负荷数据是大量的、较为随机的数据，需要应用大数据挖掘的技术对各类负荷进行数据分析。柔性负荷聚合的过程，是对负荷的数据进行分类的过程，利用数据挖掘的各类方法，将各个具有一定规律性的数据进行关联分析后，寻找其中的分布模式进行聚类，并根据聚类结果得出负荷使用规律，以预测负荷使用情况，来指导用户的用电方案的制定。

9. 可聚合负荷的准确量化

商业楼宇中的中央空调、居民用户的空调热水器等用户侧温控类负荷，一般通过调节其设定温度值或控制器工作状态来改变用电量。地理位置、用户舒适度要求等差异会造成响应行为的不确定性。电动汽车作为一种良好的移动储能单元，其响应行为受到电池类型、汽车类型、用户交通出行规律和充电方式等因素的影响，也存在一定的不确定性。电力终端用户大多可以提供不同类型的需求响应，但是其需求响应资源的价值并不相同。因此由于这些外部需求或内部用户的不确定性因素的存在，容易使得实际的决策工作难度加大。

首先，负荷聚合商需要结合大数据挖掘的技术对各类负荷进行数据分析，建立负荷自身交易特点的预测体系和方法。在负荷聚合商运营模式下，中小用户的负荷具有弹性，具备可调负荷的特征，在聚合商交易决策前需要对不同类别用户进行价格弹性预测，同时在负荷预测模型中需要考虑用户历史负荷信息、地理位置等因素的影响，量化用户侧可控负荷响应行为的不确定性，建立精度更高的负荷聚合模型以应对系统突发事件，减少调度误差，实现对聚合负荷的精确控制。另外，负荷聚合商的负荷响应功能的实现受到负荷响应信息物理设备的可靠性运行和信息传输的时效性影响，因此，还需加大技术研究。

10. 智能终端元件

实现负荷聚合需要在用户侧安装智能终端元件，智能终端元件应当实现以下功能：通信功能，采集储存功能，控制功能，如图 3-4 所示。通信功能

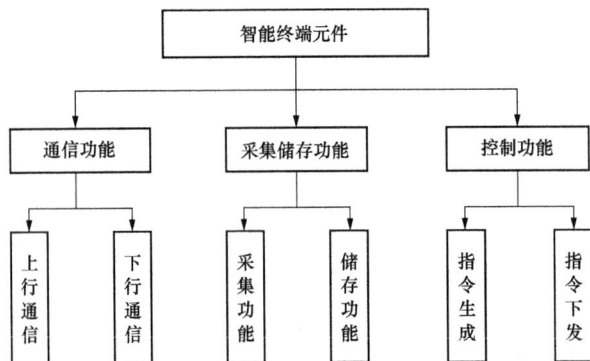

图 3-4 智能终端元件功能组成

包括上行通信和下行通信，上行通信是向负荷聚合商和电网公司调度中心上传监测设备运行参数，下行通信是将负荷聚合商的调度计划，设备运行信息等传递给用户。采集储存功能包括采集功能和储存功能，采集功能是收集所监测设备各参数信息，储存功能是指对设备运行信息具有一定的储存能力。控制功能包括指令生成和指令下发，指令生成是将电信号转化为控制指令，指令下发指向所控制设备发出控制指令。

3.4 柔性负荷聚合商

3.4.1 柔性负荷聚合商定义

在电网的各类负荷中，一些用电时间不可转移且不具调控潜力的负荷被称为刚性负荷。能够在某时间段调整用电行为，或者能够与电网进行能量互动，主动参与电网优化运行的负荷被称为柔性负荷（flexible load，FL）。柔性负荷的调度和调节是缓解供需侧矛盾的重要手段之一。对于中小用户的柔性负荷而言，其单个个体的容量达不到市场要求，负荷聚合商扮演着需求响应市场中承上启下的角色，采用自有的调度方式将中小用户的柔性负荷聚合成整体参与市场。

对于负荷聚合商的定义，从市场商业运营的角度来说，负荷聚合商可以是一个第三方的单位组织，作为提供需求响应资源的电力终端用户及要购买需求响应资源的其他市场参与者之间的联系人，帮助拥有需求响应资源的终端用户进入电力市场，同时为各种市场参与者提供多样化的服务和技术支持。从电力系统运行的角度来说，一般定义负荷聚合商是一个各种电力需求响应资源的整合者，其通过利用技术与商业手段，将分散的负荷整合成可以控制的负荷组，并帮助这些负荷组响应系统的控制请求，从而保持系统平稳经济运行，所以在系统运营者的眼中，负荷聚合商可以提供虚拟发电容量，也可以通过调节用户负荷来提供调峰等辅助服务。

柔性负荷服务商可作为虚拟电厂，依靠调控策略对区域内各种形态和特性的电源与用电负荷实现最优整合，代表拥有柔性负荷资源的用户参与电力辅助服务市场，从而实现对区域内的空调、电动汽车、储能等用电单元经济高效的控制，实现聚合商、电网和终端用户多方共赢。狭义来说，负荷聚合商就是一些负荷的聚合机构，这些负荷可以是传统的工、商、民用等负荷，也可以是电力储能装置。这些负荷或装置不直接受系统运行调度中心控制，而是授权于独立组织负荷聚合商运行调度中心，通过该中心以一个整体的形式参与到电网运行和电力市场交易中去。广义来说，负荷聚合商不仅仅局限于负荷侧的传统负荷资源的聚合，还能与风电、太阳能等这些新能源发电机组结合起来，将发电和用电两端的一些个体和单元组合成一个整体参与到电网运行和调度。

3.4.2　柔性负荷聚合商的分类

1. 按投资主体分类

很多市场主体可以成为柔性负荷聚合商，比如现有的电力零售商是成为负荷聚合商的合适人选，他们能参与实时市场，也有用户资源优势。按照投资主体分类，负荷聚合商可以是用电单位，如车联网、供热公司联合体；也可以是售电公司，如电网供电公司，独立售电公司；还可以是独立第三方公司，如能源服务商。

2. 按聚合的用户分类

按参与的用户特性不同而分类，不同特性用户电力需求不同可签订不同的合约。一般来说，终端用户会被分成：居民用户，商业用户，工业用户。对应的负荷聚合商也可以分成 3 类：居民用户聚合商，商业用户聚合商，工业用户聚合商。需要指出的是电动汽车既包括私人电动汽车，也包括电动公交车和电动出租车，因此根据实际情况可组成不同的电动汽车聚合商，既可以划分为居民用户聚合商，也可以划分为商业用户聚合商。

3. 按聚合的资源类型分类

随着越来越多的资源参与需求响应，负荷聚合商所面临的响应资源也呈现多样化格局，负荷聚合商需要将它们分类并进行整合引入市场，其控制资源大致可分为可中断负荷、可平移负荷和分布式储能。因此负荷聚合商可分为可中断负荷聚合商、可平移负荷聚合商和分布式储能聚合商，各类聚合的资源介绍如下：

（1）可中断负荷。可中断负荷具备灵活调控能力，一般具有瞬间断电特性，工作时间、功率需求具有一定的灵活性和可控性，能够根据系统需要调用其用电负荷。聚合商控制的可中断负荷一般以温控负荷为主，如空调、冷库、制冰机、冰蓄冷设备、水蓄冷和蓄热式电采暖设备。这类负荷调度灵活、响应快、聚合容量大，可以应用于系统调峰、备用等多个场景，并且这些设备短时间的中断对用户影响较低。

（2）可平移负荷。可平移负荷是指受工作流程约束，只能将用电曲线在不同时段间平移的负荷，具体体现在用电功率曲线的整体转移，如工业可平移负荷、电动汽车等。这类负荷使用时间相对固定，且工作周期较短，能够应用于系统调峰。

可平移负荷不仅可以应用于短期负荷调度，而且可以应用于基于电价的需求响应项目，应用时间尺度相对较长，具体体现在负荷特性的改变上，而可中断负荷则一般响应的时间尺度较短，不作为中长期负荷特性改善的手段，主要作为日前或是日内调度对象。在后续的研究本报告将主要研究电动汽车负荷。

（3）分布式储能。分布式储能的容量通常小于10兆瓦，其输出功率一般在千瓦级到兆瓦级之间，根据存储技术的不同，可分成化学储能和物理储能两大类。其中化学储能主要是电池储能和氢储能，物理储能又可分成机械储能和电磁储能，机械储能主要是飞轮储能和压缩空气储能，电磁储能主要是超级电容以及超导储能。随着城乡配电网的发展，分布式储能在配用电系统的各个环节得以应用，充分利用储能设备能提高新能源接纳能力，保证系统能够更加安全可靠运行。与集中式储能相比，分布式储能的接入地理位置灵活且对自然条件要求低，同时还降低了集中式储能的线路损耗和投资压力，储能装置在电网低谷时扮演用电者的角色，在电网高峰时扮演发电者的角色，可以较好实现负荷的转移，帮助消纳风电、光电等新能源。储能装置是负荷聚合商眼中较为理想的调控资源，利用储能系统可以提高需求响应资源供应的稳定性，防止因随机事件带来的响应差额的大幅波动，降低负荷聚合商运营风险。

3.4.3 负荷聚合商发展现状

3.4.3.1 国外负荷聚合商发展现状

负荷聚合商的前身只是运营商与用户之间的一个机构，被定义为负荷服务实体（load serving entities，LSE），在早期该机构主要进行买卖电方面的业务。随着人们对需求侧资源的利用越来越深入，负荷服务实体聚合中小型可调度资源方面的潜力被进一步挖掘，传统LSE作为购电机构的概念在新的形势下已经不再适用。同时，中小型负荷作为单一个体时无法达到电力市场的准入门槛，这使得市场迫切需要专业的需求响应资源整合机构，能通过有效手段整合需求响应资源，作为电力系统参与者与中小型负荷之间的中介。因此，负荷聚合商逐渐从LSE中被细分出来，作为新兴机构代表中小型用户参与需求响应市场交易。

目前，许多国家已经开展了实际的负荷聚合商项目，并积累了丰富的运营经验。美国是拥有负荷聚合商实体机构最多的国家，比如：EnerNOC公司、Comverge公司以及PJM电力市场均具有较成熟的负荷聚合商运营经验。其中，EnerNOC公司主要面向大型负荷，而Comverge公司主要对居民负荷进行控制。欧洲的负荷聚合商研究尚未成熟，其运营经验虽然不如美国丰富，但其开展的一些具有负荷聚合商性质的实验项目已取得了成果，如FENIX项目、ADDRESS项目以及EU.DEEP项目等。其中，EU-DEEP（distributed energy partnership）是一个从2004年开始实施的关于负荷聚合商的项目，目的是提高欧洲国家对分布式发电DER（demand response, energy storages and distributed generation）的利用程度，主要途径为：鼓励创新企业参与进来；规范设备与电力系统之间的接入标准，让更多DER接入现有电网；深入研究DER的推广利用对电网及电力市场的影响；允许市场中有多种不同的商业运营模式等。澳大利亚的Energy Response公司以需求响应作为核心业务，聚合并销售响应资源，并参与各类需求响应项目和市场交易。

国外对负荷聚合商业务的研究相较国内成熟，许多国家和地区都已有聚合商的应用实例，聚合商也由最初的买卖电企业发展成为提供用户侧多种技术和服务得到需求响应资源整合者。

3.4.3.2 国内负荷聚合商发展现状

负荷聚合商作为整合用户需求响应资源并提供给市场购买者的独立组织，不仅为广泛的中小型电力用户提供了参与电力市场的机会，而且通过专业的技术手段挖掘用户侧需求响应潜力，提供电力市场灵活性的负荷资源。

在国内，对负荷聚合商的研究尚处于起步阶段，有关聚合商概念、调度模式、控制架构以及运营机制的讨论受到许多学者的关注。在实际应用方面，从电力行业发展趋势及开展的多个需求响应试点项目来看，在需求响应服务方面也取得了一定的成果。比如：上海的能源互联网项目通过控制分布式光伏和电动汽车，运用"互联网+"技术实现控制区域内的清洁替代和冷热电三联供。随着我国电改的进一步推进，多种适用于用户侧需求响应的聚合管理模式将成为电力市场中的重要组成部分，有利于推动用户侧可调度资源的优化配置。

综合能源服务公司具有负荷聚合商的一些性质，国内典型的综合能源服务供应商有广东电网综合能源投资有限公司、新奥泛能网、协鑫分布式微能源网、远景能源、阿里云新能源等。广东电网综合能源投资有限公司在2017年新增了综合能源、增量配网建设与投资、分布式能源、电动汽车投资与运营、市场化售电、能效服务等六个新兴业务经营模块，为广东电网开展综合能源业务搭建投资、运行、管控平台。新奥的主要投资来源于设备投资，根据用能需求，规划燃气发电机组，溴化锂余热利用机组以实现多品位的余热利用等，相关的分布式能源项目有湖南长沙黄花机场项目、株洲神农城项目、江苏盐城亭湖医院项目等。阿里能源云为新能源行业提供丰富的专业化云端业务与技术解决方案，帮助能源运营商、服务商快速搭建标准化或定制化商业平台，实现业务应用的灵活开发与落地，构建能源互联新生态。2020年，国网河北综合能源公司在河北电力交易中心服务平台完成独立辅助服务提供商市场主体注册，成为河北南网首家参与电力辅助服务市场的负荷聚合商，并建立13.2万千瓦填谷响应资源储备。

另外，在需求响应试点项目开展过程中，通过引入负荷聚合商、服务商等第三方实体企业加入，为DR管理系统提供用户侧DR资源聚合管理支撑，并对用户进行业务指导，扩大了中小用户的需求响应负荷规模。

北京市发改委于2013年也开始组织关于开展电力需求侧管理城市试点工作的部署，公开征选需求响应试点工作负荷聚合商和参与需求响应的电力用户。

2019年，浙江在宁波、杭州、嘉兴等局部电网电力供应出现紧平衡地区启动了电力需求响应工作，鼓励具备智能控制系统的中央空调、自备电厂等负荷量大的用户和负荷聚合商参与。该次三地合计响应负荷50万千瓦，响应电量58万千瓦时，涉及用户347户。

2020年，山东省发改委、能源局印发《2020年全省需求响应工作方案》，明确电力需求响应的市场参与主体为电力用户和负荷聚合商，并规定单个工业用户响应量低于1000千瓦、非工业用户响应量低于400千瓦的由负荷聚合商代理参与需求响应。工业用户响应量大于1000千瓦，非工业用户响应量大于400千瓦可自主参与需求响应，也可通过负荷聚合商代理。上海商业建筑虚拟电厂试点通过聚合建筑内空调、动力、照明，充电站，商业储能等柔性负荷参与削峰填谷等辅助服务，并建立了数据监测网，用户泛在物联网和负荷调控"三网"，并通过平台定价收购和用户自由竞价两种方式计价。

2021年，山西电力交易中心共注册有4家负荷聚合商，聚合用户超过70家，在首次试点开展电力调峰响应中，聚合用户最大响应负荷1.2万千瓦，响应电量约3.6万千瓦时。并且国网山西省电力公司将持续推进能源互联网建设，加快调控业务数字化转型，开发电网运行及电力市场增值服务，进一步拓展可控资源接入范围，提高电网弹性和新能源消纳能力。

目前，上海已建立专门的负荷聚合商平台，负荷聚合商平台汇集很多用户的闲散资源，再由市级平台对接到负荷聚合商，有需求时可以在平台上进行竞价交易，上海市电力需求响应中心发起邀约后，所有的负荷聚合商都可以在平台上进行竞价。

可以看出我国负荷聚合已经起步，随着电力市场机制逐步健全，信息技术不断发展，未来建立负荷聚合商实体企业，充分挖掘用户的参与积极性，不断丰富和完善聚合服务内涵，才能真正实现负荷聚合的大规模发展。

3.4.4 柔性负荷聚合商的服务内容

柔性负荷聚合商是连接电力公司与用户的中间机构，因此负荷聚合商服务内容可分为对电网公司提供的服务和对用户提供的服务，如图3-5所示，负荷聚合商对电网公司服务内容主要是提供辅助服务，包括调峰、调频以及提供备用容量，除此之外，负荷聚合商还可以帮助消纳新能源，特别是风电和光电。负荷聚合商对用户的服务主要包括终端设备安装与维修，合同签订，用电管理、激励金额支付以及代理购电。

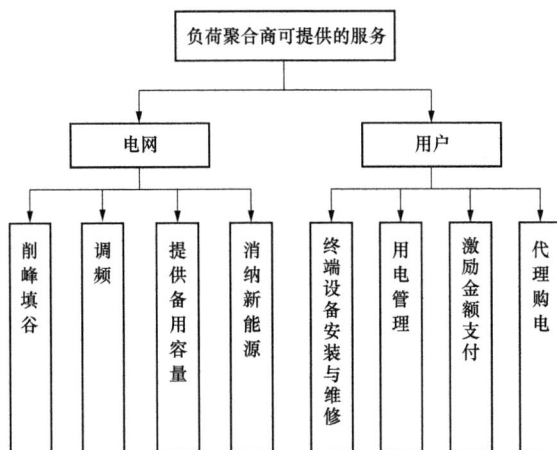

图3-5 柔性负荷聚合商的服务内容

3.4.4.1 柔性负荷聚合商对电网公司提供的服务内容

1. 削峰填谷

电力系统运行调度中，根据系统需要调整用户侧负荷用电需求，不仅可以在用电高峰期通过削减负荷（如空调、热水器、电动汽车等）缓解系统供电压力，而且能够在用电低谷期增加其功率需求，从而减缓系统运行过程中发电机组频繁开启引起的机组损耗等额外费用。电力系统调峰服务时间尺度较长，对负荷的响应速度要求不高，可通过电价等激励因素调整用户的用电时间，但由于用户自主调整用电时间对负荷聚合商来说是不可控的。因此，基于直接负荷控制的负荷聚合是负荷聚合商调用负荷资源参与系统削峰填谷的主要方式。

2. 调频

电网频率稳定是电网安全稳定运行的重要指标，当系统中发电容量与用户侧用电容量不平衡时会导致频率的波动。与传统机组相比，用户侧可控负荷和储能设备调频具有响应速度快、经济效益高、零污染等优点。因此负荷聚合商通过负荷聚合可以与传统机组一起参与系统调频，并弥补传统机组响应速度不够快的缺点。另外，随着间歇性能源在电网中的比例越来越大，其随机性和不可控性对电网的电能质量、安全稳定等诸多方面造成了负面影响。对聚合负荷调节能力的合理调用，能够缓和间歇性能源波动，提高系统对新能源的接纳能力。

调频辅助服务对负荷资源有响应时间方面的要求，因此，通常调用的是响应速度较快的负荷。通过负荷聚合并控制负荷工作状态，调整聚合负荷容量，并根据响应时间参与不同时间尺度的调频服务，如一次调频和二次调频等，实现系统频率的稳定。

3. 提供备用容量

系统的可靠性水平越高，需要的备用容量越大，相应的备用成本也越高，当柔性负荷等需求响应资源作为备用参与到备用市场后，可为系统提供更为经济、绿色的备用来源，降低备用成本，增加了备用容量配置的形式，使得闲置的中小负荷得到有效利用。具体内容是：柔性负荷聚合商可以与电网公司签订合同，当电网运行出现突发状况或者负荷陡增导致机组难以快速满足负荷要求时，负荷聚合商可以紧急中断用户部分负荷，起到提供备用容量的作用，以保证电网安全运行。

4. 促进新能源利用

负荷聚合商聚合储能设备具有启停迅速、出力灵活可靠的特点，在智能电网环境下可以实现与电力网络的无缝对接，实现电能消费在时空上的转移。当电网负荷较低时，负荷聚合商可以通过储能装置或者利用蓄冷、蓄热设备低价购买多余的电能，以减少弃风、弃光电量；并且在用电高峰时，储能负荷聚合商将电能以较高的价格出售给用户，起到调峰的作用。

3.4.4.2　柔性负荷聚合商对用户提供的服务内容

1. 终端设备安装与维修

负荷聚合商需要向用户提供终端设备安装服务，应注意适当分担用户的终端设备的购买与安装费用，其中负荷聚合商和电网公司都可以承担一部分设备费用，如果用户前期需要投入的费用过高，会影响用户参与负荷聚合的积极性。同时负荷聚合商应当向用户提供终端设备维修服务，保证每个用户能够正常参与负荷聚合。

2. 用电管理

由于单个用户的负荷量过小，不能直接与电网公司签订合同或者参与投标报价，而负荷聚合商作为用户的代理人，需要代替所聚合的用户与电网公司签订相关合同或者参与投标。

用户自主调控负荷具有一定的盲目性，有可能会在低谷区形成次高峰，反而会影响电网安全运行。因此负荷聚合商需要根据电网公司提出的要求或者信息，通过对用户终端设备的控制或者向用户下达指令，帮助用户合理中断和转移负荷。

3. 激励金额支付

由于负荷聚合商处于电网公司与用户之间，需要负荷聚合商代替用户从电网公司处获得报酬，然后根据与用户签订的合同和聚合的负荷量，将激励金额支付给相关用户。

4. 代理购电

许多中小型用户因为电压、电量达不到电力市场要求，无法参与直接交易，而负荷聚合商可以作为代理者，将聚合的电量集中参与交易，如负荷聚合商可以代理车联网企业和蓄热电采暖等用户购电，特别是在弃风率较大的省份，在夜晚低谷时刻可以购买到廉价的风能，帮助用户降低购电成本。

3.4.5 柔性负荷聚合服务系统架构

3.4.5.1 柔性负荷聚合商业务架构

市场环境下，负荷聚合商作为调用负荷资源的重要中间协调机构，其特点是聚合大量的用户侧负荷资源参与电网调度辅助服务，并实现电网公司、负荷聚合商和用户各方的既定目标。因此负荷聚合商相当于一个虚拟电厂，可以与传统辅助服务提供商在电力市场上共同竞争。柔性负荷聚合商整体架构可分为上游业务和下游业务，如图3-6所示。

1. 上游业务

（1）上游业务内容。上游业务是指柔性负荷聚合商参与电力市场的上层交易业务。负荷聚合商在上游业务中需要收集和分析电力市场信息，在考虑违约风险的情况下，合理地进行上报出力和报价，以此来获取相应的合约收益。

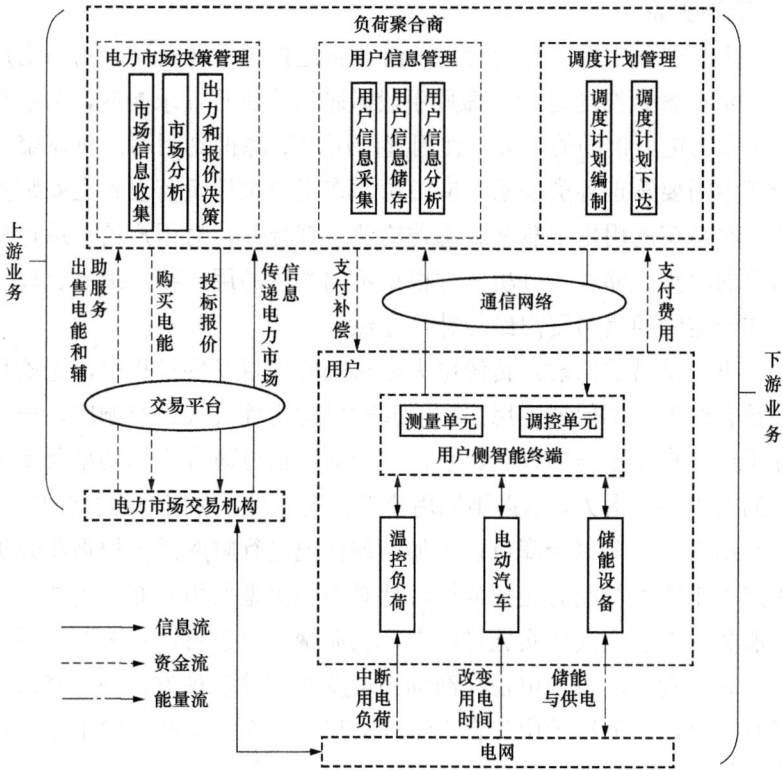

图 3-6 柔性负荷聚合商系统架构

（2）上游交易的原理。按用户资源特点与需求响应市场要求设计需求响应方案，以不同的需求响应项目吸纳响应资源，是负荷聚合商专业化的体现。由于实施需求响应会对用户造成一定影响，且这些影响与响应时机、频度、规模和持续时间都有关系，故负荷聚合商需要组织不同特点用户去参与不同的需求响应项目来保证参与者利益的最大化。根据需求响应项目参与的市场类型不同，又进一步细分为：电量市场（日前市场、实时市场）和辅助服务交易（包括日前调度备用、同步备用、调频备用等），根据这些市场要素，负荷聚合商可以通过特定的需求响应项目选择辅助服务市场的需求响应。在参与上游业务时，聚合商需要参与日前市场或者平衡市场的投标报价。在市场出清后，调度中心将所有参与辅助服务的柔性负荷、电厂资源统一联合优化调度，并将指令下达给聚合商，此时聚合商需要将调度指令分解到每一个控制的负荷上，向电网提供辅助服务，并且调度中心会根据聚合商控制负荷的历史负荷特性衡量聚合商提供辅助服务的容量，并根据此判断负荷聚合商是否履行合约。

2. 下游业务

（1）下游业务主要工作内容。下游业务是指柔性负荷聚合商与用户之间的业务。负荷聚合商通过价格激励手段激励用户进行需求响应，为中小型用户提供了参与电力市场的机会，使闲置的用户资源得到利用。负荷聚合商在下游业务中需要管理各类需求响应资源，在用户柔性负荷设备上安装测量控制装置，将负荷的用电信息和状态传给负荷聚合商，对用户信息进行管理，包括信息的收集、储存及分析，并根据不同类型的用户特点编制合理的调度计划，在一定时间后与用户结算补偿金额。

（2）下游交易的原理。传统电力需求响应项目开展过程中，无论是控制方式还是合约形式都保证了用户在响应时以确定性方式进行响应，一定程度上剥夺了用户自愿参与的权利。负荷聚合商可通过研究不同类型负荷用户以及他们的需求响应潜力，掌握不同用户的负荷弹性，对用户进行管理。例如：对于中小用户，负荷聚合商可以更加精细化地进行响应潜力挖掘和分析，对每个用户带来的盈利能力进行分析，针对不同类型的用户制定更加合适的需求响应服务。在响应具体实施过程中，负荷聚合商也可以不采取强制措施，在用户之间分别采取折扣电价、激励补偿及回购等多种方式进行交易，使用户有多种选择，充分给予用户自主选择的权利，大大提高了中小用户参与响应的积极性。

3. 上下游业务实现

负荷聚合商区别于以往需求响应参与机构最大的区别，是负荷聚合商聚合资源中除了大量的中小用户，还有储能设备、EV充电桩。含用户在内的聚合资源中，负荷聚合商将资源分为两类，一类是有响应能力的中小负荷；另一类是储能设备。当单周期内开始执行响应时，用户负荷资源由用户自主控制或者由负荷聚合商集中控制，在保障用户自愿参与的前提下，负荷聚合商需通过统一调配自愿参与的用户共同去参与市场，完成交易。

在以上分析的负荷聚合商整个产业链模式中，负荷聚合商虽然通过交易获取了相应的合约报酬，但同时也要付出激励用户的成本。另外，负荷聚合商还要因为用户的响应随机性，为用户欠响应支付惩罚成本，为用户过响应损失一定的机会成本等。

能源互联网技术及信息物理融合技术的不断发展，为用户负荷的聚合与调控提供了新的思路和技术，使负荷设备通过互联网能够聚合在一起。负荷聚合系统的组成包括用户负荷设备、采集设备信息并控制设备状态的信息物理单元、基于能源互联网的通信网络和对负荷进行统一调控的聚合服务系统。具体如图 3-5 所示。

聚合服务系统具有信息采集、负荷调控、用户负荷资源管理及应用服务等功能。聚合服务系统首先采集用户设备的用电数据，对数据进行分析处理及存储，并根据各类电力业务的需要对负荷设备进行适当的调控。聚合服务系统支持的电力业务包括用户能效分析管理、需求响应、电动汽车管理、电力市场及面向电网运行的新能源消纳等。

信息物理单元由负荷调控单元、负荷测量单元及计算与通信单元组成，实现了用户负荷设备的信息物理融合，使负荷设备变成可测量、可调控的智能单元。计算与通信单元通过能源互联网将测量单元检测到的负荷数据传送到云端的聚合服务系统，以便于进行大规模的深入数据分析处理；调控单元可执行云端聚合服务系统发来的负荷调控指令，满足电力业务需要的负荷调控。

3.4.5.2 柔性负荷聚合商功能架构

聚合商功能架构包括用户信息管理功能，信息收集功能，计划管理功能，计划实施功能，效果评价功能以及基础支撑功能，如图 3-7 所示。

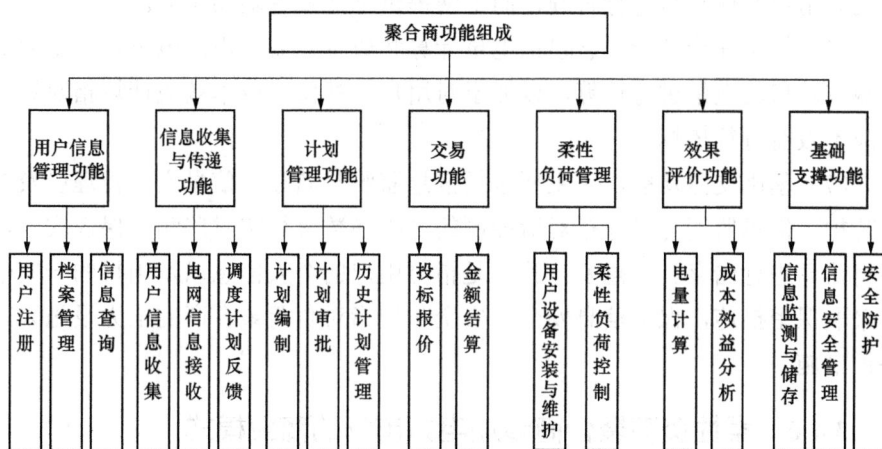

图 3-7 柔性负荷聚合商功能组成

（1）用户管理功能。它主要包括用户注册，档案管理和信息查询。用户注册是对参与用户信息进行注册，用户信息主要包括用户参与负荷聚合的合同类型、可聚合资源类型、数量等；用户档案管理和查询是对用户的信息进行合理的归类、储存，以便于后续的分析和查询。

（2）信息收集功能。它主要包括用户信息收集，电网信息接收和调度计划反馈。用户信息收集主要包括以往的历史负荷数据和现在的负荷趋势，以便后续调度计划的制定。电网信息收集主要包括电网的负荷状况，新能源出力情况，网络阻塞等信息。调度计划反馈是把制定好的计划反馈给电力调度中心，便于电力调度中心统一协调。

（3）计划管理功能。它包括计划编制、计划审批以及历史计划的管理。计划编制指对调度计划进行编制。计划审批是对已生成的计划进行审核。历史计划管理是指将已实施的计划方案归入档案，以便后续的分析和查询。计划实施功能包括计划发布和计划实施。

（4）交易功能包括投标报价和金额结算功能。投标报价指向电力交易中心上报电能或者辅助服务的容量和报价，参与到市场竞价中。金额结算既是根据电力市场交易规则，对交易的电量进行结算，也是按照与用户合同约定支付给用户奖励金额。

（5）柔性负荷管理。它包括用户设备安装与维护和柔性负荷控制。用户设备安装与维护指负荷聚合商对用户侧的终端设备进行安装，并定时维护，以便能够准确地获取用户负荷信息。柔性负荷控制指负荷聚合商按照编制的计划对用户柔性负荷进行管理，向电网提供电能或者辅助服务。

（6）效果评价功能。它包括电量计算和成本效益分析。电量计算主要对削减或转移的电量进行计算，以便于对用户的补偿。成本效益计算指对计划的成本效益进行核算。

（7）基础支撑功能。它主要包括信息监测与储存，信息安全管理以及安全防护。信息监测与储存指对所控制的线路参数进行实时监测，保证安全，并将信息进行储存。信息安全管理是指对用户的个人信息以及项目的一些信息采取保密措施，保证信息安全。安全防护指对负荷聚合商的电力设施采取保护措施。

3.4.6 柔性负荷聚合商参加电力市场的商业模式

负荷聚合商需要通过一定的商业模式吸引柔性负荷用户参与负荷聚合，本节从目标用户，运行机制，价格机制，盈利方式，成本效益分析及风险分析几个方面构建了温控负荷、电动汽车负荷和分布式储能聚合商业模式。

3.4.6.1 柔性负荷聚合商商业理念

需求侧资源聚合响应主体的运营商业模式是以用户价值创造为核心、数据信息增值为支撑、聚合资源驱动为保障，形成核心价值体系，促进用户节能增效、提高资源利用效率和提升电网运行效益。

（1）用户价值创造。分析需求侧用户的用电行为轨迹，从中挖掘出柔性负荷的运行态势；以此为基础，通过提供个性化用电服务、实用化的奖励机制，改变用户的用电习惯，从而在需求侧实现有序用电；为用户提供差异化的增值服务，增加需求侧用户黏性，例如：电动汽车充电导航业务、空调的天气自适应启停设定业务和用电电费实时查询业务等，使用户在提供资源的同时，也能享受到市场带给的便利服务；搭建需求侧柔性用户互动社区，增强用户在需求侧资源聚合响应主体中的存在感和活跃度，在消费中带动绿色生态的建设，在不同维度中实现资源的有效提升。

（2）数据信息增值。在需求侧资源聚合响应主体的运行过程中，将采集海量柔性负荷用电数据、设备运行数据，同时收集来自电网调度和电力市场的需求信息数据，这些信息通过数据挖掘，可建立需求侧用户对电价的敏感度联系、柔性负荷对电网调度的响应度联系和用户对响应补贴奖励的吸引度联系。以上连接体系，经过不断地轨迹修正，将为电网调度决策和电力市场交易提供有力支撑。需求侧资源聚合响应主体下的大数据体系，为一些新型技术提供利用场景，如非侵入式负荷分解技术，可利用柔性负荷运行数据的分析，排除性地将负荷数据精确化分解，从而确定用户用电设备的实时运行状态，为用户提供完整的节能解决方案；区块链结算体系，采用分布式记账方式，在用户之间建立信任体系，实现能量流和资金流的分布式管理方案，为用户提供去中心化的交易方式。

（3）聚合资源驱动。需求侧资源聚合响应主体的可调资源池，在为电网调控和电力市场提供服务的同时，还应利用自身能源属性开展辅助服务，完善自身运营模式，扩大用户群。如成立能量银行，用户将资源"存入"能量银行，在需求侧资源聚合响应主体没有与电网调度和电力市场达成交易的情况下，需对闲置资源的用户提供资源存放的"利息"，这种商业模式不仅提升了用户投放资源的积极性，也增加了需求侧资源聚合响应主体的危机意识，形成良性循环。

3.4.6.2　温控负荷聚合商业模式

1. 目标用户

温控负荷指能实现电热/冷转换的电力设备，主要包括空调、电采暖和冰蓄冷负荷，因具有快速响应、能量存储、高可控性等优点，成为柔性负荷的主要研究对象之一。其中，空调类负荷以 20% 的年增长速度，在我国部分地区占据了接近 50%的峰荷比重，尤其是公共楼宇使用的大型中央空调负荷占据了空调负荷的很大一部分比例，这种集中可控的负荷，作为一种大容量的需求侧资源具有很大的负荷聚合潜力。聚合商在负荷高峰期可以通过控制启停时间、调整设定温度等实现用户侧的负荷削减，在负荷低谷期引导用户利用低价电能进行蓄冷/热，实现负荷的转移。帮助用户降低购电成本，同时通过参与辅助服务的方式帮助用户获取利益。

2. 运营机制

温控负荷作为聚合商聚合的对象，聚合商可采取不同的运营机制。其中，以公共楼宇使用的大型中央空调为主的大容量资源负荷，适合基于合同的直接调控模式。还有其他居民生活用的包括空调、冰箱、热水器等小容量资源负荷，适合基于价格的调控模式。温控负荷的商业模式如图 3-8 所示。

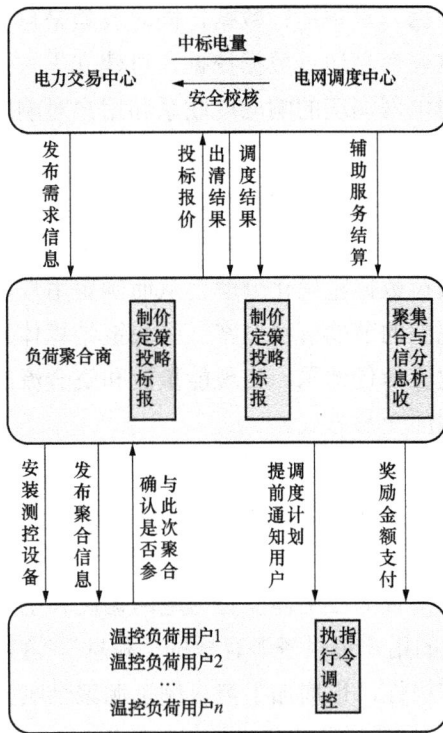

图 3-8　温控负荷聚合商业模式

（1）基于合同的调控模式。针对大容量负荷，包括中央空调、集中电供暖等温控负荷，可采用基于合同的直接调控的运营机制。首先，聚合商需要在有意向参与负荷聚合的用户设备处安装智能监控装置，通过手机 APP，大容量温控负荷用户可查询负荷聚合商发布的聚合负荷项目，了解聚合时间段和聚合负荷量，以及相应的聚合费用计算规则等。当用户确定参与聚合项目时，可线上预约，等待负荷聚合商确定之后，线上与用户签订聚合合约，合约内容包括事先约定用户的基本负荷消费量和削减负荷量的计算方法、激励费率的确定方法、对用户的补偿方式以及违约的惩罚措施等。当聚合项目结束后，通过线上支付相应的用户奖励费用。当调度部门将系统信息下达给各个负荷聚合商时，负荷聚合商可以根据一定的控制目标，对所辖负荷下达控制指令或广播信号。控制方式主要有两种，一种是温度控制，另一种是循环启停。温度控制就是在用户侧安装温度传感器，并由用户舒适度设定一个温度范围，当中断后温度不在该范围时则启动空调。循环启停则是将所控制的用户进行分组，并交错进行周期性启动和关闭，这种方式下也可以保证用户室内温度控制在一定范围内。或者聚合商与用户进行负荷资源调度权交易，签订协议。同时，负荷聚合商按一定金额一次性支付给负荷资源拥有者，按资源容量计算，为固定值。聚合商拥有这部分资源的直接调控权，在用电低谷进行储能，降低用电高峰的负荷量。

直接调控具有以下优缺点：

优点：①参与负荷聚合时，控制精确，违约风险低；②聚合商直接控制用电，用户响应随机性较低，聚合管理可靠性较高；③准确衡量用户聚合负荷量，便于结算。

缺点：①用户无法自主控制此部分设备用电；②聚合商前期投资成本较高，需要对控制用户安装智能监控装置等。

（2）基于价格的调控模式。针对小容量的温控负荷资源，聚合商可采取基于价格的间接调度方式。用户通过手机APP查阅可参与的聚合项目，并选择参与的方式，包括阶梯电价补偿和需求侧竞价两种方式，事前确定聚合商可控制的负荷资源，用户确定参与聚合项目后，聚合商便实施相应的控制策略，在聚合时段内控制相应负荷，聚合结束后进行线上结算业务。

1）阶梯电价补偿。针对空调等可以进行温度控制的设备，可以实行分档服务模式，由用户选择温度适宜的受控挡位，用户能接受的削减电量越多，获得的补偿单价也越高。聚合商保证调控时室温在该挡或舒适度等级更高的挡位内波动。与用户签订的协议应包含具体的服务控制策略以及相应的优惠电价与违约补偿。

2）需求侧竞价。聚合商向用户发布短期内需要进行调控的时段，温控负荷用户通过手机APP自主上报自己温控设备的功率和价格，聚合商根据用户设备的功率和价格因素进行出清，并通知用户是否"中标"。之后，负荷聚合商再将这些可控资源聚合参与到电力市场中交易，以获取相应的利润。

间接调控具有以下优缺点：

优点：易于调动用户参与负荷聚合的积极性。

缺点：用户响应具有较大的随机性与不确定性。

3. 价格机制

针对温控负荷，聚合商既可以通过长期合约又可以通过短期合约来获取温控负荷资源。

在长期合约下，负荷聚合商按一定金额一次性支付给负荷资源拥有者（如蓄热站、楼宇管理部门）聚合收益，也可按照实际参与辅助服务交易量定期支付用户报酬。负荷聚合商根据与电网事先的合同约定，在电网高峰用电时段，由调度人员向电力用户发出请求信号，经用户响应后中断、调整部分供电。长期合约下，温控负荷用户可以从中获取稳定的收益，负荷聚合商所控制的资源也更稳定。

在短期合约下，负荷聚合商需要向温控负荷用户发出邀约，可以采取阶梯电价补偿的方式吸引用户参与，也可以由温控负荷用户之间竞价，以获取更廉价的温控负荷资源。在实行过程中按照用户实际参与的中断负荷电量给予相应报酬，用户参与的时间越长，容量越大，则用户的收益就越大。另外，除了可以在高峰时刻进行负荷中断，蓄热式电采暖、冰蓄冷、制冰机等需要在低谷蓄能，负荷聚合商可以将这些负荷需求聚合参与到电力市场交易，购买廉价的电能。比如：由电网公司聚合电采暖用户在电力市场上以挂牌交易的方式购买清洁能源发电量，帮助电采暖用户降低成本。这种模式下，用户可以获取更低价格的电能，减少的购电成本即为用户收益。

4. 盈利方式

对于温控负荷聚合，聚合商可以通过以下几种方式盈利：

（1）调峰。温控负荷通过电蓄热、冰蓄冷等措施将低谷电能储存，在用电高峰时释放。可以减少高峰负荷需求，消纳低谷电能，平抑电网峰谷差，从而达到改善负荷特性、参与系统调峰的目的。并在分时电价的基础上，减少用户的购电费用。通过实施削峰填谷，可以提高电力系统设备的利用率并且延缓或减少发输配电环节设备的扩容与升级。

（2）调频。目前聚合商针对终端温控负荷的控制主要分为开关控制和温度设定点控制两种策略，其中开关控制对于实现短时终端移峰具有良好效果，能够实现快速响应，一般适合参与低频减载；而温度设定点控制可以很好地实现负荷跟随服务，适合参与二次调频。聚合商通过聚合温控负荷，可以从调频辅助服务中获利。

（3）降低购电成本。蓄热式电采暖、冰蓄冷、制冰机等需要在低谷蓄能，负荷聚合商可以将这些负荷需求聚合参与到电力市场交易，通过调整用电时间与负荷，促进新能源消纳，并获得相应的电价优惠，降低电价而带来的利益由温控负荷与聚合商共同享有。

5. 成本效益分析

（1）收入。对于温控负荷聚合，将产生如下效益：①温控负荷聚合资源参与电力辅助服务市场的收入；②针对蓄热式电采暖、冰蓄冷等温控负荷用户，通过调整用电时间与负荷，促进新能源消纳，并获得相应的电价优惠。由于温控负荷用户与负荷聚合商之间存在委托代理关系，这部分降低电价的收益应当由双方共享，即按照一定比重分摊购电成本降低的收益。那么负荷聚合商的收入为

$$B_{\text{LA}} = \sum_{T=1}^{M} P_T Q_T + \lambda \sum_{T=1}^{M} Q_{T,\text{S}} (P_{T,\text{f}} - P_{T,\text{g}}) \tag{3-1}$$

式中：B_{LA} 为负荷聚合商收入；M 为负荷聚合商运行的天数；P_T 为第 T 天的平均辅助服务的结算价格；$Q_{T,\text{S}}$ 为参与负荷聚合下，第 T 天用户购买优惠电价的电量；$P_{T,\text{f}}$ 为如果未参与负荷聚合，第 T 天用户应当支付的电价；$P_{T,\text{g}}$ 为参与负荷聚合下，第 T 天用户可以获得的优惠电价；λ 为用户降低购电成本而带来收益的分摊比例；Q_T 为负荷聚合商在第 T 天竞价模式下获得的合约量。

（2）成本。聚合商对温控负荷聚合过程中产生的成本主要包括对用户的补偿成本、折旧成本和管理成本。

补偿成本指的是负荷聚合商开展需求响应项目的主要支出部分，也是促成合约交易开展的核心，通常为用户削减负荷造成的停电损失。负荷聚合商根据与用户间的合约补偿价和实际参与的电量支付给用户费用。具体补偿成本计算为

$$C_{\text{LA,bc}} = \sum_{T=1}^{M} \sum_{i=1}^{N} \int_{0}^{q_{T,i}} f(q) \text{d}x \tag{3-2}$$

式中：$C_{\text{LA,bc}}$ 为负荷聚合商的补偿成本；N 为负荷聚合商聚合的用户数量；$q_{T,i}$ 为第 T 天用户 i 中断的电量，并且 $Q_T = \sum_{i=1}^{N} q_{T,i}$；$f(q)$ 为中断电量为 q 时的补偿单价，既可以是一固定值（如中央空调，集中式电采暖等供给用户较多的温控负荷，所有用户的舒适度、满意度并不相同，进一步的价格激励和电量中断不一定会使所有人都能够接受），也可以是阶梯价格（适用于小用户，用

户可以根据自身的具体情况进一步提供更多的可聚合资源，并获得更多的补偿）。

折旧成本是负荷聚合商安装各种设备的折旧，有

$$C_{\text{LA,gd}} = MC_0 \tag{3-3}$$

式中：$C_{\text{LA,gd}}$ 为负荷聚合商的折旧成本；M 为负荷聚合商运行的天数；C_0 为负荷聚合商每天的折旧成本。

管理成本指负荷聚合商参与市场交易，协调用户过程中的管理费用，计算为

$$C_{\text{LA,gl}} = MC_{\text{A,LA}} \tag{3-4}$$

式中：$C_{\text{LA,gl}}$ 为负荷聚合商管理成本；M 为负荷聚合商运行天数；$C_{\text{A,LA}}$ 为负荷聚合商每一天的管理费用。

因此，负荷聚合商的总成本 C_{LA} 为

$$C_{\text{LA}} = \sum_{T=1}^{M} \sum_{i=1}^{N} \int_0^{q_{T,i}} f(q)\mathrm{d}x + MC_\text{e} + MC_{\text{A,LA}} \tag{3-5}$$

综上，负荷聚合商运行 M 天的利润 R_{LA} 为

$$
\begin{aligned}
R_{\text{LA}} &= B_{\text{LA}} - C_{\text{LA}} \\
&= \sum_{T=1}^{M} P_T Q_T + \lambda \sum_{r=1}^{M} Q_\text{S}(P_\text{f} - P_\text{g}) - \sum_{T=1}^{M} \sum_{i=1}^{N} \int_0^{q_{T,i}} f(q)\mathrm{d}x - MC_\text{e} - MC_\text{a}
\end{aligned} \tag{3-6}
$$

6. 风险分析

（1）在聚合小容量用户时，用户是否参与响应的随机性与不确定性程度高，加大聚合商精准决策当天调度计划的难度。

（2）聚合商和用户在前期需要分摊用户侧监控设备的安装费用与后期的维护运行费，存在财务风险。

（3）在下达调度指令后，如所控制的温控负荷没有按照指令运行，则存在违约风险。

3.4.6.3 电动汽车负荷聚合商业模式

1. 目标用户

电动汽车聚合商可将配电网中大量分散的可调控的电动汽车资源聚合起来，包括电动公交车，家用电动汽车等。通过聚合可以帮助电动汽车用户降低购电成本或者获得额外的经济奖励。

2. 运营机制

负荷聚合商作为调度中心和电动汽车用户之间的信息交互中介，内涵业

务具有独立的调控系统、激励政策及电动汽车管理系统。首先负荷聚合商需要安装和维护智能充电桩、通信系统和控制设备,按照不同电动汽车用户的用电特点和调控能力,确定其能参与辅助服务的类型,由聚合商直接对电动汽车进行充放电控制或者由用户根据充电电价自行调整充电时间,并对用户提供相关信息和服务报酬,实行价格优惠政策等措施,并根据用户的合约履行情况进行奖惩。

聚合商对负荷的调控模式可以分成基于合同的直接调控模式和基于电价的间接调控模式两类,如图 3-9 所示。

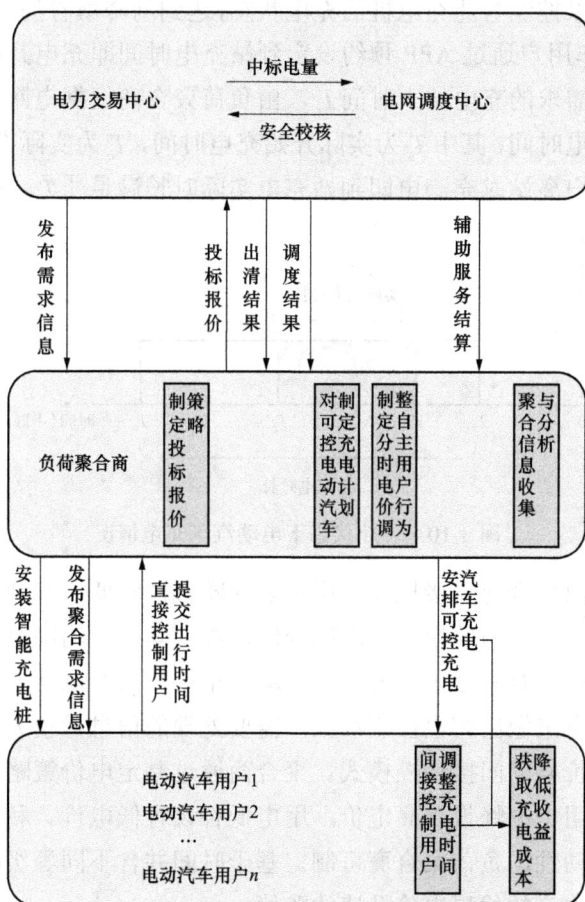

图 3-9　电动汽车负荷聚合商业模式

(1)基于合同的直接调控模式。负荷聚合商通过与电动汽车用户签订合同,约定好基本负荷消纳量、激励费率的确定方法、对用户的补偿方式以及违约的惩罚措施等。合同签订后,用户将参与电网的决策权以及调控自身出力的权限交由聚合商，负荷聚合商收集电动汽车的相关信息，并根据汇总的信息集中决策，为电动汽车提供受控的智能充电功能，管理电动汽车的充电时间。特别是早出晚归的小区电动汽车用户，这类用户规模较大，且在小区内有停车的空间，便于负荷聚合商统一调度。负荷聚合商支付一定的补贴电价，获取对参与聚合管理的电动汽车用户负荷的直接控制权，而负荷聚合商又可以作为一个整体在电力市场上参与交易获得收益。通过在智能充电桩实时获取用户电动汽车车载电池能量管理系统信息和电动汽车状态参数，用户需要输入期望充电电量、充电完成时间等信息，由负荷聚合商集中直接调度，负荷聚合商可以控制智能充电桩的充电状态，达到削峰填谷的作用。如图3-10所示，电动汽车用户通过APP预约设定到站充电时间即充电开始时间T_s与离站时间即用户需求的充电结束时间T_e，由负荷聚合商根据电网情况来管理电动汽车实际充电时间，其中T_s为实际开始充电时间，T_e为实际充电结束时间，只要满足在用户离站时充满电即到站充电实际时长满足$[T_e - T_s]$即可。

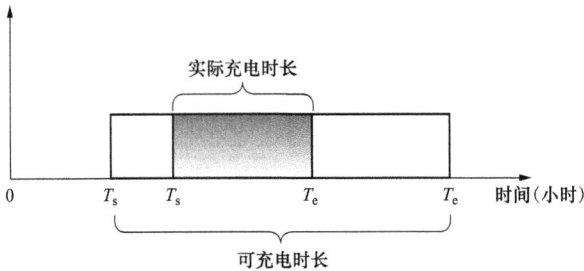

图3-10　可控状态下电动汽车充电情况

优点：①由聚合商直接控制，用户响应随机性较低，有利于负荷聚合管理；②能够对用户参与的聚合量准确控制，提高其提供辅助服务的可靠性。

缺点：负荷聚合商必须了解所有电动汽车用户的充电需求，即需要收集所有的相关信息来做出充电控制决策，需要处理的信息量较大。

（2）基于价格的间接调控模式。聚合商通过制定电价策略来引导用户有序充电，即在用电高峰设置高电价，用电低谷设置低电价。私人电动汽车充电行为具有波动性，负荷聚合商可制定基于时间并含不同等级的充电电价，并与用户签订响应的优惠电价及违约赔偿。

优点：将计算任务分配给电动汽车用户，从而将系统需要处理的信息量降低。

缺点：响应出力的行为具有一定的随机性和不确定性，降低了聚合商提供辅助服务可靠性。

3. 价格机制

私人电动汽车充电时间具有一定的波动性和可调整性，对电动汽车的补偿主要通过充电电价来实现。一方面聚合商可以制定出基于时间并含不同等级的充电电价，只要用户在特定充电电价的时间尺度内参与响应，都能获得优惠价格。负荷聚合商可以在智能充电桩上显示实时电价和未来一段时间的电价，聚合商也可以通过手机 APP 将一天内的电价、充电桩位置等信息传递给用户，用户可以通过 APP 进行线上预约，线上支付。另一方面，聚合商可以制定优惠充电价格获取对用户的电动汽车的控制权，只要用户参与负荷聚合，即可获取优惠的充电电价。

4. 盈利方式

电动汽车聚合商把大量分散的可调控的电动汽车资源聚合起来，形成一个有一定规模的储能实体面向电网进行辅助服务，可以通过以下几种方式盈利：

（1）调峰。一般情况下，电动汽车负荷会形成一个充电高峰，通过对电动汽车负荷聚合调度，一方面可以缓解晚高峰的电网压力，另一方面可以将充电负荷转移到夜间低谷时段，促进夜间新能源的消纳，对电网调峰能够起到良好的效果。

（2）调频。调频资源的响应速度决定了其调频的能力，电动汽车的动力电池经由电力电子装置接入到电力系统，其爬坡能力远高于传统机组调频响应速度，且动力电池在大部分调频时段中充放电幅度不会太大，是一种浅充浅放的模式，对锂电池寿命的影响较小，辅助调频的寿命成本较低。电动汽车对负荷聚合商指令响应会较为迅速，可以减小功率备用，调频功率储备要求较小，减轻常规调频机组的调节压力，可减少对传统调频电厂的投资。

5. 成本效益分析

若电动汽车负荷聚合商是充电站公司，则负荷聚合商的收入包含两部分，一部分是聚合分散的电动汽车用户参与辅助服务获得的收益；另一部分是由于转移电动汽车用户充电时间，导致聚合商购电成本的变化，有

$$B_{\text{LA}} = \sum_{T=1}^{M} (p_T' - p_T) q_T + \sum_{T=1}^{M} P_T Q_T \tag{3-7}$$

式中：B_{LA} 为负荷聚合商收入；M 为负荷聚合商运行天数；p_T' 为如果不进行负荷聚合，负荷聚合商在第 T 天的平均购电价格；p_T 为参与负荷聚合情况下，负荷聚合商在第 T 天的平均购电价格；q_T 为负荷聚合商在第 T 天的购电量；P_T 为第 T 天的平均辅助服务的结算价格；Q_T 为负荷聚合商在第 T 天竞价模式

下获得的合约量。

负荷聚合商的成本包括参加负荷聚合而增加的管理费用，增加安装设备的折旧费用，以及激励电动汽车用户转移充电时间而减少的售电收入，有

$$C_{LA} = MC_{A,CS} + \sum_{T=1}^{M}(p'_{T,user} - p_{T,user})q_T + MC_o \tag{3-8}$$

式中：C_{LA} 为负荷聚合商的成本；$C_{A,CS}$ 为负荷聚合商参与负荷聚合增加的每天的管理成本；$p'_{T,user}$ 为在不参加负荷聚合下，第 T 天电动汽车用户的平均购电价格；$p_{T,user}$ 为参与负荷聚合后，第 T 天电动汽车用户的平均购电价格；C_o 为负荷聚合商每天的折旧成本。

负荷聚合商利润为

$$
\begin{aligned}
R_{LA} &= B_{LA} - C_{LA} \\
&= \sum_{T=1}^{M}(p'_T - p_T)q_T + \sum_{T=1}^{M}P_T Q_T - MC_{A,CS} - \sum_{T=1}^{M}(p'_{T,user} - p_{T,user})q_T - MC_o R
\end{aligned} \tag{3-9}
$$

式中：R_{LA} 为负荷聚合商利润。

6. 风险分析

电动汽车聚合商在运行过程中可能存在以下风险：

（1）在价格激励模式下，电动汽车易在时间和空间上呈现出较强的随机性，存在实际调控量小于合同量的风险。

（2）前期投资费用高。由于需要在小区内安装大量智能充电桩，存在着前期投资费用高的问题，存在一定的财务风险。

3.4.6.4 分布式储能聚合商业模式

1. 目标用户

储能设备聚合主要针对电源侧和用户侧的分布式储能。聚合商通过聚合一定数量的分布式储能可以参与辅助服务帮助用户获取利益，也可以通过低储高发带来电价差的收益。

2. 运营机制

聚合商对负荷的调控模式可以分成基于电价的间接调控模式和基于合同的直接调控模式两类。基于电价的间接调控模式是指通过市场价格信息引导各类负荷用户主动响应电网的调度需求。该模式下负荷设备的决策和控制行为均由用户执行，属于间接控制。分布式储能在这种调控模式下响应出力的行为具有很强的随机性和不确定性，甚至由于对价格信息敏感性和响应速度的差异会出现过响应或响应滞后的结果，严重降低了聚合商提

供的辅助服务可靠性。因此，聚合商适合对分布式储能采用基于合同的直接调控模式。

聚合商与分布式储能用户签订合同获取储能装置的代理权，用户将参与电网的决策权以及调控自身出力的权限交由聚合商，其中调控权限包括储能装置的功率和启停等响应行为。此时受控储能装置决策以及调控执行都是通过聚合商完成的，属于直接控制。在智能电网环境下，需求响应资源控制更加精准，集群作用显著且波动性小，分布式储能将资源响应控制权交给聚合商，具有响应快、成本低的优点，可以为辅助服务市场提供优质资源。同时聚合商由大量小容量的分布式储能聚合而成，少数分布式储能装置未及时响应聚合商下达的指令对整体影响很小，提高其提供辅助服务的可靠性。

在基于合同的直接调控模式下，聚合商考虑分布式储能的出力期望和运行状态，通过智能终端直接控制分布式储能的响应行为，显示出较高可控性和可靠性。在制定响应行为的决策计划时，考虑系统的实际运行需求，显示出对电网运行的友好性。分布式储能在聚合商调控平台内处于"托管"的状态，即分布式储能用户与聚合商签订合同后，将储能装置的控制权限移交，并委托聚合商参与辅助服务市场。

聚合商按照分布式储能资源的差异，如储能装置的容量、响应速度以及持续放电时间等特征，合理的聚合被控单元，从而参与更合适的辅助服务，挖掘储能用户调控潜力。聚合商与储能用户间的具体的业务包括：

（1）为分布式储能用户安装终端测量、通信以及控制设备。

（2）分析分布式储能的出力特性和调度潜力，制定与储能用户间的代理合同并决定其参与辅助服务的类型。

（3）根据合同条例，按照上节的直接控制模式对储能用户进行个性化和精细化的出力行为调控，有效地提供电力辅助服务等。

（4）向分布式储能支付费用。

该运营模式如图 3-11 所示，具有以下优点：

（1）聚合商为分布式储能和电网之间提供了交互平台系统，促进了信息由单方发布向双方交互的转变，实现了储能设备基本参数、运行状态、出力期望、可调度潜力和电网侧市场价格、辅助服务需求等信息的共享。

（2）分布式储能响应行为的决策者和执行者由储能用户转化为聚合商，同时为分布式储能参与到辅助服务市场提供有效途径。

（3）分布式储能的运行决策，由满足所在局部电网使用需求、提高运行经济性，转化为计及上级电网运行状态和辅助服务市场需求的协同优化。

能效服务体系与应用

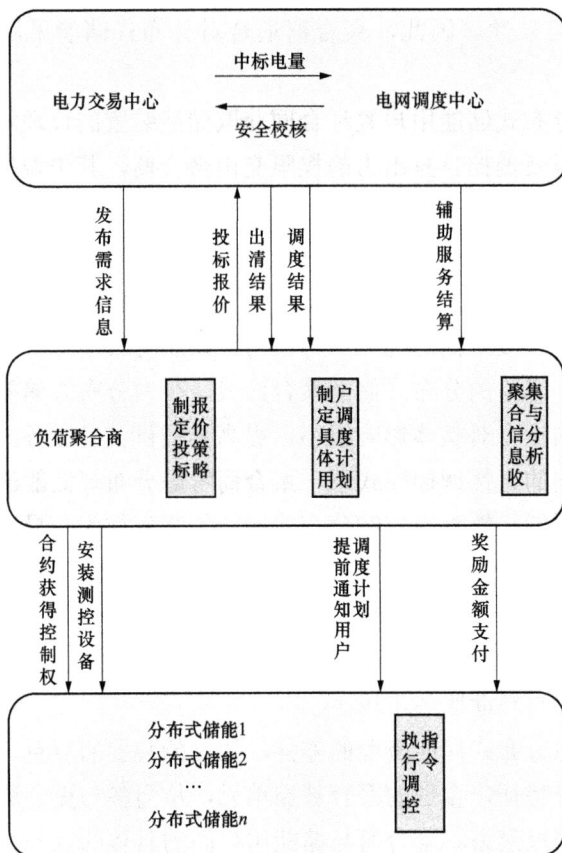

图 3-11　分布式储能聚合商业模式

3. 价格机制

分布式储能聚合商可以按照利益共享模式或者固定价格租赁模式获取分布式储能的控制权。

在利益共享模式下，聚合商将参与辅助服务收益的一部分作为用户参与负荷聚合的奖励。这样用户的收益与聚合商参与辅助服务市场交易量与价格相关联，聚合商获得的收益越大，用户的收益就越大，反之聚合商获得的收益越小，用户的收益也越小，即双方共同承担风险。

在固定价格租赁模式下，聚合商根据用户储能的设备的容量、速率等参数给予一个固定价格获取用户设备的控制权，这样用户的收益较为稳定，仅与参与负荷聚合的天数和储能设备性能有关，风险完全由聚合商承担，但是聚合商在这种模式下可能获得更高的利益。

此外，若储能用户因为自身原因没有及时响应聚合商的调度指令，应当

102

按照合约支付违约费用。

4. 盈利方式

分布式储能聚合商可以通过以下几种方式盈利：

（1）调峰。近年来，电网负荷峰谷差日益增大，可再生能源发电在电网渗透率的不断提高又进一步导致电网调峰压力增大。利用储能装置既可以进行低储高发来获取利润，同时又可以减少高峰负荷需求，节省用电费用，从而达到改善负荷特性、参与系统调峰的目的。通过实施削峰填谷，可以提高电力系统设备的利用率并且延缓或减少发输配电环节设备的扩容与升级。

（2）提供备用容量。为防止电力系统的重要用户在电网故障或停电时的经济损失，通过配置一定容量的储能系统作为应急电源或不间断电源，可有效提高供电可靠性。另外，储能系统可实现高效快速地有功和无功控制，快速响应系统扰动，调整频率与电压，补偿负荷波动，提高系统运行稳定性，改善电能质量。因此分布式储能聚合商可以通过提供备用容量获取利益。

（3）调频。储能系统尤其是电池储能技术具备响应速度快、双向调节能力等优点，比传统的调频手段更加高效，因此参与调频也是分布式储能聚合商的一个盈利点。

5. 成本效益分析

负荷聚合商的收入主要是参与辅助服务的收益和低储高发的收入，具体为

$$B_{\mathrm{LA}} = \sum_{T=1}^{M} p_{T,\mathrm{j}} Q_{T,\mathrm{j}} + \sum_{T=1}^{M} (\lambda p_{T,\mathrm{s}} Q_{T,\mathrm{S}} - p_{T,\mathrm{g}} Q_{T,\mathrm{S}}) \tag{3-10}$$

式中：M 为负荷聚合商运行天数；$Q_{T,\mathrm{j}}$ 为负荷聚合商第 T 天参与辅助服务的电量；$p_{T,\mathrm{j}}$ 为负荷聚合商第 T 天参与辅助服务的价格；$p_{T,\mathrm{s}}$ 为负荷聚合商第 T 天售电的电价；$p_{T,\mathrm{g}}$ 为负荷聚合商第 T 天购电的电价；$Q_{T,\mathrm{S}}$ 为负荷聚合商第 T 天购电的电量；λ 为分布式储能充放电效率。

分布式储能负荷聚合商的成本包括折旧成本，管理成本以及支付给储能用户的费用，若采取利益共享模式支付给储能用户的费用式，则支付给储能用户的费用为

$$C_{\mathrm{LA,b}} = \gamma \left(\sum_{T=1}^{M} p_{T,\mathrm{j}} Q_{T,\mathrm{j}} + \sum_{T=1}^{M} (\lambda p_{T,\mathrm{s}} Q_{T,\mathrm{S}} - p_{T,\mathrm{g}} Q_{T,\mathrm{S}}) \right) \tag{3-11}$$

式中：$C_{\mathrm{LA,b}}$ 为是负荷聚合商支付给储能用户的费用；γ 为储能用户的利益分配比例。

所以，可以得到负荷聚合商总成本

$$C_{\mathrm{LA}} = \gamma \left(\sum_{T=1}^{M} p_{T,\mathrm{j}} Q_{T,\mathrm{j}} + \sum_{T=1}^{M} (\lambda p_{T,\mathrm{s}} Q_{T,\mathrm{S}} - p_{T,\mathrm{g}} Q_{T,\mathrm{S}}) \right) + MC_{\mathrm{A,LA}} + MC_{\mathrm{o}} \quad （3\text{-}12）$$

式中：$C_{\mathrm{A,LA}}$ 为负荷聚合商平均每天的管理成本；C_{o} 为负荷聚合商每天的折旧成本。

综上，负荷聚合商的利润为

$$\begin{aligned} R_{\mathrm{LA}} &= B_{\mathrm{LA}} - C_{\mathrm{LA}} \\ &= (1-\gamma) \left(\sum_{T=1}^{M} p_{T,\mathrm{j}} Q_{T,\mathrm{j}} + \sum_{T=1}^{M} (\lambda p_{T,\mathrm{s}} Q_{T,\mathrm{S}} - p_{T,\mathrm{g}} Q_{T,\mathrm{S}}) \right) - MC_{\mathrm{A,LA}} - MC_{\mathrm{o}} \end{aligned} \quad （3\text{-}13）$$

6. 风险分析

分布式储能聚合商在运行过程中可能存在以下风险：

（1）在下达调度指令后，所控制的储能设备没有按照指令运行，存在违约风险。

（2）负荷聚合商前期需要进行调度管理平台开发和用户侧监控设备安装，前期投入成本可能较高，存在一定的财务风险。

3.5 辅助服务市场

本节将介绍国内辅助服务市场的现状，并构建柔性负荷聚合商业务交易框架，从交易主体、交易流程、竞价过程、结算办法提出柔性负荷聚合商参与辅助服务市场的交易模式。

3.5.1 辅助服务概述

辅助服务是指为了维护电力系统的安全稳定可靠运行，保证电能质量而提供的服务，一般由发电企业、各电网运行参与者提供，包括一次调频、自动发电控制（automatical generation control，AGC）、调峰、无功调节、备用、黑启动等。为了提供辅助服务，在电力市场中建立辅助服务市场，除正常电能生产、输送、使用外，发电企业、电网经营企业和电力用户可以在辅助服务市场中买卖辅助服务。

柔性负荷聚合商作为柔性负荷资源的拥有者，可以将手中聚合的资源参与电力市场交易，包括辅助服务市场交易、参加电力市场需求响应，调峰等辅助服务。作为电力市场的参与主体，柔性负荷聚合商整合分散的需求响应资源来参与电力系统运营,形成一定规模的柔性负荷资源以发挥其利用价值，对电力市场运行和资源优化配置起到重要作用。

国外对于电力辅助服务市场发展较早，美国、英国等国家已经建立了比较完善的电力辅助服务市场体系。通常国外的辅助服务市场由系统调度运行机构组织运营，调度运行机构能够详细了解各类辅助服务的需求信息，有助于辅助服务的顺利开展。在美国及欧洲市场中，对于备用等竞争性较强的辅助服务品种通过竞争性市场采购，而对于无功调节和黑启动等特殊辅助服务采用双边长期合约的组织方式。定价机制通常采用招标和双边合同，运作模式包括独立交易方式和联合优化方式两种。在美国 PJM 电力市场中，能量市场和辅助服务市场联合运行，统一优化调度，以最小化市场购买费用出清。除此之外，参与市场交易的机组在运行前一日将报价信息提交给 PJM，辅助服务市场在运行前一小时关闭，在运行过程中每 5 分钟将能量市场和辅助服务市场联合。此种联合优化方式常见于美国、澳大利亚等集中电力市场。而对于英国等欧洲电力市场中，能量市场和辅助服务市场是独立运行的，电力交易机构负责现货能量市场，系统调度运行机构负责辅助服务市场，需要提供辅助服务的用户提前与调度机构签订双边交易合同，才能参与市场调度。从参与主体上来看，国外辅助服务市场中允许多类主体参与，包括需求侧可调节负荷资源、储能装置、火电、水电等发电机组，提供的辅助服务类型包括调频、备用、无功补偿、黑启动等。

我国的电力辅助服务市场发展主要经历了三个阶段，包括无偿提供、计划补偿和市场化探索三个主要阶段。

1. 无偿提供阶段

2002 年以前，我国电力工业主要采取垂直一体化的管理模式，由系统调度部门统一安排电网和电厂的运行方式。系统调度机构根据系统的负荷特性、水火比重、机组特性以及设备检修等方面因素制定发电计划和辅助服务的全网优化。在对电厂进行结算时，辅助服务与发电量捆绑在一起进行结算，并没有单独的辅助服务补偿机制。

2. 计划补偿阶段

2002 年厂网分开后，各发电厂分属于不同的利益主体，无偿提供电力辅助服务难以协调各方利益。在这一背景下，2006 年，原国家电监会印发《并网发电厂辅助服务管理暂行办法》(与《发电厂并网运行管理规定》并称"两个细则")，提出"按照'补偿成本和合理收益'的原则对提供有偿辅助服务的并网发电厂进行补偿，补偿费用主要来源于辅助服务考核费用，不足（富余）部分按统一标准由并网发电厂分摊"。我国电力辅助服务由此进入计划补偿阶段。

各地也相继出台"两个细则"文件，规定了电力辅助服务的有偿基准、考核与补偿以及费用分摊等规则。"两个细则"规定的计划补偿方式能够在一定程度上激励发电机组提供电力辅助服务，但总体来看补偿力度较低。以华东、华中地区为例，深度调峰补偿价格最高仅为 0.1 元/千瓦时，对于发电企业的激励作用相对有限。

3. 市场化探索阶段

随着新能源的大规模并网，电力系统调节手段不足的问题越来越突出，原有的辅助服务计划补偿模式和力度已不能满足电网运行需求。国外成熟电力市场一般通过现货市场中的实时平衡市场或平衡机制实现调峰。而当时我国尚未启动电力现货市场建设，亟须利用市场化手段提高奖罚力度，以更高的补偿价格激励发电企业等调节资源参与电力辅助服务。

2014 年 10 月 1 日，随着东北能源监管局下发的《东北电力辅助服务调峰市场监管办法（试行）》（以下简称《监管办法》）实施，我国首个电力调峰辅助服务市场（以下简称"东北电力调峰市场"）正式启动，标志着市场化补偿电力调峰辅助服务尝试的开始。东北电力调峰市场深度调峰补偿力度大幅提高，不同挡位最高限价分别设置为 0.4 元/千瓦时、1 元/千瓦时，对于火电机组参与深度调峰的激励作用显著提升。

2015 年 3 月，《中共中央、国务院关于进一步深化电力体制改革的若干意见》（"9 号文"）提出以市场化原则建立辅助服务分担共享新机制以及完善并网发电企业辅助服务考核机制和补偿机制。在"9 号文"的顶层设计下，与电力辅助服务市场化建设直接相关的文件密集出台，各地也积极开始电力辅助服务市场化探索。华东、西北、福建、甘肃等省区陆续启动调峰辅助服务市场建设运行。广东、山西等省份已启动调频辅助服务市场。2019 年初，东北电力辅助服务市场升级，首次增设旋转备用交易品种，实现辅助服务市场"压低谷、顶尖峰"全覆盖。

到 2020 年，相应的辅助服务市场机制在华北、山东、甘肃、山西等地区陆续建立并应用。从辅助服务内容上来讲，我国通常将辅助服务分为基本辅助服务和有偿辅助服务两大类。基本辅助服务是参与主体必须提供的辅助服务，不给予额外的补偿，而有偿辅助服务是参与机组在基本辅助服务以外向电力系统提供的服务，依据各地区补偿标准给予一定的辅助服务补偿费用。从参与主体来讲，随着电改的不断推进，参与电力辅助服务市场的主体也越来越多，包括各类发电机组、需求侧可调节负荷资源、储能系统等。

总体看来，我国的电力市场建设还有待完善，电力辅助服务市场处于过渡阶段，提供的辅助服务内容以调峰和调频为主，产品单一。随着大规模可再生能源发电接入电力系统，对于备用等其他辅助服务的需求明显，需加强其他辅助服务的应用。此外，我国电力辅助服务市场的定价交易机制并不完善，辅助服务补偿分摊不合理，市场应用还处于探索阶段。

3.5.2　辅助服务内容

负荷聚合商可参与辅助服务市场的服务内容主要有调峰、调频和备用：

1. 调峰辅助服务

调峰服务与电力系统的日负荷曲线密切相关，除了风电、光伏等新能源电源并网所带来影响外，电力系统的调峰需求主要由电力负荷的波动引起。日负荷中最高点与最低点之间的差值叫作峰谷差，正是因为电力系统存在着峰谷差，所以导致了调峰需求，凡是对电力负荷曲线峰谷差有影响的因素，都会对电网的调峰需求量造成一定的影响，影响系统中峰谷差大小的关键因素如下：

（1）负荷组成：工业用电负荷曲线、农业用电负荷曲线、居民用电负荷曲线等都具有不同的特点，因此负荷的组成会对系统的峰谷差产生很大影响。目前我国第二产业用电在用电结构中占据最大比例，而在未来第三产业用电量、居民用电量将逐渐增大，且商业、居民用电多集中于白天，因此电力系统峰谷差未来将逐渐增大。

（2）季节变化：不同季节下电力系统的用电负荷曲线会呈现出不同的特点，尤其对于四季分明的省份而言，一年不同季节电力系统的峰谷差会有显著差异。一般情况下，电力系统中峰谷差最大的季节是夏季。

（3）节假日：在我国法定节假日之时，用电负荷的主要成分会发生明显改变，这就意味着节假日也会显著影响电力系统的峰谷差。

（4）其他因素：除了以上因素外，峰谷分时电价、电动汽车夜间大量充电、储能设备大量接入电力系统等都会对系统的峰谷差产生影响。

可中断负荷中空调负荷和可转移负荷中的蓄热式电采暖负荷、冰蓄冷负荷都是理想的调峰资源。在夏季电网负荷高峰时，空调负荷占比达 30%～40%，在北方采暖季，电采暖负荷占比 20% 以上，通过聚合这些负荷，可以大幅度降低高峰负荷，并且蓄热式电采暖负荷、冰蓄冷负荷可以在电网低谷时段用电，能够在负荷侧为电网提供调峰服务。另外相比传统火电机组，这类负荷响应速度快、无爬坡速度限制。

电动汽车负荷调峰的优点在于可以灵活地调整充电时间，在高峰时刻转移充电时间，达到向上调峰的效果，在低谷时段进行充电，实现向下调峰的效果。

储能设备可以将用电低谷时新能源等发电机组的多余电能储存起来，尤其是夜间负荷低时进行储能，在电网用电高峰时再将存储的电能以合理的方式释放出来，从而达到调峰的目的。并且储能设备具有响应速度快、功率及能量密度大、动态性能好的优点。

2. 调频辅助服务

调频的目的是弥补短时间内电网发电计划的出力和实际产生的负荷两者之间功率上的缺额，所以频率的调节量应该不小于功率的缺额。而在现实中机组发电出力是由电网根据负荷预测来假定的。所以调频需求量的多少受到以下因素的影响：

（1）实际负荷与计划负荷的偏差大小；

（2）计划发电出力和现实发电出力的偏差大小。

传统的调频主要由发电机组完成，所预留的备用容量仅用于减小机组的有功出力与负荷之间的偏差。但是频率偏差由发电企业和用户双方引起，因此用户的可中断负荷通过聚合后，完全可以参与系统的频率调节。与传统调频机组相比，用户侧可中断负荷（空调、冷库、电锅炉等）调频具有响应速度快、经济效益高、零污染等优点，并且这类具有热惯性的负荷中断对用户的影响较小。

3. 备用辅助服务

不同于其他种类的商品，电力是一种特殊的产品，不能储存，而为了保障电力系统的安全可靠运行，电力的供给和需求需要实时的、连续的平衡。但是在实际运行的电力系统中，某些发电机组可能由于特殊原因（如机组故障等）而突然停止运行，此时如果没有足够的发电备用容量来将系统频率维持在合理的范围之内，则系统的稳定运行就会受到威胁而不得不采用拉闸限电等措施，这会导致我国经济的严重损失。因此为了避免负荷剧烈变动、发电机组被迫关停等给电力系统造成的损失，电力系统应当保留一些备用服务。

由于市场环境下实际可用发电容量、负荷需求和容量事故不确定性的增加，备用容量的配置问题更加地突出。作为电力系统需求侧管理的重要组成部分，可中断负荷可以充分利用用户的用电灵活性。可中断负荷响应速度快，相当于发电侧的旋转备用，从可中断负荷参与系统备用的角度，可将可中断负荷视作一种需求侧紧急备用容量资源。可中断负荷可以看作一种虚拟的新型能量资源，只需要增加一些经济手段，改变电力系统中对用户原来固有的运营模式，就可以在不消耗任何实际能源的情况下，增加系统的发电容量和备用容量充裕性，减少备用机组的启停和运行费用，同时可以提高系统的可靠性。

储能具有快速、精准、瞬时吞吐大等特点，随着其规模化发展和成本大幅下降，日渐成为电力系统自动发电控制中优质的备用资源。据测算，储能技术在备用方面的调节能力无论从经济性还是从速度效果上来说都具有天然的竞争优势，其性价比是火电机组的 10 倍、燃气机组的 8 倍、水电机组的 5 倍。因而，负荷聚合商调控储能设备可以发挥很好的经济效益，同传统火电机组相比也具有很大的竞争优势。

3.5.3 柔性负荷聚合商参与辅助服务市场交易框架

柔性负荷聚合商参与辅助服务市场交易需要设计符合电力行业规范的系统架构，建立公平合理的商业模式。一般而言，个体容量规模需要满足一定准入要求，例如：中欧地区要求参与辅助服务的最低容量不低 1MW。显而易见，单个用户很难满足要求，而负荷聚合商可以看作是一个虚拟电厂，而参与聚合的各类柔性负荷相当于子虚拟电厂。聚合商整合柔性负荷资源，同传统发电厂商一样参与电力辅助服务市场提供调峰、调频等服务，属于聚合商上游业务交易。负荷聚合商的上游业务交易框架如图 3-12 所示。

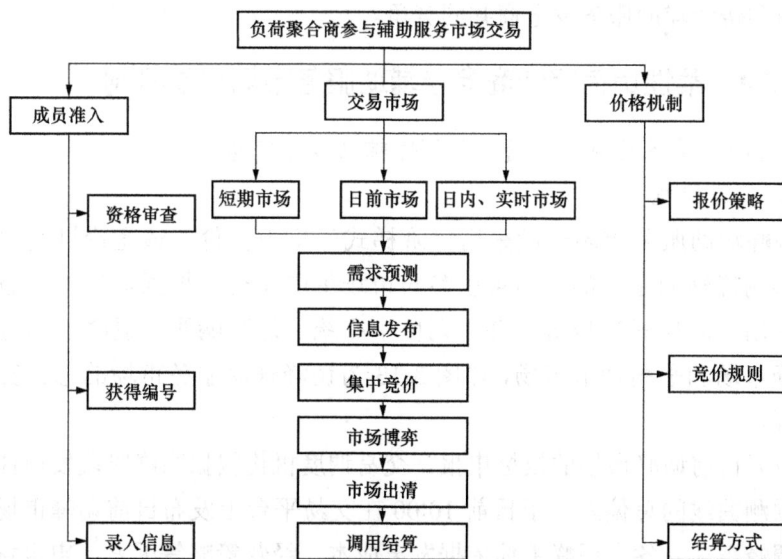

图 3-12 负荷聚合商参与辅助服务市场交易框架

首先，辅助服务市场需要承认负荷聚合商参与市场交易的独立主体地位，在通过相关监管部门的资格审查后，获得相应编号并录入信息，才能参与辅助服务市场交易。辅助服务市场一般采用现货市场的方式进行交易，现货市场主要包括日前、日内和实时的电能与备用等辅助服务交易市场。目前，国内现货市场的定位是现货交易作为市场化电力电量平衡机制的补充部分。现货市场按时间上划分为日前市场与实时市场。实时市场为日前市场的补充交易市场，是一个平衡市场，是为网络阻塞、市场结算、解决系统突发事故而设立的。辅助服务市场一般以集中竞价的方式开展，集中竞争交易指市场主体通过技术支持系统申报电量、电价，采取双向报价的形式，电力交易机构考虑安全约束进行市场出清，经电力调度机构安全校核后，确定最终的成交市场对象、成交电量与成交价格等，最后根据市场的结算方式进行结算。

聚合商参与辅助服务市场出售辅助服务时，由聚合商上报阶梯补偿价格，并且报价需在上、下限范围内。由电力交易平台对外发布交易时段，其他参与辅助服务的电力企业也依据平台发布的交易信息上报电力、价格，将报价由大到小的顺序匹配成交。

在负荷聚合商参与辅助服务市场交易初期，可以将一部分辅助服务业务交由负荷聚合商来完成，即只允许柔性负荷聚合商参与这些辅助服务的竞争。随着相关技术和市场机制的不断成熟，再逐渐放开竞争，即由柔性负荷聚合商和传统辅助服务发电商共同竞争。

3.5.4 柔性负荷聚合商参与辅助服务市场交易机制

3.5.4.1 柔性负荷聚合商参与调峰辅助服务交易

1. 交易流程

调峰辅助服务市场一般采用"阶梯式"集中竞价，该竞价机制主要是指提供调峰辅助服务的厂商可以参与市场集中竞价，根据提供辅助服务的程度采用"阶梯式"报价，并由调度中心统一进行购买。调峰市场包括日前调峰市场和平衡调节市场，如图 3-13 为调峰辅助服务市场的总体交易组织流程。

（1）日前调峰市场的投标申报。交易调度机构根据高峰时段发电曲线与负荷预测曲线的总偏差，于日前 10:00 在交易平台上发布日前调峰市场各时段的调峰需求。各类调峰主体依据发电成本、经营策略等因素，申报意愿提供的调峰容量及其对应的报价。

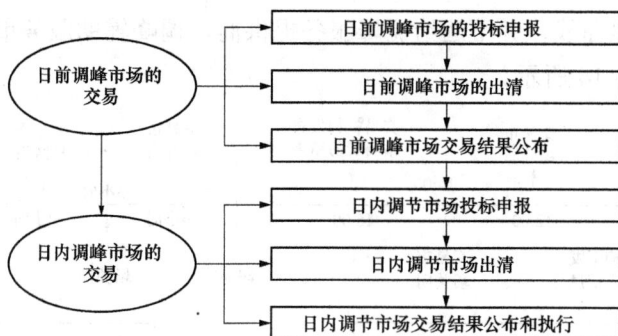

图 3-13 调峰辅助服务市场的交易流程

（2）日前调峰市场的出清和结算。日前 14:00，日前调峰市场申报关闭。交易调度机构根据日前调峰市场的需求和投标申报，考虑机组能力等安全约束，以调整成本最小化为原则，对日前调峰市场进行出清，结算价格为各主体的申报价格。通过日前调峰市场的组织运行，交易调度机构应实现日前各时段的电力供需平衡。

（3）日前调峰市场交易结果的公布。日前 16:00，交易调度机构根据出清结果，发布日前调峰市场的交易结果，包括各时段交易主体的调峰服务成交量及其结算价格。交易调度机构则将各调峰主体的调峰服务成交曲线与日前初始发电曲线相叠加，形成最终的日前发电曲线，作为日前发电计划下达给各机组和负荷聚合商。

（4）平衡调节市场的投标申报。实际运行 4 小时前，平衡调节市场开启。各调峰主体可以根据运行情况，提交下调容量；电网机构根据超短期负荷预测结果上传调峰需求；负荷聚合商和其他调峰服务提供商仍然可以申报调峰容量及申报价格。

（5）平衡调节市场的出清和结算。运行 3 小时前，平衡调节市场关闭。交易调度机构根据平衡调节市场的上调方和下调方投标申报，考虑机组能力等安全约束，按照"高低匹配"原则，对市场进行匹配出清。通过平衡调节市场的组织运行，交易调度机构应实现运行前调度时段内的电力电量平衡。

（6）平衡调节市场交易结果的公布和执行。交易调度机构根据出清结果，在实际运行 2 小时前，发布该时段平衡调节市场的交易结果，包括该时段交易主体的调节服务成交量及该时段的统一结算价格。交易调度机构则将各调峰主体的调节服务成交曲线与日前发电曲线相叠加，形成各发电主体最终的物理发电曲线，并下达给调峰服务提供商，调峰辅助服务市场的交易组织时序如图 3-14 所示。

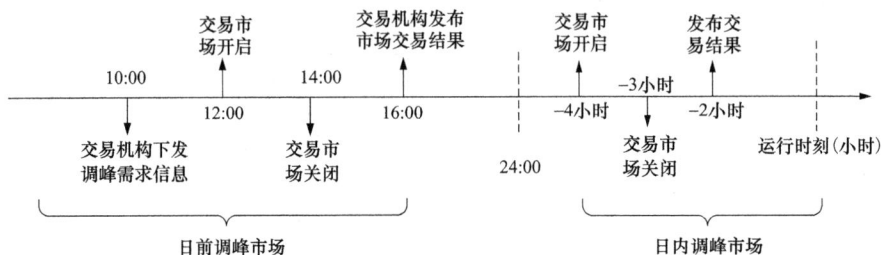

图 3-14　调峰辅助服务市场的交易组织时序

2. 竞价与结算方式

调峰服务市场竞价和结算方式一般可以采用以下两种方法进行。

（1）仅对调峰辅助服务供应商申报的单位调峰容量价格排序：每个调峰服务提供商为调峰服务分别提交电量报价 E_i 和容量报价 R_i。这种方法仅仅按照 R_i 的高低排序，按由低到高的顺序和系统的调峰需求量选定所需的供应商，并按照统一出清价格 MCP 进行结算。统一出清机制是依据微观经济学中的供需平衡理论，是目前国外现货市场普遍采用的价格形成机制。在按照统一出清价格进行结算的电力市场中，不管提供商报价是多少，只要中标就统统按照市场边际价格进行结算，市场出清价格一般情况下为中标提供商中最高的报价，具体如图 3-15 所示。

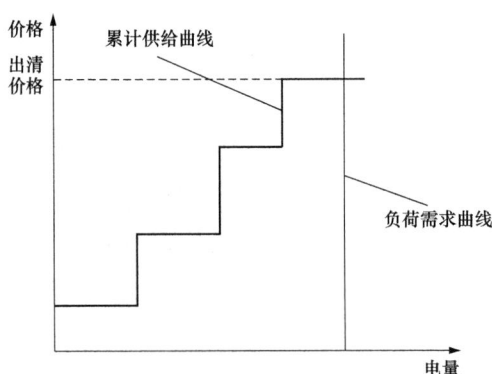

图 3-15　统一出清价格机制

当电力系统中有必要让调峰辅助服务供应商供应电量时，就按照容量价格排序中中标的发电机组顺序依次供应需要的电量，对于实时调度中涉及的发电量，用实时市场中的统一出清价格 MCP 进行结算。

这种模式下，由于聚合商聚合的可中断负荷是没有容量成本的，因此相比传统机组，可中断负荷可以接受更低的容量成本，获取更多的利润。而采用实时市场中统一出清价格可以反映更加准确的市场价格信息，同时有效地减少调峰服务提供商在调峰市场上默契合谋提高电量报价的现象。

（2）对调峰辅助服务供应商申报的单位电量价格和容量价格这两者的总和排序。每个调峰辅助服务供应商为调峰服务分别提交容量报价和电量报价。成功中标者将获得反映他们机会成本的容量费用，如果在实际调度中被调用发电，还将获得额外的电量费用。根据 $R_i + E_i$ 值的大小排定提供调峰辅助服务的优先顺序表，每个中标的调峰容量供应者应得到的容量价格 P 为

$$P = \max(R_i + E_i) - E_i \tag{3-14}$$

其中 $\max(R_i + E_i)$ 表示中标的厂商中报价最高的价格。对于在实时市场中被调用发电的部分，将按照实时市场的电能清算价格 MCP 或各自值为 E_i 的电量价格结算。

3.5.4.2 柔性负荷聚合商参与调频辅助服务交易

1. 交易流程

调频辅助服务市场机制主要由电力交易中心提前公开调频辅助服务的需求，并开始让调频服务提供商在市场上进行申报，申报时间停止后，电力交易、调度部门按照调频提供商的历史性能指标和申报情况对其数据进行调整，形成各调频提供商新的报价顺序，从低至高进行排序，并在符合调频需要的条件下达成调频市场的出清价格，日前和平衡市场流程相似，具体如图 3-16 所示。

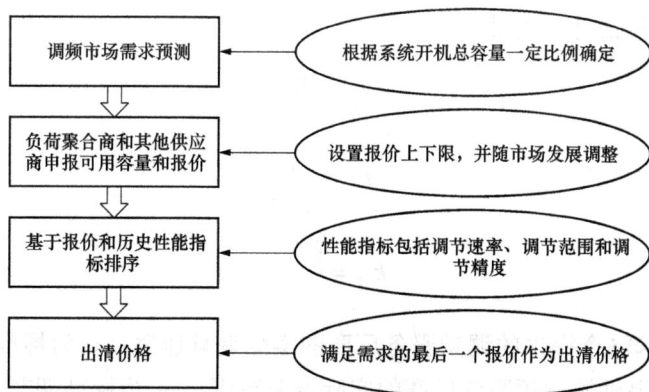

图 3-16 调频辅助服务市场交易流程图

2. 竞价与结算方式

考虑到辅助服务提供商的综合成本费用，调频服务市场竞价方式一般可以采用以下两种方法。

（1）仅对提供商申报的单位调频容量价格排序。调频辅助服务提供商在市场停止申报之前，需要将可以提供的调频服务的容量报价 R_i 和电量报价 E_i 两部分进行申报，报价具有上限和下限，并随着市场运营的现状不断进行变动。为了使竞价数据更具公平性，调频服务提供商的申报价格要根据其历史平均性能指标进行调整，才能够成为市场出清价格的指导依据。对申报价格进行排序的详细计算过程为

$$R_i' = \frac{R_i}{\lambda_i} \tag{3-15}$$

$$E_i' = \frac{E_i}{\lambda_i} \tag{3-16}$$

式中：λ_i 为调频性能指标，其计算过程为

$$\lambda_i = 0.5 + 0.5 \times \frac{k_i - 0.5}{k_{\max} - 0.5} \tag{3-17}$$

式中：k_i 为第 i 个提供调频服务厂商的调频性能指标；$k_{\max}$ 为所有提供调频服务厂商的调频性能指标的最大值，k_i 的具体计算方法为

$$k_i = (2 \times k_{i,1} + k_{i,2} + k_{i,3}) \times 0.25 \tag{3-18}$$

式中：$k_{i,1}$ 为第 i 个提供调频服务厂商的调节速率性能指标；$k_{i,2}$ 为第 i 个提供调频服务厂商的调节范围指标；$k_{i,3}$ 为第 i 个提供调频服务厂商的调节精度指标。

这些指标的计算方法为

$$k_{i,1} = \frac{v_i}{v_0} \tag{3-19}$$

$$k_{i,2} = \frac{\omega_i}{\omega_0} \tag{3-20}$$

$$k_{i,2} = \frac{1 - \eta_i}{\eta_0} \tag{3-21}$$

式中：v_i 为第 i 个提供的调频服务厂商的实际调频速率；v_0 为标准调节速率；ω_i 为第 i 个提供的调频服务厂商的实际调节范围；ω_0 为标准调节范围；η_i 为第 i 个提供的调频服务厂商的实际调频误差；η_0 为标准调频误差。

根据各个提供的调频服务厂商调整后的报价 R'，按由低到高的顺序和系统所需的预测调频选定调频服务提供商，并且以边际容量报价支付所有中标的调频服务提供商。

当系统运行中需要这些厂商提供电量，则按顺序依次调用所需电量，对于实时调度中涉及的发电量，用统一出清价格 MCP 进行结算。

（2）对提供商申报的单位电量价格和容量价格两者的总和排序。每个调频辅助服务提供商为调频服务分别申报电量报价 E_i 和容量报价 R_i，对报价的处理方式和上面相同。成功中标者将获得反映他们机会成本的容量费用，如果在实时调度中被调用发电，还将获得额外的电量费用。根据 $E_i + R_i$ 处理后值的大小排定提供调频辅助服务的优先顺序表，每个中标的调频容量供应者应得到的容量价格为

$$P = \max(R'_i + E'_i) - E'_i \qquad （3-22）$$

其中 $\max(R'_i + E'_i)$ 表示中标的厂商中报价最高的价格。对于在实时市场中被调用发电的部分将按照实时市场的电能清算价格 MCP 或各自值为 E_i 的电量价格结算。

3.5.4.3　柔性负荷聚合商参与备用辅助服务交易

1. 交易流程

备用辅助服务市场机制主要是指市场运营部门提前公开备用服务的市场需求，并让负荷聚合商和其他备用服务供应商进行价格申报，市场停止报价后，电力交易、调度部门按照备用服务提供商的申报数据，从低至高进行排序，并在符合备用辅助服务需要的基础上基于购买成本最小化的原则形成市场出清价格。日前和平衡市场流程相似，具体内容如图 3-17 所示。

2. 竞价与结算方式

备用辅助服务市场竞价和结算方式一般可以采用以下两种方法进行。

（1）仅对备用辅助服务供应商申报的单位备用容量价格排序。每个备用辅助服务提供商为备用服务分别提交电量报价 E_i 和容量报价 R_i。这种方法仅仅按照 R_i 的高低排序，即根据各个负荷聚合商和发电厂商的 R_i，按由低到高的顺序和系统所需的备用量选定所需的供应商，并且以边际容量报价支付所有中标的供应商。当电力系统中有必要让备用辅助服务供应商供应电量时，就按照容量价格排序里中标的发电机组按照 E_i 从小到大的顺序依次供应需要的电量，对于实时调度中涉及的电量，用实时市场的统一出清价格 MCP 进行结算。

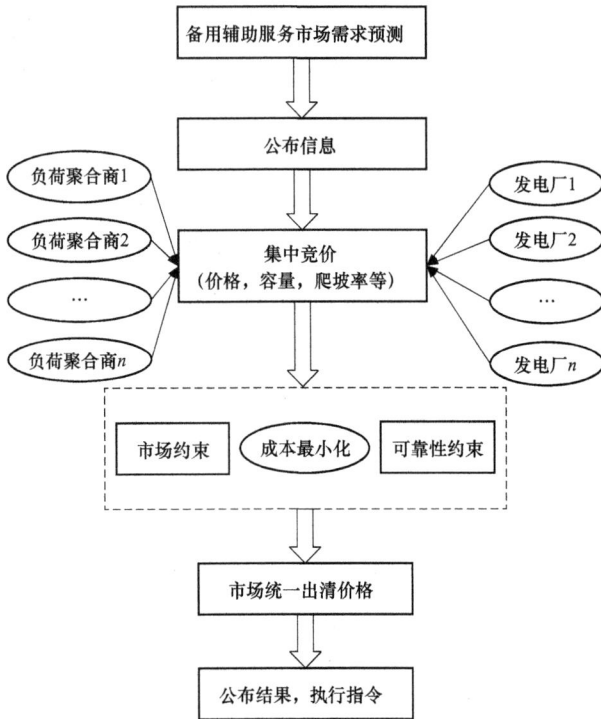

图 3-17 备用辅助服务市场交易流程图

（2）对备用辅助服务供应商申报的单位电量价格和容量价格这两者的总和排序。该方法又可以分为两种，即按照 $R_i + E_i$，$R_i + \lambda E_i$ 大小排序。

1）$R_i + E_i$ 值的大小排序。

每个备用辅助服务供应商为备用服务分别提交容量报价和电量报价。成功中标者将获得反映他们机会成本的容量费用，如果在实际调度中被调用发电，还将获得额外的电量费用。根据 $R_i + E_i$ 值的大小排定提供备用辅助服务的优先顺序表，每个中标的备用容量供应者应得到的容量价格 P 为

$$P = \max(R_i + E_i) - E_i \qquad （3-23）$$

对于在实时市场中被调用发电的部分，将按照实时市场的电能清算价格 MCP 或各自值为 E_i 的电量价格结算。

2）按 $R_i + \lambda E_i$ 值的大小排序。

由于一经确定了备用辅助服务供应商，电力调度中心就得交纳容量费用，而备用服务如果被实际调用，则备用辅助服务供应商所发的电量又得交纳一定的电量费用。因此，为最小化包括备用容量和电量费用在内的综合购

买成本，不能单纯地仅考虑电量报价或者容量报价，而需要预测备用服务在电力市场中被实际调用的概率。故一个合理的做法是考虑引入一个备用被调用的概率因子 λ（$0 \leqslant \lambda \leqslant 1$），然后根据容量电价和电量电价两者的结合 $R_i + \lambda E_i$ 排序。为保证整个竞价过程的公开，λ 需要提前按照电力系统中负荷波动性以及发电机组可靠性等内容来制定，并提前公开发布，以确保所有备用服务提供商知晓。

在这种方式下，所有中标者都获得的容量价格为

$$W = \max(R_i + \lambda E_i) - E_i \qquad (3\text{-}24)$$

其中 $\max(R_i + \lambda E_i)$ 表示中标的厂商中报价最高的价格。对于在实时市场中被调用发电的部分，将按照实时市场结算或各自值为 E_i 的电量价格结算。

3.6 案 例 分 析

江苏是电力需求响应的先行者之一，经过不断的培育和发展，江苏可削峰需求响应能力持续增强，且愈加重视负荷侧资源的灵活调节能力。一方面，江苏用电需求保持较快增长，用电峰谷差逐年拉大，季节性电力紧缺时有发生；另一方面，快速发展的可再生能源和不断增加的外部绿电，对江苏电网调峰调差和稳定运行提出了更高要求。

江苏实施需求响应始于 2015 年。当年，江苏存在较大的电力供应缺口，国家发改委批复同意江苏实施季节性尖峰电价政策，以缓解供需矛盾，并提出要求：尖峰电价收取的资金要向用户反馈。同年 6 月，江苏省经信委发布《江苏省电力需求响应实施细则》，提出用户以主动配合的模式参与削峰响应并获得一定补偿。2018 年，江苏省经信委对实施细则进行修订，在削峰需求响应的基础上增加了填谷需求响应，以促进可再生能源消纳。

根据修订版细则，省经信委负责根据省电力公司上报的年度电力供需形势，制定印发年度需求响应方案，用户或负荷集成商须在需求响应平台线上申请参与。审核通过后，用户或集成商将与政府、电力公司签署三方协议。当满足需求响应启动条件时，省电力公司应向主管部门申请启动约定需求响应，经主管部门批准后实施。

江苏需求响应的资金来源是执行尖峰电价收取的资金。响应用户可按照事前制定的固定标准获得补偿：参与削峰的可中断负荷执行可中断负荷电价，

响应时间越长、响应速度越快，获得的收益越高；参与填谷的负荷则根据平、谷时段获得对应的可再生能源消纳补贴。

可参与响应的主体包括工业用户、负荷集成商、储能站、电动汽车等，居民用户也可通过负荷集成商参与响应，参与门槛较低。参与江苏需求响应的负荷集成商表示，因市场运作机制较成熟，用户有较高的参与意愿，2019年就已有普通居民用户参与响应。

经过多年的培育，江苏可削峰响应能力达到 1117 万千瓦，约占最高用电负荷的 9.3%，可填谷响应能力超 300 万千瓦，能随时调度的实时需求响应能力超 200 万千瓦。同时，江苏省不断细化用户的参与标准、挖掘不同类型企业的负荷释放空间，根据不同行业的生产特性和用电设备，指导用户高效释放用能空间。通过信息化管理系统的持续建设，用信息化方式精准掌握用户的用电行为，更精准、及时地调节负荷，在不影响生产生活的情况下削峰填谷。

第4章

综合能源服务

4.1 综合能源服务背景与意义

4.1.1 综合能源服务提出背景

我国作为能源消费大国，能源高消费带来的经济增长方式已经不能满足我国可持续发展的要求。为了响应国家"节约、清洁、安全"能源发展战略需求，2012 年，国家电网节能服务公司作为综合能源服务业务的龙头，将能源综合开发利用、节能服务、电能替代、国际能源开发四大板块业务进行融合。2019 年初，国家电网下发《推进综合能源服务业务发展 2019～2020 年行动计划》，要求在接下来的两年抓住新一轮能源技术革命、信息技术革命和产业融合发展的新机遇，构建开放、合作、共赢的能源服务平台。随着能源领域的体制改革加速推进，我国在能源战略、财政、税收、投融资、标准等方面出台了诸多支持政策，为综合能源服务的快速发展创造了良好的条件和宽松的环境。

从根本上来说，综合能源服务的出现既有社会需求的外部驱动，也有技术创新的内在动力。

一方面，节能减排的社会共识及多元化的用户需求催生出庞大能源服务市场，这是外因。资源和环境问题成为全社会共同关注的热点，绿色低碳发展也成为能源转型方向，催生出了绿电使用、节能改造、能效服务等一系列综合能源服务。同时，需求个性化、多样化发展需要以用户为中心提供多元化能源服务，综合能源服务市场潜力巨大。

另一方面，能源互联网技术发展，使得能源之间互联、能源和信息融合进一步加强，为发展综合能源服务提供了可能，这是内因。热电联供技术、新能源发电技术、储能技术发展为电力企业延伸产业链，供应多种能源产品提供了可能；信息技术发展，包括物联网、云计算、大数据、人工智能等技术发展，不但有效支撑了能源高效互联以及用户侧的友好交互，而且集合了大量数据资产，并能够将数据资产转换为多样化增值服务。

随着中国能源革命的纵深推进，能源生产方式和能源消费理念发生深刻变化，能源生产由供给侧向终端用户侧延伸，能源消费理念从能源供应向能源服务转变。在此背景下，综合能源服务应运而生。综合能源服务是面向能源系统终端，以用户需求为导向，通过能源品种组合或系统集成、能源技术或商业模式创新等方式，使用户收益或满足感得到提升的行为。

作为能源服务的高级形态，综合能源服务旨在提供符合能源发展方向、契合用户实际需求的能源解决方案，是推动能源革命的重要举措。同时，综合能源服务能够有效提升能效、促进清洁能源利用，大力发展综合能源服务将是推进中国能源低碳发展、实现 2030 年前碳达峰目标和 2060 年前碳中和愿景的关键着力点。

相关能源电力企业正积极布局综合能源服务领域，加快拓展相关业务，推动中国综合能源服务快速发展。

4.1.2　综合能源服务意义

随着我国经济社会持续发展，能源生产和消费模式正在发生重大转变，能源产业肩负着提高能源效率、保障能源安全、促进新能源消纳和推动环境保护等新使命。随着能源互联网技术的发展以及电力体制改革进程的加快，开展综合能源服务成为提升能源效率，降低用能成本，促进竞争与合作的重要发展方向，构建综合能源服务系统的需求十分迫切。其重要意义如下：

（1）有助于打破能源子系统间的壁垒，提升社会综合能效水平。我国能耗水平相较于其他国家一直偏高，电力、热力、燃气等不同供能系统集成互补、梯级利用程度不高，能源系统整体利用效率较低，表明目前我国在传统能源系统提高能源利用效率和能源互补方面存在一些障碍。综合能源系统可以接纳包括清洁能源在内的多种能源，提高各种能源的利用效率，促进能源系统之间的协调优化，实现多种能源的互补互济，并且开拓新型增值服务，抑制不合理能源消费，降低企业设备能耗，调整企业用能结构，推动行业转型升级，提升社会整体能效水平。

（2）有助于解决我国能源发展面临的挑战和难题。我国作为世界第二大经济体，能源消费总量世界第一，中国经济在由高速增长向高质量发展转变，调速换挡，但能源消费增长依然强劲，能源需求刚劲。同时，虽然我国煤炭和可再生能源丰富，但缺油少气，石油、天然气对外依赖程度高，对我国的能源安全造成潜在威胁。在如此形势下，我国能源安全又面临着清洁能源电力消纳难题和能源技术创新瓶颈等问题。而综合能源服务作为一种新型的能源供应、转换和利用服务模式，对于规避能源供应风险、保障能源安全具有重要作用。

（3）有助于推动我国能源战略转型，推动能源变革。当前，我国正处于能源转型关键时期。环境保护和能源安全将成为能源战略向多元化和清洁化方向转型的驱动力，能源生产和消费模式正在发生重大转变。综合能源服务作为一种互补互济、多系统协调优化的能源供应和消费模式，已成为提升中国能源开发使用效率、提高可再生能源消纳比例的重要发展方向。国家能源局日前印发的《2022 年能源工作指导意见》提出，稳步推进结构转型，加快能源绿色低碳转型，大力发展综合能源服务，推动节能提效、降本降碳。

对于能源消费来说，综合能源服务包括传统能源和新能源，提供咨询、投资、技术、运营、管理等各种服务，进而满足多元化能源需求，具有能源多元化生产和终端智慧化消费等特点，能提高能源配置效率，提升可再生能源消纳比重，更好利用清洁能源，实现能源消费方式根本性转变；对于能源供应来说，综合能源服务可以更好地利用清洁能源技术、分布式能源技术，提高清洁能源的供应水平，以及能效水平。因此，发展综合能源服务已成为推动能源转型升级、践行能源革命的重要路径之一。

4.2　综合能源服务内涵

4.2.1　综合能源服务本质及特点

传统能源服务产生于 20 世纪中后期的美国，其业务主要针对已建项目的节能改造、节能设备推广等，并开发相关的能源管理模式。随着新能源如风能、光伏、生物能等的快速发展，能源服务逐渐进入新能源服务阶段，其中以新建分布式能源项目居多，推广热电联供、光伏、热泵、生物质等可再生能源的生产与利用，融资额度更大，商业模式更加灵活。如今，伴随着物联网、大数据、云计算等技术的出现，更高效更智能的能源服务——综合能源服务诞生。

综合能源服务目前尚未有统一的定义，对其的定义更偏向于是一个宽泛的业务概念。因此可以从综合能源服务发展、综合能源服务本质、特点、综合能源服务参与方以及综合能源服务转型模式几方面认识综合能源服务。

4.2.1.1 综合能源服务本质

综合能源服务的本质可以从两方面诠释：一是综合性能源供给，二是综合化能源服务。其中，综合性能源供给是指围绕客户（狭义）用能需求，为客户提供涵盖电、气、冷、热等多种形式的能源，以及相配套的多能源集成或协同供应解决方案；综合化能源服务，是指围绕国家和政府的能源方针和政策，以实现"清洁、科学、高效、节约、经济用能"为宗旨，为客户（广义，包括企业、居民、政府、金融机构、售电公司等各类相关社会主体）提供面向能源生产、消费、信息的各类服务，包括工程服务、投资服务和运营服务，并包含资金、资源和技术三要素。

综合能源服务的目的是满足最终用户生产和使用能源的方式不再单一化；综合能源服务涵盖的内容是综合能源计划、综合能源设计、综合能源建设和综合能源运营以及综合能源服务等。简而概之，综合能源服务，在为用户提供能源商品的基础上，还能为用户提供能源服务，而提供的能源服务依赖于能源商品。对于电网企业而言，就是从最初的输配供电，发展成为除了电之外，还要包含气、冷、热等多种能源的供应，并为用户提供多样化的服务模式。

传统的能源服务，多是上游企业的附属业务，往往围绕上游企业的产品营销开展服务，服务模式是以产品为中心。而综合能源服务是以能源服务为主营业务，围绕客户的综合需求开展服务，服务模式是以客户为中心。过去纵向延伸的能源服务模式，重点在于围绕事物开展营销，与事物无关的方面不开展营销，企业与客户的互动比较有限。而横向一站式的综合能源服务，重点在于围绕关系开展营销，致力于建立、保持并稳固与客户之间紧密的、长期的互动关系，充分开展能量流、信息流、业务流的互动，吸引客户的高频次访问，赢得客户对企业的强烈认同甚至偏爱。

综合能源服务的本质内容是以电力系统为核心，改变以往供电、供气、供冷、供热等各种能源供应系统单独规划、单独设计和独立运行的既有模式，利用现代物理信息技术、智能技术以及提升管理模式，在规划、设计、建设和运行的过程中，对各类能源的分配、转化、存储、消费等环节进行有机协调与优化，充分利用可再生能源的新型区域能源供应系统。

4.2.1.2 综合能源服务特点

综合能源服务是一种新型的为满足终端客户多元化能源生产与消费的能源服务方式，涵盖能源规划设计、工程投资建设，多能源运营服务以及投融资服务等方面，是以电为中心，满足社会多元化用能需求和客户多元化服务诉求的能源服务。综合能源服务具有综合、互联、共享、高效、友好的特点。

综合就是集成化，包括能源供给品种的综合化、服务方式的综合化、定制解决方案的综合化等，实现用能区电、热、冷、气、水等多能源的协同生产、配送、销售、消费和源、网、荷、储、用的协同运营。

互联是指同类能源互联、不同能源互联以及信息互联，以跨界、混搭的组合方式呈现，实现不同能源主体之间的互动，供需之间的互动。

共享是指通过能源输送网络、信息物理系统、综合能源管理平台以及信息和增值服务，实现能源流、信息流、价值流的交换与互动。

高效是指通过系统优化配置实现能源高效利用，从传统工程模式转化为向用户直接提供服务的模式，通过控制中心使整个系统有了"大脑"和"神经"，实现互动协同。

友好是指不同供能方式之间、能源供应与用户之间友好互动，可以将公共热冷、电力、燃气甚至水务整合在一起，同时实现区域能源开发利用的清洁高效。

4.2.2　综合能源服务参与方分析

4.2.2.1　参与方角色及关系

在当前能源革命加快推进、能源领域改革不断深入的背景下，综合能源服务以其巨大的市场需求、迅猛的增长速度备受各方关注。新时代下的综合能源服务具有传统能源生产消费的技术和运营属性，融合了新的商业模式和业态，将更加具有战略和商业属性。综合能源服务的参与方主要可分为两大类：服务提供方与被服务对象。

（1）对于综合能源服务领域的服务提供方可大致归纳为能源公司、售电公司、技术公司和服务公司四类。能源公司：更多的是指重资产企业，市场规模相对来说较大，大部分是大型国企。其中传统能源企业纷纷向综合能源转型和跨界，如电网公司、燃气公司等。新电改中的配售电改革为传统能源企业提供了转型和延长产业链的机遇，推动了电网公司等传统能源企业由单一能源供应商向综合能源服务商转变，创造新的利润增长点，提高了公司的市场竞争力。在传统的能源服务体系中，不同品种能源独立式发展，消费者作为需求方，处于产业链的终端，消费方式和消费角色比较单一；而在新的综合能源服务体系中，集中式和分布式能源供给方式并存，不同能源品种间的行政壁垒和技术壁垒逐渐打破，跨部门跨领域协调互补能力增强。可以更好地满足消费者的能源需求。

售电公司：大部分都是新成立的公司，既有国企，也有民企，主要是中小企业规模占多数，围绕售电业务开展综合能源服务的综合能源服务商。从市场的参与者来看，在政策的驱动下，售电公司的市场主体呈现出了多元化的特点。鼓励进入售电公司领域的主体主要包含以下几类：目前已有的供电公司、大型发电企业、节能服务公司、工程建设公司、大型工业园区等。除了上述参与者，目前参与到售电领域的企业还包括了民营电气设备企业、分布式能源企业等。

技术公司：主要是指轻资产企业，包括互联网公司、储能技术公司、微电网技术公司等，这类公司主要将信息技术与能源相融合，包括传统能源技术公司以及以大数据、云计算、物联网、区块链技术、人工智能等新业态为主的技术公司，适合开拓一些新型增值服务。如国网电子商务公司、阿里云综合能源服务方案、远景能源等。

服务公司：这类公司主要是轻资产企业，规模相对较小，包括各类设计院、工程总包单位、工程服务企业、节能服务公司、需求响应服务、分布式能源方案设计单位、智慧能源解决方案服务商等。根据用户需求可提供各种增值服务，如提供蓄热受托、能效管理、用能诊断、设备维护、整体供电方案等多元化服务，以及搭建多种生活产品交易平台，实现电力、自来水、燃气、热力的批发和零售，提供从电力、天然气到可再生能源供应等一系列的综合解决方案。

（2）对于综合能源服务对象我们可以分为三大类：居民用户、大型企事业单位（如医院、学校、工业园区等）和政府机构。其中，服务对象与服务提供方关系有所变化。在传统的供需关系中，能源服务的供应者与需求者双方是单向的能量传输，一方输入，另一方只能被动接受。在综合能源服务快速发展的现在以及将来，需求侧响应资源将会大规模发展，原来的消费者逐步转变成能够灵活参与市场的"产消者"，既是能源的消费者也是能源的生产者。服务对象可以通过分布式可再生能源发电，并通过电动汽车、储能技术等方式将能源进行转换和储存，并反售给电网，积极参与到需求侧响应中来。综合能源服务将会带来一个万亿级别的巨大市场，向综合能源服务商转型的各类企业都有各自的优势所在，可以为服务对象提供更加全面、可靠、高效、智能的综合能源服务，更好地满足客户需求。

服务对象之间的关系发生转变，从之前的能源独立状态转变成现在的能源互联状态。随着用户侧分布式能源、分布式储能技术、信息技术等的发展，将用户侧的各个能源节点互联起来,组成一张能源对等交换与能源互联网络,实现能量的双向流动。几个用户互联形成区域互联网,通过大数据分析、机器学习等技术,整合区域内的各种能源数据,对该区域内的用户的能源需求与供应进行随时的动态调整。或者区域内的几个用户联合组成大用户获得进入一些市场的资格,在市场中进行能源交易等。

4.2.2.2 参与方需求分析

1. 综合能源服务提供方

首先,综合能源服务商最紧迫的是找准向综合能源服务转型的切入点,落实战略政策,在不断探索与研究中完成转型,开拓新的业务,增加企业新的盈利点。满足用户差异性需求的前提是要首先保证用户需求能源供应的充足稳定安全,主要以电能为主。在此基础上研究新能源新技术、融合 5G 通信、信息技术与物联网技术,整合各种调度平台、监测平台与管理平台,形成多维度、多能流的物理信息系统。利用人工智能技术,提高供能侧与用能侧的数字化程度,打造智慧家庭、智慧园区、智慧城市,构建创新智能型的综合能源服务体系。

在综合能源服务的发展过程中,综合能源服务商有向其他企业合作的需求。本书将与综合能源服务企业发展伙伴关系相关的企业归结为 A、B、C 三种类型:A 类企业包括能源企业与售电企业,是能源行业的大企业,有较好的上游供应能力,在能源供应和涉及能源的其他领域已经具备较强实力,具备资质、技术、资本、客户、线下服务能力等资源,可能主导或者参与发展综合能源服务企业。A 类企业之间存在一定的合作需求,以求快速填补业务空白,例如售电企业与地方燃气企业的合作,供热企业与分布式能源装备制造企业合作等;B 类企业是服务企业,为大量客户提供能源相关服务的机构,有较好的客户资源,可能主导或者参与发展综合能源服务企业,但大都需要与 A 类企业合作。例如通过合资、战略联盟、采购商-供应商合作方式成立综合能源服务企业。以大型互联网平台企业为例,他们具有强大的平台流量优势和互动服务能力,对 APP 产品开发、大数据分析、商业模式创新积累大量经验,可以与 A 类能源企业以战略联盟、采购商-供应商合作方式提供强互动的综合能源服务;C 类企业是非能源行业的技术企业,具有专业服务能力、专利技术资源等,由于缺乏资质、技术、客户等资源,很难主导发展综合能源服务企业,主要以参与为主。由于综合能源服务企业会提供一定的非能源服务,例如垃圾处理、碳交易、物业管理、建筑物维护、节水管理、智慧生活、大气治理等,以充分满足客户多元需求、增强客户黏性,因此需要与非能源行业提供专业技术服务的企业合作。

2. 综合能源服务对象的需求

能源终端用户，包括居民用户、公共企事业单位、政府机构，其中能源供应服务是各个参与方最基本的能源服务需求，包括电气冷热等能源的零售与组合销售、能源套餐的定制，对于大型企事业单位可以作为大用户进行直购电交易，需要委托综合能源服务公司进行交易管理。

居民用户主要追求能源使用方便、稳定与安全，降低能源使用成本。最主要的服务需求为能源供应，包括传统的电、气、冷、热等能源的供应以及分布式能源资源综合开发利用服务，包括分布式能源项目的建设、设备的租赁等。随着电动汽车的发展，居民对电动汽车充放电管理服务的需求也日渐增强，满足充电需求的同时，降低充电成本。其次则是对家庭能源使用及管理的智能化需求，包括智能终端、电器智能监测、能源监测预警等。

大型企事业单位的能源需求量巨大，尤其是电能，除了最基本的能源供应服务需求外，节能减排也是企业最主要的服务需求，包括节能改造、节能咨询、节能方案设计、余热余压利用、污水再利用、碳资产管理等。在大量能源消耗的同时，企事业单位对能源安全、稳定性也有较高的要求，需要能源监测、设备检修与运维等服务。同时企业，尤其是中小微企业，以用电行为作为增信，需要综合能源服务提供历史用电数据与用电信用评级等服务，拓宽中小微企业融资渠道，降低融资成本。

政府需要的综合能源服务重点在能源数据类服务与城市整体规划类的服务。利用综合能源服务公司提供的能源大数据分析城市能耗情况、能源利用情况，进行城市能源运行管理、能源经济发展分析、城市能源辅助规划。利用综合能源服务公司掌握的用户数据进行电动汽车充电桩规划设计、城市及道路照明工程规划建设等服务。

4.2.3 综合能源服务转型模式

在能源生产和消费革命的形势以及在绿色发展和低碳发展的要求下，电网企业、发电企业等纷纷向综合能源服务商转型，成为综合能源服务市场的参与者和主要竞争者。基于上节的综合能源服务参与方分析，研究发电企业、电网企业、售电公司等向综合能源服务提供方转型的模式。

开展能源服务的发电企业、电网企业、售电公司以及为能源供给、消费提供技术服务支撑的公司都有可能发展为综合能源服务企业。以转型源体的角度来划分，主要包括以下几种模式。

（1）供给端延伸型的综合能源服务。为社会提供电力、油气、燃气、热能等能源的企业处于能源生态链中的供给端，在过去的产业格局中基本上仅负责"生产"，不参与流通和消费环节的业务，新的能源体制改革和区域能源互联网等新技术变革，为供给端实施产业链延伸提供了政策、制度和技术保障，进而使多元化的综合能源服务企业成为可能。供给端延伸型其实质是多能互补、多法并用基础上的综合能源服务，比如新奥是以燃气为主导，同时往燃气的深度加工——发电、冷热供应方向发展；协鑫以天然气热电冷系统、光伏发电、风能发电、储能技术、节能技术、低位热能结合为一体，提供多种能源服务。

就发电企业而言，以电力市场化为主导的改革，放开发电量计划、放开售电市场，引导发电企业向售电产业链延伸。因此发电企业为迎接能源革命、适应电力体制改革的需要，经营定位和经营模式将发生根本性改变，其中一项重大举措就是建立以市场为导向的营销体系、向综合能源企业转型，培育新的经济效益增长点。

（2）网络传输端升级型的综合能源服务。按照新电改关于网运分离的政策，电网企业从过去以投资、建设、运营电网为核心业务，转变为负责输配环节业务，其盈利模式也由收取上网电价和销售电价价差转变为按照政府核定的输配电价收取过网费。在电网企业放开售电侧的同时，允许参与售电侧竞争性售电业务。电网企业向综合能源服务转型的主要压力不仅仅是盈利模式的变化，更主要的是消费端的能源消费方式、电能替代、服务竞争带来的影响。具体而言，这些考量因素包括分布式能源、多能联供等新能源异军突起，电能替代领域的电动汽车、煤改电等广泛推广，售电公司服务理念、服务方式、技术平台的激烈竞争，使得电网企业的传统业务、新兴业务都不得不向综合能源服务供应商的方向发展。

广东电网公司在综合能源服务方面积极开展探索实践。以珠海金湾东增量配网试点项目、顺德西部工业园为切入点，积极拓展分布式能源、多能联供、水气电热多表集抄等园区综合能源服务。建成投运城市公共充电站、高速公路城际快充站及充电桩，并上线运营基于互联网+的充电智能服务平台以及"粤易充"手机APP。积极推动电能替代，建成南网首个港口船舶岸电项目。南方电网成立了广东电网综合能源投资有限公司，新成立的综合能源投资公司增加综合能源、增量配网建设与投资、分布式能源、电动汽车投资与运营、市场化售电、能效服务等六个新兴业务经营模块，为广东电网开展综合能源业务搭建投资、运行、管控平台，标志着广东电网公司由传统电网企业向综合能源服务提供商转型迈出了重要一步。

（3）消费端衍生型的综合能源服务。售电侧放开后，目前国内已成立了1500多家售电公司，其中绝大多数的售电公司尚未开展实质性业务。在这些售电公司当中最有可能发展为综合能源服务商的是具有增量配电网投资，拥有配电网运营权的售电公司，这类公司的定位是综合能源服务的盈利模式，除基本售电业务外，更多发展增值业务，即不以购售电的差价为主要利润来源，而是要扩大增值型服务。增值型服务包括向用户提供优化用电策略和合同能源管理等服务，以及将售电业务与其他供水、供热、供气业务打捆，向用户提供综合能源服务，同时可以承担代理用户购电、运维电务工程等多种多样的服务。消费端衍生型核心是需求导向，积极响应用户不断变化的需求升级，开发更便宜、更清洁的能源供给和整体节能方案，并在用户综合用能成本的下降中与用户共享收益。

当然以纯购售电为核心业务的售电公司也可以发展综合能源服务，只不过是经营的跨度较前者要小、排列组合的方式少而已。售电公司从电力批发市场中购电，包括现货市场和金融市场交易，然后零售给终端用户赚取差价，满足不同客户的用电需求。通过合理预测购电需求和市场价格，制定现货、中长期、期货、差价合约等多种交易合同组合，优化购电策略和成本，对冲市场风险。细分客户群体特点及消费规律，为用户提供多元化、个性化和套餐式电价服务，如提供季节性、时段性、定制式电价套餐等，通过丰富的价格套餐满足客户需求。

（4）技术、装备渗透型的综合能源服务。在分布式能源、区域能源互联网技术、节能改造技术、电能替代等方面具有优势的技术型企业，具有先进能源设备生产运营经验和雄厚技术基础的制造型企业，以及具有能效管理、合同能源管理领先水平的服务型企业，依托专业人才、关键技术、先进的能源管理理念、优秀的设计方案，都可能发展成为综合能源服务提供商。

阿里能源云是为新能源行业提供丰富的专业化云端业务与技术解决方案，帮助能源运营商、服务商快速搭建标准化或定制化商业平台，实现业务应用的灵活开发与落地，构建能源互联新生态。天天智电在售电业务、能效管理、节能改造、清洁能源与可再生能源开发等领域，为客户提供系统的技术咨询、解决方案和全链条的项目服务。恒泰艾普是从2011年的油气勘探开发软件技术公司发展成为高科技、集团化的综合能源服务，定位发展石油天然气地球物理与地质软件和相关技术服务、工程技术、核心精密仪器和高端装备制造、云计算及大数据、新业务发展五大业务板块。大连派思的发展定位是燃气分布式综合服务商，采取建立 LNG 工厂、在石油天然气交易中心进场交易、收购外资提供技术装备、获取售电资质等措施，通过项目集控中心，借助能源互联网、交易平台和金融平台实现全国跨区域的资源调配。

4.3　综合能源服务发展现状

4.3.1　国外综合能源服务发展

综合能源服务对提升能源利用效率和实现可再生能源规模化开发具有重要支撑作用，世界各国根据自身需求制定了适合自身发展的综合能源服务发展战略。

西方发达国家是最早一批提出综合能源服务概念并最早付诸实施的地区，其投入大，发展也最为迅速。早在欧盟第五合作框架（FP5）中，就将有关能源协同优化的研究放在显著位置，如 ENERGIE 项目寻求多种能源（传统能源和可再生能源）协同优化和互补，以实现未来替代或减少核能使用；Microgrid 项目研究用户侧综合能源系统，目的是实现可再生能源在用户侧的友好开发。在后续第六（FP6）和第七（FP7）欧盟合作框架中，能源协同优化和综合能源系统的相关研究被进一步深化。欧洲各国除了在欧盟框架下统一开展综合能源系统相关技术研究外，还根据自身需求开展了大量更为深入的有关综合能源系统的研究，如英国 HDPS（highly distributed power systems）项目关注大量可再生能源与电力网间的协同，HDEF（highly distributed energy future）项目关注智能电网框架下集中式能源系统和分布式能源系统的协同等。德国加强了能源和通信信息技术方面的协同，先后投资超过 2 亿欧元开发智能发电、智能储能及智能电网等项目，并以通信信息技术为框架构建高效能源系统，借助智能通信来调控不断增多的各类复杂用户的能源需求。在项目涵盖的区域，实现智能用电管理、智能储能及网络售电等多种功能，得到用户的广泛好评，同时通过智能通信调控，避免了能源的不必要浪费，使年用电量下降超过 10%。

除欧盟外，美国也在积极推广综合能源服务。美国的能源业务主要由美国 DOE 能源部负责，包括相关政策的制定、能源价格的推动、能源使用的监管。在这种机制下，运作效率高，有效促进了各能源的协调配合。在技术上，美国非常重视高效节能、高清洁性能源的发展，并先后开发了分布式能源及冷热电联供等能源服务。此外，在奥巴马时期，美国就将智能电网建设上升到国家战略层面，旨在传统电网基础上进行升级改造，打造出效能更高、安全性更好、更加灵活的智能供电模式。在需求侧管理技术上，美国包括加州、纽约州在内的许多地区在新一轮电力改革中，明确把需求侧管理和提高电力系统灵活性作为重要方向。

日本是亚洲范围内最早推广综合能源服务的国家，日本政府在 2009 年率先宣布将构建覆盖全国的综合能源服务系统。东京电力公司超前谋划、广泛布局，于 2012 年启动战略转型，从提供产品向提供服务转变，构建支撑综合能源服务业务发展信息系统，细分客户需求，提供涵盖电、热、冷、气的最佳能源供应方案，并打破电力垄断经营模式，采取合作的方式与其他综合能源服务商共同开拓综合能源服务市场。此外，在日本政府的大力推动下，日本在 2010 年建立了智能社区技术，在智能社区能源系统中，不仅整合了传统的电力、热力及燃气等能源供应，还将交通、信息、医疗等内容相结合，覆盖全社会的各类能源供应，这种集成化管理更高效集中，节省了管理与服务成本。在客户管理上，根据客户业务情况，分成大客户及居民客户，采取差异化管理，更具针对性。

4.3.2 国内综合能源服务发展

当前，国内综合能源服务尚处于起步阶段。主要涉及售电、工程技术、相关服务等。2016 年底，我国首个集发电、配电、售电一体化新能源项目获批，即深圳国际低碳城分布式能源项目参与配售电业务，至此，我国开启了综合能源服务发展新时代。国内典型的综合能源服务供应商有南方电网综合能源有限公司、广东电网综合能源投资有限公司、华电福新能源股份有限公司、协鑫分布式微能源网、远景能源、阿里云新能源等。南方电网综合能源有限公司组建于 2010 年，已建立了覆盖"电源侧、电网侧、客户侧"的全产业链节能服务体系，并形成了面向市场的"节能服务、能源资源综合利用、清洁能源与可再生能源开发、节能服务电商平台"四大业务板块。在商业化运营方面，南方电网综合能源有限公司主要以合同能源管理（EMC）模式为主导。在综合能源服务的方案设计上，主要为用能单位提供一条龙服务，包括用能状况诊断、节能项目设计、改造、施工、设备安装、调试、运行管理以及项目融资等，用能单位则以节能效益向公司支付综合能源服务费用。广东电网公司于 2016 年在综合能源服务方面积极开展探索实践。以珠海金湾东增量配网试点项目、顺德西部工业园为切入点，拓展分布式能源、多能联供、水气电热多表集抄等园区综合能源服务。2017 年 2 月，广东电网综合能源投资有限公司在广州正式挂牌成立，新成立的综合能源投资公司增加综合能源、增量配网建设与投资、分布式能源、电动汽车投资与运营、市场化售电、能效服务等六个新兴业务经营模块，为广东电网开展综合能源业务搭建投资、运行、管控平台。其他传统能源企业也在不断制定转型战略。金风科技发挥风电领域的技术优势，为用户提供节能增效、市场化售电等综合能源服务。远景能源通过对新能源发电系统的设计和运行数据的采集，为用户提供发电预测、负荷预测和源-荷协调优化服务。

随着能源互联网的理念与应用加速向能源领域渗透，2016 年 2 月，国家发改委、能源局、工信部联合发布《关于推进"互联网+"智慧能源（能源互联网）发展的指导意见》，强调建设能源互联网的重要性，综合能源服务采用互联网思维，也在开拓探索新模式，形成"互联网+智慧能源"等一系列的新业态，推动综合能源服务向前发展。

能源互联网作为第三次产业革命的核心，其本身包含智能电网、智慧能源和综合能源服务等部分。综合能源服务是能源互联网的重要业态组成，也是能源互联网建设的重要基础，能源互联网的发展同时为综合能源服务提供更多支撑。在风力发电厂建设方面，远景还致力于提供智能风机和智慧风场软件服务，提高了智能化用能程度。作为传统电工仪表生产商的科陆电子也在不断转型，公司在电动汽车充电站、智能楼宇、并网型微电网等方面已加快发展步伐。综合能源服务是实现能源互联网的重要途径之一。随着储能、电动汽车、数字技术的提高和普及，通过用户的参与和良性互动，综合能源服务将像互联网一样不断形成创新迭代，产生新的商业价值，从而为中国电力体制改革和发展起到积极的推进作用。

4.4　综合能源服务业务领域

业务领域指的是企业的主要活动领域，通常指企业能向客户提供的服务，综合能源服务企业向客户提供的多元化服务也叫做综合能源服务业务。目前国内综合能源服务尚处于起步阶段，并未形成一个被广泛认同的体系，导致综合能源服务业务及其领域等划分模糊混乱，阻碍业内及业外人士的深度认知。认识综合能源服务的业务领域，要先理清综合能源的典型业务，好在此基础上进行清晰领域划分。

4.4.1 国外综合能源服务典型业务

综合能源服务对提升能源利用效率和实现可再生能源规模化开发具有重要支撑作用，因此，世界各国的综合能源服务商都根据自身需求和环境开展了适合自身的综合能源业务，具体开展情况如下：

1. 美国

美国率先提出综合能源服务的概念，在相关领域的发展一直处于领先地位。美国的综合能源发展以分布式可再生能源的技术研究与发展为核心，特别是风能和太阳能，目标是促进分布式能源和热电联供技术的推广应用以及提高清洁能源使用比重。得益于美国相关部门的能源政策支持，可再生能源发电成本持续下降，市场竞争力不断增强。2019 年 4 月，美国联邦能源管理委员会（FERC）公布的月度报告数据显示，美国可再生能源发电量首次创纪录地超越煤电。2019 年 1 月至 10 月，可再生能源新增装机容量占 48.45%。其中，风电占 28.55%，太阳能占 18.59%，水电占 0.83%，生物质能占 0.41%，地热占 0.06%。同时各城市纷纷开展与可再生能源电站的清洁能源购电协议推广可再生能源利用方案。

美国的综合能源业务侧重于资源整合与净零能耗，不仅为用户提供冷热电气的全套能源服务，同时提供从投资、建设到运营等各个阶段的全面服务，从不同维度进一步体现"综合"的概念。在技术上，美国非常注重相关理论技术的研发，重点是促进对分布式能源和冷热电联供技术的进步和推广应用，在技术突破的基础上，开展了一系列分布式能源业务与多联供业务。美国的信息技术一直处于前沿，当和能源领域融合后，智能化平台与软件拓展了综合能源服务商的业务，比如通过能源数据和行为科学分析，为终端客户提供个性化的能源账单以及可以显著降低能源成本的节能建议。

2. 欧洲

欧洲是最早提出综合能源系统概念并展开研究的地区，资金投入大，发展最为迅速。欧洲的能源服务公司开展的业务也多以能源的协同优化为重点，以节能、提高能源效率、利用清洁能源作为目标。同时采用了智能化的系统和技术，真正实现了冷热电和新能源、储能等设备互联互通。其中英国、法国、丹麦等国注重综合能源各个系统间能量流的集成，德国、意大利等国更侧重综合能源各系统和通信信息系统之间的集成。

英国作为一个岛国，和欧洲大陆的电力和燃气网络仅通过相对小容量的高压直流线路和燃气管道相连。因此，英国的综合能源发展主要以社区层面的分布式综合能源以及分布式综合系统的研究和应用为重点。所开展的综合能源服务业务也多为多能互补业务，注重能源系统间能量流的集成。如英国HDPS（highly distributed power systems）项目关注大量可再生能源与电网间的协同，HDEF（highly distributed energy future）项目关注智能电网框架下集中式能源系统和分布式能源系统的协同等。

法国电力公司（EDF）发展形成了基于核电、水电、新能源的多元化电力结构，致力于为客户提供包括电力投资、工程设计以及电力管理与配送在内的一体化解决方案，业务几乎涉及电力系统的所有行业。集团应用综合性的发展模式，对上游资产组合（生产、能源和燃料采购）和下游资产组合（大宗销售和市场投放）进行管理，确保对客户的能源供应并达成最优化的利润。而除了能源运营本身，法国电力的业务还涵盖电力销售、能效管理和能源大宗贸易等各个环节，甚至包括电力投资、电力工程设计以及电力项目管理与电网配送在内的一体化解决方案，旨在为居民、专业客户、公司企业、城市或区域提供集成解决方案。

德国政府十分重视节能，因此综合能源服务市场中，节能业务最为活跃。综合能源服务公司为客户提供热电联产以及各种生产节能产品与设备的业务。德国的综合能源发展更侧重于能源系统和通信信息系统间的集成，利用智能化的技术，发展包括智能发电、智能电网、智能消费和智能储能 4 个方面。推动企业和地区积极参与建立以新型信息通信技术（ICT）、通信设备和系统为基础的高效能源系统，同时用最先进的调控手段来协调日益增多的分布式电源与各种复杂的用户终端负荷，为用户带去智能化的综合能源服务。意大利国家电力公司成立综合能源服务公司，面向工商业客户、交通、城市和家庭四类用户提供数字化产品和各类增值服务，包括能源效率提升服务、需求侧响应服务、电动车充电服务、物联网服务以及光纤服务等。

3. 日本

日本的能源严重依赖进口，因此日本成为最早开展综合能源系统研究的亚洲国家。在日本政府的大力推动下，日本主要的能源研究机构都针对综合能源进行了相关的技术研究和突破，开展新的能源供应领域。Tokyo Gas 公司则提出更为超前的综合能源技术业务，在传统综合供能（电力、燃气、热力）基础上，建设覆盖全社会的氢能供应网络，同时在能源网络的终端，将不同的能源使用设备、能源转换和存储单元共同组成能源高效利用的终端综合能源系统。

对于综合能源服务的业务发展，东京电力公司作为日本最大的电力企业，在综合能源服务领域的一直处于领先地位。以东京电力公司为例，在向综合能源服务商转型初期，其业务主要包括提供电力和燃气的一站式服务以及其他能源解决方案。2016年日本全面放开电力零售市场后，顺势进行综合能源服务业务重组，扩大业务领域，细分客户需求，提供实施差异化、个性化的能源增值服务业务与能源供应业务。

针对工商业客户，着力提供从设计、施工到运营、维护的"一站式"综合能源服务。东京电力将工商业客户的需求分为节能、减排、高可靠性、减少初期投资成本四类。对于节能需求的客户，东京电力为其提供涵盖电力、燃气、供暖的最佳能源供应组合方案，提供多种电价方案和电气设备方案的优化组合，帮助客户改进设备及生产流程。对于减排需求的客户，东京电力推出了一项名为"水溢价"的服务，此项服务中的电力完全由水力发电厂提供，获取的利润用于节能设备改造及水源维护。对于高可靠性需求，东京电力提供包括可再生能源发电、通信、供暖、供水在内的建筑设计、施工、维护等全方位服务，提升企业用电可靠性及能源运维管理水平。对于减少初期投资需求，东京电力主推"能源服务提供者"服务，客户可以获得电力、燃气供应，以及电气化热泵、变电设备等高能效设备及其运维服务，客户的初始投资为零，费用将以服务费的形式摊销到设备的全生命周期。

针对居民客户，提供"电气化住宅+个性化价格套餐+增值服务"方案，满足其舒适、环保、安全、经济的用能需求。电气化住宅，即面向新建、改建住宅提供节能诊断以及产能、节能、储能相关设备安装、售后等服务，并大力推广电炊具、节能热水器等高效电气产品构成的"全电气化住宅"；个性化价格套餐，即向客户推荐具有市场竞争力的电力、燃气组合价格方案，并推出节能咨询、智能家居租赁等套餐服务；增值服务，即以客户用电信息为资源，开展模式识别、特征提取、行为分析等大数据分析，建立客户行为档案，提供精准服务。

4.4.2　国内综合能源服务典型业务

世界各国都根据自身需求制定了适合自身发展的综合能源发展战略，国内的两大电网企业：国家电网公司和南方电网公司；能源企业：新奥泛能网、协鑫集团、远景能源、阿里云新能源；互联网技术公司：远光软件、朗坤智慧科技股份有限公司等各大企业也结合国家政策和行业的发展情况制定了适合自身发展的综合能源服务业务规划。

2017年8月，国家电网公司发布了《关于在各省公司开展综合能源服务业务的意见》，要求各省公司将综合能源服务作为主营业务，争取在"十三五"期间实现综合能源服务营收 500 亿元。2018 年 4 月，国家电网公司发布了《关于加快拓展综合能源服务市场的实施意见》，为下阶段综合能源服务业务开展提供遵循。2019 年 2 月，国家电网有限公司正式印发了《推进综合能源服务业务发展 2019—2020 年行动计划》，根据发布的行动计划，国家电网未来两年将会统筹布局综合能效服务、供冷供热供电多能服务、分布式清洁能源服务和专属电动汽车服务四大重点业务领域，完成 20 项关键技术设备研发，建成 20 个重点示范项目，同时建立市场化运作体系，不断深化综合能源服务业务发展。2020 年 1 月，国家电网公司发布的 2020 年 1 号文件《关于全面深化改革奋力攻坚突破的意见》中，将综合能源服务的四大重点业务领域进一步明确为综合能效服务、多能供应服务、清洁能源服务以及新兴用能服务。

天津作为最早开展综合能源服务的省份之一，早在 2014 年，国网天津市电力公司就开始建设以电为中心，融合电能替代与节能技术，规模化应用多种清洁能源，技术先进、智能互动的绿色能源型互联网。2019 年 5 月 16 日，国网天津电力综合能源服务中心建成启用，是全国首个省级综合能源服务中心，该中心将成为集调控、研究、数据、交付和展示五大功能于一体的天津"智慧能源大脑"，其能源大数据中心已接入国网客服北方园区、北辰商务中心等天津多个园区、企业、公建的能源数据源，通过对海量数据的挖掘和分析，在能源生产、消费、交易、服务等方面发挥支撑作用，满足政府、企业、用户等不同主体的多类型能源大数据应用需求。天津"智慧能源大脑"的客户关系中心，可以受理客户的综合能源业务并自动生成方案，实现综合能源服务业务的一站式办理。

2018 年 1 月，国网江苏电力完成了国网江苏综合能源服务有限公司的组建，明确了能源供给、消费、交易和平台经济四大综合能源服务业务板块。2019 年 8 月 19 日，全国首个综合能源服务在线平台——"江苏能源云网平台"正式上线。该平台汇聚能源用户、能源供应与服务商、政府机关、高校与科研机构，为社会各界提供开放共享的综合能源服务。

2019 年 3 月 8 日，由国网河北省电力有限公司和国网节能服务有限公司合资的国网雄安综合能源服务有限公司顺利完成工商注册，获颁营业执照。雄安综合能源公司将充分应用"云大物智移区"等新技术，充分发挥"枢纽型、平台型、共享型"能源互联网企业特性，以能源供应、能源综合管理、能源数据服务为主要业务，积极探索能源互联网建设，为国家电网公司打造世界一流能源互联网企业起到示范先行作用。

南方电网公司早在 2016 年制定的《南方电网"十三五"节能环保规划》研究报告中就率先提出了"从单纯的电力供应商向市场模式下的综合能源供给商转变"的口号。2019 年 1 月 12 日，南方电网发布了《关于明确公司综合能源服务发展有关事项的通知》（产业〔2019〕2 号），所发文件明确了南方电网综合能源服务将主要聚焦于新能源、节能服务、能源综合利用、电能替代、储能、科技装备、创新服务、"互联网+"八大业务板块，重点以产业园区、工业企业、大型公共建筑、大型商业综合体、交通枢纽、数据中心为对象，抓住重大项目资源，统筹应用能效诊断、节能改造、用能监测、分布式新能源发电、冷热电三联供、现代储能等多种技术，开展并引领综合能源服务的发展。

南方电网在综合能源服务领域处于引领地位的所属企业主要是广东电网有限责任公司和南方电网综合能源有限公司。广东电网有限责任公司旗下主要是广东电网能源投资有限公司和东莞供电局在综合能源服务业务方面发展迅速。2017 年 2 月，广东电网综合能源投资有限公司在广州正式挂牌成立，新成立的综合能源投资公司重点服务对象为工业园区和工业用户，主要业务为电动汽车及充电设施、储能、市场化售电、综合能源电子商务平台和金融业务。东莞供电局为贯彻南网公司向"三商转型"的战略部署，落实新兴业务布局调整要求，将综合能源服务的具体业务布局为分布式储能、分布式光伏、电动汽车及充电设施服务、节能服务、客户代维及电力咨询服务等。南方电网综合能源有限公司是国内成立较早、比较典型的能源服务公司，该公司主要以投资拉动型重资产投入为主。目前，南网综合能源公司的业务领域主要涉及到新能源、节能、城市能源环保以及能源综合利用四个板块。

表 4-1 是对国内电网企业部分典型综合能源服务有限公司主要业务范围和代表项目的调查统计。

表 4-1　　　　电网企业综合能源服务公司主要业务和代表项目

公司名称＼发展现状	主要业务范围	代表项目
国网天津综合能源服务有限公司	综合能源供能服务；新能源、分布式能源、储能项目的建设、运营；节能改造服务；合同能源管理服务；仪器设备销售、安装服务；增量配电网建设、运营及电力施工、电力设施运营服务；能源领域技术咨询服务；计算机软硬件研发、销售、系统维护服务等	国网客服中心北方园区综合能源服务项目；北辰商务中心办公大楼综合能源示范工程；国网天津综合能源服务中心

公司名称 \ 发展现状	主要业务范围	代表项目
国网浙江综合能源服务有限公司	供售电服务；多能联供服务；合同能源管理服务；能源资源综合利用；能源基础服务；清洁能源开发供应；增量配电业务；节能服务；能源数据增值服务及能源金融服务等	丽水莲都区政府综合节能改造项目、杭州市主城区路灯杆综合利用节能服务项目
国网江苏综合能源服务有限公司	供售电服务；综合供能服务；能源托管服务；新能源、分布式能源、储能系统、生物质发电实业投资、建设、租赁、运维及检修；合同能源管理服务；清洁能源发电及交易；互联网服务；电力需求侧管理服务；能效服务；用能规划与设计；新能源汽车充换电相关服务；节能服务；清洁能源咨询服务；计算机软硬件开发、销售服务等	同里综合能源服务中心工程；扬中新坝镇城镇级能源互联网示范工程；建立国内首个综合能源服务在线平台"江苏能源云网平台"
国网河北综合能源服务有限公司	售电业务；节能相关服务；电力需求侧管理评价；能源评估、清洁生产评估、能效测评；计算机技术开发、推广、咨询、服务；电力设备及器材的销售、租赁；电力生产供应；电动汽车销售；电动汽车充电桩的销售、租赁、设计、施工、检测及运行维护服务等	河北雄安市民中心；冀北低碳冬奥专区
广东电网能源投资有限公司	电动汽车及充电设施；储能；市场化售电；综合能源电子商务平台；金融业务	电动汽车及充电设施项目；储能项目；综合能源电子商务平台
广东电网东莞供电局	分布式储能；分布式光伏；电动汽车及充电设施服务；节能服务；客户代维；电力咨询服务	东莞松山湖综合能源服务示范项目
南方电网综合能源有限公司	节能业务；能源资源综合利用；新能源开发、分布式能源、用户侧储能项目的投资、建设、运营；电动汽车充换电相关业务	分布式光伏、地热、生物质、垃圾发电、海上风电等项目；氢能项目

其他比较典型的能源行业综合能源服务商有新奥集团、协鑫集团、远景能源、阿里云新能源等。新奥集团创建了园区综合能源服务模式，设计了广东肇庆新区、中德生态园、沈阳丁香湖新城和青岛胶东国际机场能源规划项目，业务涉及分布式电源、新能源发电、储能、三联供系统、售电—气—热等。协鑫集团紧跟国内电力改革步伐，在综合能源服务领域展开了一系列探索，其在多能互补、天然气分布式、储能、微电网、电动车等创新性能源服务方面积累了一定的运营和管理经验，为开展综合能源服务打下了良好的基础。远景能源作为数字能源技术领军企业，是行业领先的智能风机产品公司，拥有智能风机和风场、EnOS智能物联操作系统、阿波罗光伏、"楼宇智能大脑"、智慧储能等产品和服务。通过产品和服务整合，远景能源形成了独特综合能源服务解决方案，为工业企业和园区的"产能、购能、售能、用能"提供最

优策略。阿里能源云，是为新能源行业提供丰富的专业化云端业务与技术解决方案，帮助能源运营商、服务商快速搭建标准化或定制化商业平台，实现业务应用的灵活开发与落地，构建能源互联新生态。

互联网公司通过开发综合能源服务平台为能源供应商和服务商提供众多业务。2019 年 5 月，远光软件开发的综合能源服务平台亮相"数字中国"，得到了与会专家和业内人士的广泛关注。远光综合能源服务平台是以物联网、大数据、人工智能等技术为基础，面向综合能源供应、销售、消费服务等业务环节的综合服务云平台，平台主要为客户提供信息采集、能效分析、节能服务、需求响应、能源托管、能源交易、能源生产、工程建设和投融资等综合能源服务业务。朗坤智慧科技股份有限公司开发的综合智慧能源服务平台可融合购售电服务、楼宇冷热空调供应服务、园区蒸汽、除盐水供应服务、节能改造服务、能源大数据服务、虚拟电厂调度服务、检验检测等能源相关服务，致力于营造开放共享的服务生态体系，也可以通过数据挖掘、深度学习和智能检索等算法实现有效数据分析，为能源相关企业提供负荷预测、远程设备诊断、潜在客户分析等业务。烟台海颐软件股份有限公司从能源管理和泛在物联网两方面建设综合能源管理平台，在能源管理方面，面向综合能源服务商、独立售电商、各类园区和用能企业，提供智慧售电、能源监测、配网运维、能效及节能管理、风光储等分布式能源管理、需求响应、多能协同控制、能源大数据分析、能源客户服务等各类能源信息化解决方案；在泛在物联网方面，依托自主研发的海量数据采集平台，可提供对电、水、热、冷、气等多种能源以及各类智能终端的数据采集、实时监控与分析统计，并提供智能楼宇、智慧家居、智慧照明、电动汽车及充电桩管理等多种物联网解决方案。

综上所述，电力企业、能源行业从生产型向服务型转型发展已经成为全球性趋势，综合能源服务的发展受到相当程度重视，国外和国内都发布了诸多支持综合能源服务的战略和规划文件等，综合能源服务业务内容、服务形式、商业模式不断创新并日趋多样化，总体来说综合能源服务领域未来发展前景广阔，发展趋势向好。

4.4.3 国内综合能源服务业务领域划分

目前，关于综合能源服务业务领域的划分方式有许多，本节介绍了基于业务类型、综合能源服务内涵、国家电网公司最新业务划分、基于综合能源服务业务功能划分四种综合能源服务业务领域划分方式。

4.4.3.1　基于业务类型的综合能源服务业务领域划分

根据电网企业开展综合能源服务的业务类别，将其划分为五类业务：基础业务、入口业务、延伸业务、杠杆业务和潜在业务。其中，基础业务主要指目前已经在开展的基础性业务，如电网运营、能源交易服务、工程建设等。入口业务主要指以获取数据流量为目的的业务，如能源监测、智能运维、大数据服务等。延伸业务主要指掌握入口业务后，收集用户数据，以数据分析为基本手段，获得业务延伸，对基础业务实现带动或互补，如节能服务、储能服务、能效管理等。杠杆业务主要指综合能源公司以互联网、信息产业为工具，挖掘更多价值，向更高端的平台型企业转型，如能源互联网核心软硬件技术、能源互联网资源整合与共享平台建设等。潜在业务主要指现阶段难以做、做不大但未来有前景的业务，如用户侧柔性负荷管理、碳资产管理、能源金融服务等。具体的综合能源服务业务领域划分如表 4-2 所示。

表 4-2　　　　　基于业务类型的综合能源服务业务领域划分

分类 1	业务细分	业务再细分
基础业务	能源交易服务	能源零售交易、能源批发交易
	工程规划建设服务	分布式能源规划建设、电动汽车充电桩规划建设、供热供冷项目建设
入口业务	能源监测与管理	能源监测、故障预警及检测
	能源大数据服务	有序充电管理、充电建议服务、能耗分析、家庭能效分析、用能绿色指数、用能建议与方案、城市辅助规划
	智能运维	设备资产管理、保养巡检管理、工单管理
延伸业务	能效管理	能耗测评、能效分析
	节能服务	节能咨询（建议）、节能改造、用能分析与评价
	储能服务	电动汽车充放电管理、蓄热电锅炉系统、蓄冷系统、储能电站（建设与运营）
杠杆业务	能源互联网核心软硬件技术	—
	能源互联网资源整合与共享平台建设	—
潜在业务	柔性负荷聚合管理	用户侧用电管理、激励金额支付、代理购售电
	碳资产管理	
	金融服务	投融资服务、能源资产证券化、经营租赁服务、（中小微企业）电力数据增信服务

4.4.3.2 基于综合能源服务内涵的综合能源服务业务领域划分

综合能源服务的内涵一是综合性能源供给，二是综合化能源服务。基于综合能源服务的内涵，可以将综合能源服务的业务领域划分为能源供应服务、能源增值服务、能源资产服务和能源衍生服务。

能源供应服务是城市综合能源服务的基础服务，它是指为用户提供多能源集中供应的用能服务，包含售电、售气、供暖、能源组合销售服务等。能源增值服务是基于能源供应服务，结合用户的用能新需求，为用户提供的增值性能源服务，具体包括节能咨询服务、能源市场辅助服务、电力代理交易服务及用户间电力交易服务。能源资产服务依托于综合能源服务商强大的技术实力、资金实力、运营实力为能源市场各主体提供的资产类综合服务，具体包括能源网络与设施投资、能源微网受托运营服务、工程设计与建设服务和设施租赁服务。能源衍生服务是指城市综合能源服务商结合新技术、新市场、新环境衍生出的一系列服务，具体包括能源大数据服务、碳交易服务和创新企业孵化服务。具体的基于综合能源服务内涵的业务领域划分如表4-3所示。

表4-3 基于综合能源服务内涵的业务领域划分

分类2	业务领域划分	具体的细分业务
能源供应服务	能源交易服务	售电服务、售气服务、供暖服务、能源组合销售服务
能源增值服务	节能咨询服务	节能咨询、节能改造服务、能源套餐定制服务、节能方案设计
	能源市场辅助服务	自动发电控制、调峰、备用、黑启动等
	电力代理交易服务及用户间电力交易服务	用户间能源撮合交易服务、电力代理交易服务
能源资产服务	能源网络与设施投资	输配电网、微电网、区域集中供热/供冷网、油气管网投资服务等
	能源微网受托运营服务	智慧园区、智能楼宇、医院、学校、智能小区等场所能源微网受托运营服务
	工程设计与建设服务	分布式能源系统规划建设、新能源充电设施规划建设、供热供冷项目规划建设服务等
	设施租赁服务	能源转换设施、储能设备租赁、电气设备租赁
能源衍生服务	能源大数据服务	能耗分析、能效测评、用能建议、节能方案设计、（中小微企业）电力数据增信服务
	碳交易服务	碳交易服务
	创新企业孵化服务	股权投资、技术扶持、市场资源倾斜

4.4.3.3 国家电网公司综合能源服务业务领域划分

在国家电网发布的《关于全面深化改革奋力攻坚突破的意见》2020年1号文件中，综合能源服务的四大重点业务领域被进一步明确为综合能效服务、多能供应服务、清洁能源服务以及新兴用能服务。

国家电网公司对综合能效服务的定义是以提升客户能效，降低用能成本为目标，基于电力物联网技术的应用，实现传统节能方式变革，实现单一设备及节能改造向系统级、平台级综合能效提升方式的转变。具体涉及的业务包括节能改造服务、客户能效管理、能源托管服务和设备代维服务。

多能供应服务即满足用户对电、冷、热及生活热水等不同能源需求的能源供应。具体包括能源交易服务、能源设备销售服务和设备租赁服务。

清洁能源服务将光伏发电、风力发电、生物质能等清洁能源利用均涵盖在内，因地制宜地开展清洁能源集中式或分布式项目的规划、投资和建设，提供100%的清洁能源供给服务。具体业务分为分布式能源开发与供应服务和储能服务。

新兴用能服务主要包括专属电动汽车服务和对能耗设备的智能化运维管理服务。

国家电网公司综合能源服务四大业务领域下的具体的细分业务如表4-4所示。

表4-4　　　　　国家电网公司综合能源服务业务领域划分

分类3	业务领域划分	具体细分业务
综合能效服务	节能改造服务	照明系统节能改造、用电设备节能改造、空调节能改造、锅炉节能改造、配电网节能改造、其他设备改造等
	客户能效管理	用电设备能效监测平台建设与分析、能效咨询评估诊断服务、用能建议、节能方案设计
	能源托管服务	智慧园区、智能楼宇、医院、学校、智能小区等场所能源托管服务
	设备代维服务	电力设备检修维护、配电台区运维服务
多能供应服务	能源交易服务	售电服务、碳交易服务、能源组合销售服务
	能源设备销售服务	热泵产品供应（地源热泵、空气源热泵、污水源热泵）、燃气轮机、冷热电三联供

分类3	业务领域划分	具体细分业务
多能供应服务	设备租赁服务	电气设备租赁、能源转换设施、储能设施租赁
清洁能源服务	分布式能源开发与供应服务	分布式光伏、生物质能发电、地热利用系统的规划投资建设、区域集中供热/供冷站的投资、建设、运营服务
	储能服务	储能设备销售（电化学储能设备、新型储能设备等）、储能设备规划建设与运维服务
新兴用能服务	专属电动汽车服务	电动汽车租赁、充电桩建设与运维服务
	智能化运维管理服务	设备资产管理、保养巡检管理、工单管理

4.4.3.4 基于综合能源服务业务功能划分

在能源变革的背景下去思考和把握综合能源服务的内涵，从提升能效、提升清洁能源比重、推动能源管理水平提升、推动能源变革社会参与等角度全方位界定综合能源服务内容，将综合能源服务与推动能源变革的使命紧密结合。按此思路，可将综合能源服务分为效率提升类、需求优化类、清洁能源类、智慧能源类、资产管理类、节能诊断类、市场交易类、社会公益类这八大类型。

"效率提升类"业务包括各类能源类型的相互转化、传输、配送方面的项目的规划建设、投资运营。"需求优化类"业务包括能源品种的优化替代，能源需求响应，节能装置等方面的项目，在建筑、交通、基础设施等领域的规划建设、投资运营。"清洁能源类"业务包括本地可再生能源利用以及传统化石能源的优化利用方面的项目规划建设、投资运营。"智慧能源类"业务包括能源数据的采集、存储、处理，数据的通信与传输，系统运行的优化控制以及相应的信息平台的建设。"资产管理类"业务指作为第三方提供的资产规划、设计、投融资、工程咨询、建设、运维的服务。"节能诊断类"业务主要是作为第三方提供的节能分析、诊断、能源审计、能源对标等服务。"市场交易类"业务则针对主要能源品种及其衍生品的交易，包括碳排放、绿证、能源期货期权等交易。"社会公益类"业务则以提升社会感知、扩大能源变革影响、推动理念传播为主要目的开展服务。

4.5　主　要　商　务　模　式

4.5.1　综合能源交易模式及能源供需方式

4.5.1.1　综合能源交易模式

伴随着能源互联网和分布式可再生能源的大规模接入以及用户需求侧响应的实现，用户已经不仅仅是市场价格的接受者，其行为还会影响到市场价格的制定。目前的综合能源服务交易模式主要可以分为四类：中心化能源交易模式、多中心能源交易模式、去中心化能源交易模式以及衍生交易模式。

1．中心化能源交易模式

中心化交易也可称为集中交易，是指存在统一的交易中心组织集中交易并负责监管和清算。能源互联网市场中参与能源集中交易的市场主体可以是售电公司、负荷代理、可再生能源发电代理，也可以是区域微电网在完成内部协调优化后以整体需求参与市场。中心化的交易模式是传统能源市场应用最为广泛的模式，整合市场平台，集中清算市场价格，通过调度和管理对市场成员和投资发出信号，可以有效减少参与方的博弈和计算压力。另外，能源市场在成长期存在参与方不平衡，供售不均，垄断性强等问题，通过集中式的交易配给模式可以优化资源分配，给予市场合理的成长空间。在未来一段时间内，中心化的交易仍将在规模上占据优势。

中心化的能源交易按照集中出清方式的不同，可以划分为单次出清模式和滚动出清模式。单次出清模式是指在传统的电力集中竞价交易中，无论交易规则规定的定价方式如何，针对每一交易时段，市场参与主体只能在规定的申报时段内提交或修改交易申报，申报时段结束后由交易中心统一出清，发布出清结果，市场出清结果即为该交易时段的最终成交情况。单次出清模式下，市场最终的成交结果无法实现各市场参与主体的效用最大化，因此单次出清模式并未达到市场资源的最优配置。滚动出清模式下各市场参与主体依据发/用电预测情况、历史交易信息以及自身偏好向区域能源交易中心提交交易申报，区域能源市场运营商依据有效申报以社会福利最大/用能成本最小为目标对市场进行第一次出清，并将出清结果向所有市场参与者发布。然后各市场参与主体依据市场边际价格，以自身效用最大化为目标调整其申报，并向区域能源交易中心提交，区域能源市场运营商接收调整后的交易申报再次出清市场，发布出清结果，直至市场出清结果和各市场主体的申报相一致或市场出清价格不再变化。

2. 多中心能源交易模式

由于可再生能源发电具有间歇性和波动性的特点，而城镇范围内的产消型用户多为用能行为受偏好性影响较大的居民用户，其参与市场的决策对发用能预测的准确性要求较高，独立参与市场需一力承担由不确定性带来的风险。此外，独立的产消型用户规模较小，参与市场的决策受信息获取的限制，缺乏市场竞争力。因此，多中心的能源交易模式将小规模市场主体通过微电网、虚拟电厂、能源代理等中心主体进行整合并组成交易"聚集体"，再由这些中心进行能源交易。中心主体可以通过直接交易和经济调度的方式对内部的产消型用户资源进行优化配置。

3. 去中心化能源交易模式

随着能源互联网的发展，分布式能源、储能等快速发展，鼓励分布式能源参与市场交易进一步推动了能源交易模式的变化，同时，售电侧市场的放开，使能源交易市场中竞争主体类型更多，生产者和消费者的界限越来越模糊，交易数量、规模以及数据信息量激增，传统的集中式交易模式使交易中心运行成本变高，同时无法保证交易的安全性、隐私性与高效率。去中心化能源交易是一种建立在区块链存储技术上的能源交易模式。区块链本质是一个去中心化的分布式账本/数据库，通过分布式账本、非对称加密和共识机制实现了点对点交易，可以看作是一种所有参与者共同维护的账本，能实现不同主体的去中心化交易。区块链存储技术具有开放、共识、去中心、去信任、交易透明、双方匿名、不可篡改、可追溯等特点。区块链去中心化的网络架构与综合能源分布式的发展模式相吻合，构建多种能源自治协同的区块链综合能源系统，可有效解决可再生能源、化石能源、储能与节能设备等各类能源生产主体信息不对称的问题，促进系统多种能源梯级高效利用。相比于传统的中心化交易模式，基于区块链技术的去中心化交易模式能够使交易过程公开透明、交易记录可回溯不可篡改、数据存储有较高的可靠性与鲁棒性，适用于大额、安全要求高、多主体分布式的能源交易。基于区块链的能源交易系统可以分为P2P模式和集中出清模式。P2P模式下各个用户之间直接达成交易意向，不通过智能合约进行撮合；集中出清模式通过智能合约对用户的报价进行撮合，在撮合时会引入电网物理约束。

4. 衍生交易模式

（1）期货交易。期货交易是以现货交易为基础，以远期合同交易为雏形而发展起来的一种高级的交易方式。能源期货主要包括石油及其附属产品的燃油、汽油等，以及其他能源如煤炭和天然气等期货。如大连商品交易所的焦煤期货、郑州商品交易所的动力煤期货、海国际能源交易中心的原油期货。能源的期货交易通常不采取实物交割，也即能源期货交易存在的目的并不是实现能源商品的获取或转让，而是通过期货交易为现货交易提供参考价格、规避现货市场价格波动的风险以及满足市场的投机需求。以往期货交易必须在交易所内完成，现今主要通过电子化交易来完成。城镇能源互联网中，能源期货交易将作为城镇用户的金融投资手段，通过买低卖高或套利策略来赚取差价。

（2）碳交易。碳交易作为一种市场化的减排机制，已经成为欧美等发达国家和地区实施节能减排的有效工具。我国于 2011 年选择在北京、天津、上海、重庆、湖北、广东等 7 省、市建立区域性碳交易试点。通过碳交易，可以有效地激励碳排放企业进行绿色生产，达到节能减排的目标。碳交易机制是量化分析和控制交易过程碳排放量的可靠方式，将碳交易机制引入市场交易和调度过程平衡了交易模式的经济性和清洁性。此外，碳交易价格受市场、季节、能源环境等多因素影响，且与能源交易的价格波动相交错，对碳交易模式的研究有利于能源交易模式的价格预测和决策优化。

结合综合能源发展呈现交易主体多元化、交易商品多样化、交易决策分散化、交易信息透明化的特点，使其交易模式趋向于扁平化、去中心化与分布化。目前能源交易市场中，中心化交易仍是主流，其交易额占据超 90%的市场比重。但随着大量市场主体涌入，能源交易处理的数据量大幅增加，中心化交易成本增加，且存在用户的数据隐私泄露和安全问题。此外，能源商品种类多样化，采用集中交易较难实现多种能源类型的统一出清，不利于能源商品的一体化和自由灵活的交易。因此，在未来的能源交易中多中心、去中心化等分布式交易将成为主流交易模式。

4.5.1.2 能源供需方式

能源的供需对接指的是能源产品从生产到配送加工，并最终销售到达能源消费者手中整个过程的对接。雄安能源供需形势主要体现在三个方面：一是清洁零碳；二是多能互补、智慧协同；三是安全高效。考虑雄安能源供需形势提出以下三种综合能源供需方式：综合能源服务公司主导型供需对接方式、能源直销供需对接方式和平台运营商主导型供需对接方式。

1. 综合能源服务公司主导型供需对接方式

在综合能源服务公司主导型供需对接方式下，能源供给企业开始就将企业定位于生产气、冷、热，将能源按表计量卖给综合能源服务公司，同时客户会向综合能源服务公司提出自身的能源需求，综合能源服务公司负责进行能源的统一调配。这种对接方式之下能源供给企业经营相对简单，能源供给企业不需要直接面向用户，只需专心将能源生产工作做好。能源输送管网用多少能源就收取多少费用，上网的能源价格则由政府部门制定，能源供给企业不需要参与价格制定工作；能源需求用户也不需要参与过多的工作，只需向综合能源服务公司提出自身的能源需求等待综合能源服务公司的安排即可。在这种供需对接模式之下，综合能源服务公司发展迅速、占据的市场容量也会较大，但也会面临利润较低的问题。

2. 能源直销供需对接方式

能源直销供需对接方式下，供能企业将生产的热、冷、气通过管网直接输送至终端用户，以满足终端用户的使用需求，并在终端用户入口处安装计量表向终端用户收取费用。这种模式下，供能企业从最开始就要把供能及市场开发纳入到供能项目规划中，这种模式的优点在于减少了中间能量的转供层次，降低交易成本。供能企业需要把管网工程开发纳入供能企业的总投资规划中进行整体开发，把供能市场开发作为企业的一项主营业务。采用能源直销供需对接方式，供能企业经营相对复杂，要承担管网的建设及经营，且要参与到与政府、用户对能量的定价工作中。能源直销供需对接方式对供能企业的规模有一定要求，管网建设成本高，且依赖于政府的支持。

3. 平台运营商主导型供需对接方式

平台运营商通过开发运营能源供需对接平台，帮助能源供需双方实现对冷、热、电、气等能源以及能源服务的供需对接。针对能源供应方平台运营商可以为其提供助销服务，平台运营商准许能源供应方在能源供需平台的需求广场上发布自己能够提供的能源及服务的相关信息，包括能源种类、能源价格以及能源套餐设计服务等信息。平台界面以推荐企业来进行推广，借助云计算与人工智能分析，为能源供应方提供合适的定制化的需求订单。针对能源需求方平台运营商为其提供助采服务，按照需求方的个性化需求，为其推荐符合条件的能源供应商。能源需求方在能源供需平台上发布自己的能源需求信息，能源供需平台帮助能源供需双方进行匹配，为需求方提供不少于三个的优质能源供应商。双方进行洽谈，双方达成合作意向后平台还会对该项目进展进行实时跟踪，项目完成后对需求方的满意度进行汇总反馈。能源供需平台上的供给和需求信息会实时更新，及时清理删除已经得到满足的供求信息，保证信息的准确性和能源供需的成功率。平台运营商主导型供需对接方式下，供需双方之间的交流沟通更加方便，服务效率得到提升，供需匹配更加高效。

4.5.2　国外综合能源服务主要商务模式

在国外，综合能源服务模式已经相对成熟，梳理总结为以下六种商务模式。

1. 配售一体化模式

国外的许多配电网都是由私人进行投资和建设，特别是德国，由于 20 世纪 90 年代末私有化浪潮，大部分配电网资产都落在了私人手中。之后随着售电市场的开放，诞生了许多拥有配电网资产的配售一体化售电公司，该模式的优点在于公司不仅可以从售电业务中获得收益，同时还可以从配电网业务中获得配电收益。在公司配电网运营的范围内，用电客户如果直接与配售电公司签订用电合同，公司除了需要向输电网运营商支付输电费这一项支出外，剩下的收入都将归公司所有，去除购电成本与配网投资及运营成本外，公司将同时获得配电利润以及售电利润；如果用电客户与其他售电公司签订用电合同，那么公司只能收取配电费，也就只能获得配电利润。无论是哪种情况，配售一体化售电公司都能保证有利润来源，这是公司能持续经营以及发展的保障。并且一般作为配售电公司，由于拥有配电资源，更容易在售电市场上占据先机，成为保底售电公司，也就为公司获得更多用电客户打下了坚实的基础，同时还可以积极利用配网资源开展售电增值服务，如合同能源管理、需求侧响应，并且还可利用客户资源参与电力辅助市场。

2. 供销合作社模式

供销合作社模式的售电公司是将发电与售电相结合，合作社社员拥有发电资源，通过供销合作的方式将电力直接销售给其他社员，同时售电公司获得的售电收入中的一部分将继续投入建设发电厂，以此达成发售双方共赢的局面。采取供销合作社模式的售电公司最大的优势在于可以获得优质的发电资源，特别针对那些分布式可再生发电站，通过集合分布式发电站，组建一个销售纯绿色电力的售电公司，一方面吸引具有环保意识的人士或是有碳排放限额的公司购电，另一方面由于售电公司取得的一部分收益将投资或是分配给发电站，发电站运营商也就更愿意加入这种供销合作社模式的售电公司，售电公司的购电成本也就能相对减少。国外已经出现了不少这样模式的售电公司，其中最出名的就是法国的 Enercoop，2005 年该公司由国际绿色和平组织和其他一些环境保护组织组建，公司销售的所有电力全部来自可再生能源，至 2016 年已有 4000 多客户，年售电量达 120 亿千瓦时。在购电方面，售电公司承诺将 57%的利润返还给可再生能源发电商，支持可再生能源的发展，截至目前已有 115 家发电商成为售电合作社的一员。

3. 多方位能源服务模式

国外综合能源公司在开展售电业务的同时，也对该地区开展其他能源甚至公共交通、设施等服务，也就是城市综合能源公司。公司向用户提供综合能源套餐，相对于单独签订合同，同时与公司签订能源组合的合同能够得到更多的优惠，这为公司吸引大量客户。此外有一些地区性综合能源公司还提供供热、供水、公共交通等服务，让客户可以享受多方位的能源服务。德国最大的城市综合能源服务公司位于慕尼黑，公司主要为慕尼黑及周边地区的居民和工商业用户提供供电和供气服务，其中提供给居民的供电套餐就有 7 种，例如固定电价套餐、绿色电力套餐、网络电力套餐等等。此外公司还提供供热、供水、公共交通以及租车服务，还推出了电动车充电服务，对于公司现有客户可以免费使用充电桩，当然其他电动车用户也可以使用充电桩，但是每次充电必须缴纳 9.9 欧元的充电桩使用费。公司通过捆绑销售这种方式吸引更多的客户，提高客户忠诚度，利润来源也更多样化。

4. 虚拟电厂包月售电模式

基于虚拟电厂的电力共享池系统提供了更加新型的售电模式。在该模式下，加入电力共享池的终端用户能够便捷地互相交易电力，通过各自的分布式储能设备最大化地使用分布式可再生能源的电力，减少外购电，从而显著降低用电成本。德国曼海姆的 Begy 公司的电价包月套餐是德国能源互联网应用的优秀案例。这是德国第一家推出电价包月套餐的售电公司，用户只需要每个月支付一定额度的电费就能在一个比较大的范围内自由用电。在与客户签订 BegLIVE 套餐后，公司会帮助客户安装屋顶光伏设备、家用储能设备和电力监控设备，通过将地区内分散的用户和集中式的电力生产设备相连，利用 IT 专业建模软件以及内建的智能软件优化算法来调配各家屋顶光伏设备所发电力的消费、剩余发电量的购买和各个储能设备的充放策略，最终在最经济条件下实现电力生产和消费在一定范围内的平衡。这是一种利用虚拟电厂技术的商业模式创新，用户通过包月套餐节省电费，而且用上了清洁的电力。作为售电公司，该公司并不准备通过售电服务获取利润，而是通过设备的销售取得盈利。

5. "配售一体化+能源综合服务"模式

在售电侧和配电网同时放开的情况下，同时拥有配售电业务，并且能为园区内电力用户提供增值能源服务的公司将深度受益。负责园区售电业务可以直接从市场化的协议购电或集中竞价交易中获取发电侧和购电侧之间的价差利润，同时还可获得园区内各电力用户的电力需求数据，是用户数据的第一入口。更为重要的是，以用电数据为基础，为用户提供能效监控、运维托管、抢修检修和节能改造等综合用电服务可以有效提高用户的用电质量，并增强客户黏性，同时从盈利能力更强的服务类业务中获得更多利润。

6. 互联网售电服务模式

为了降低交易成本，提升竞争力，成熟的电力市场都有比价网站，供用户选择套餐及更换售电商服务。采用这种模式有个前提就是要有很多家售电公司，并且每家公司售电价格有所不同。这些比价网站向用户提供的所有服务都是免费的，盈利主要来自有商业合作的售电公司/商家所支付的佣金（合作模式：用户通过比价网更换售电公司/商家，若该售电公司/商家是与网站有合作关系的，则按照协议支付一定佣金），目标客户群为互联网用户。这种模式在英国比较常见。英国电力监管机构 Ofgem 认证授权的比价网站总共有12 家，其业务范围包括电力、天然气、固话、宽带、保险、贷款等，独立于任何售电企业。他们对用户的个人信息以及相关数据绝对保密，不会以任何形式出售，而且比价过程简单迅速，只需输入所在地区邮编即可，比价的排名结果是绝对公平不会受任何影响，可以向用户提供常见问题解答。

4.5.3　国内综合能源服务主要商务模式

综合能源一方面是提供多形式的供能服务，另一方面是提供能源项目从开发到运营的整体系统服务。服务模式其实就是与客户的业务模式，如何满足客户需求的模式。截至 2022 年，国内对于综合能源服务模式方面的研究探索还处于起步阶段，关于综合能源服务模式的概念没有清晰的定义。本节给综合能源服务模式下一个定义：综合能源服务模式是综合能源服务商为客户提供能源产品和能源服务的过程中所采用的服务方法，也即用来满足客户需求的服务模式。

传统的能源服务大多数是从产业链上游向下游纵向延伸的合纵模式，而综合能源服务则是围绕客户需求提供一站式服务的连横模式。综合能源服务模式相对于传统能源服务模式的变化主要体现以下两个方面。

一是从以产品为中心的服务模式，变为以客户为中心的服务模式。传统能源服务，多是上游企业的附属业务，往往围绕上游企业的产品营销开展服务，服务模式是以产品为中心。而综合能源服务是以能源服务为主营业务，围绕客户的综合需求开展服务，服务模式是以客户为中心。为了提高客户满意度、增强客户黏性，综合能源服务企业甚至不仅仅提供能源服务，还可以针对客户使用能源背后的最终需求，考虑客户对成本、安全、舒适、便捷、速度等方面的要求，提供物业管理、垃圾处理、碳金融、智慧生活、大气治理、水处理、固废处理等相关服务。二是从基于事物的弱互动服务模式，变为基于关系的强互动服务模式。过去纵向延伸的能源服务模式，重点在于围绕事物开展营销，与事物无关的方面不开展营销，企业与客户的互动比较有限。而横向一站式的综合能源服务，重点在于围绕关系开展营销，致力于建立、保持并稳固与客户之间紧密的、长期的互动关系，充分开展能量流、信息流、业务流的互动，吸引客户的高频次访问，赢得客户对企业的强烈认同甚至偏爱。

随着信息技术与能源领域的不断融合，国内综合能源服务商也在积极探索线上能源服务新模式。

1. 综合能源一体化服务模式

综合能源一体化服务模式中主要参与方有能源公司、售电公司以及居民用户、企事业单位（园区、校园和医院）和政府机构等被服务对象。综合能源服务公司主导型供需对接方式下，综合能源服务商作为能源统一调配者，负责调动能源满足客户的能源需求，与其余两种供需对接方式相比更加适用于此种服务模式。中心化的交易模式是传统能源市场应用最为广泛的模式，通过集中式的交易配给模式可以优化资源分配，给予市场合理的成长空间。在未来一段时间内，中心化的交易仍将在规模上占据优势。建议综合能源一体化服务模式下仍采用中心化能源交易方式进行交易。此处所提的综合能源一体化服务模式更加偏向于综合能源供应服务，要想为用户提供一站式综合能源服务（包括多种能源供应和能源服务）还需在此模式基础上进一步深化设计。也就是说从能源供应角度划分，综合能源一体化服务模式属于通用模式，但从整个综合能源服务角度出发，此模式具有一定的局限性。

综合能源是以智能电网为基础，与热力管网、天然气管网等多种能源网络互联互通，多种能源形态协同转化、集中式和分布式能源协调运行的能源网络。综合能源一体化服务模式下，综合能源服务商既是能源的统一调配者，同时也是冷热电气输送管网的建设运营者，负责直接将冷热电气输送到区域内的能源终端用户手中。综合能源服务商获得的冷热电气等能源应该首先坚持自发自用的原则，优先满足本区域内用户的用能需求。园区、校园、医院能源互联网的供能系统产生的能源优先供应本区域内部的用能负荷，多余部分按照经济调度的原则，可以采取储能、余量上网等方式，实现对多余能量的消纳；当能源不足之时，可以直接参与电力市场的直购电交易或者由电网、热网支援。综合能源服务商可以与其他热力公司签订协议，当供热/冷存在富余或者不足的情况下，按照协议价格，提供热力的消纳和支援。综合能源一体化服务模式下的重点业务包括供冷供热多能供应服务和能源交易服务，其服务方案如图 4-1 所示。

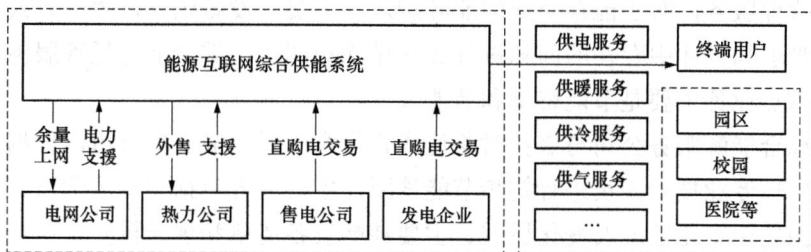

图 4-1　综合能源一体化服务模式

现对综合能源一体化服务模式的利弊分析如下：

综合能源一体化服务模式不仅能够经济、绿色、高效地满足客户的多种用能需求，而且可以有效提升综合能效、实现资源集约利用。从能源供应角度来看，综合能源一体化服务模式属于通用模式，在此模式下，综合能源服务商拥有能源输送管网并管理大量分布式能源的发、配、储、用，为用户解决能源富余与能源不足等的问题，为用户提供综合能源供应服务，保证用户用能稳定性。

从能源供应角度划分，综合能源一体化服务模式属于通用模式，但从整个综合能源服务角度出发，此模式具有一定的局限性。若要想为用户提供一站式综合能源服务（包括多种能源供应和能源服务）还需在此模式基础上进一步深化设计。综合能源一体化服务模式还缺乏对数据驱动要点的关注，对于数据积累和数据价值挖掘有所欠缺。在"十四五"时期，海量的能源和非能源数据，将成为综合能源服务产业越来越重要的生产要素。借助飞速发展的数字技术，有望在综合能源服务产业加快推广应用，比如更好地挖掘电力需求响应资源，拓展服务的深度和广度，带来服务模式的创新，提升服务的商业价值，为综合能源服务中的节能、综合供能、能源交易和金融服务等方面增添更多的数字化成分。

2. 综合能源托管服务模式

能源托管服务模式脱胎于传统的节能服务公司，综合能源托管模式指用能单位和综合能源服务公司约定能源托管费用，由服务公司进行能源系统的运行管理和节能改造，并负责能源系统的运行和维护工作，用能单位按照合同约定向服务公司支付托管费用。综合能源托管服务包括全托管和半托管。全托管的托管内容包括设备运行、管理和维护，人员管理，环保达标控制管理，日常所需能源燃料及运营成本控制等，并最终为客户提供能源使用；半托管的托管内容只包括日常设备运行、管理和维护。能源托管重在提供专家型的管理服务，对于能耗企业的能源购进、消费、设备效率，生产方式以及能源管理和设计中存在的问题进行逐一排除和解决。综合能源托管服务模式下的重点业务主要是节能咨询和节能改造。

综合能源服务公司与服务对象达成合作意向后，成立项目组，根据项目情况安排专业技术人员进行初步节能诊断，主要内容包括项目运营以来，历年能源费用变化情况及变化原因、主要耗能设备清单和现场核实、主要耗能系统效率测试、拟定节能改造措施、能耗模拟等。并根据诊断结果以及服务对象需求确定托管的基准能耗、月度支付费用与未来托管能耗调整规则。双方谈判成功后，正式签订能源托管合同，综合能源服务公司按照计划实施节能工作，包括节能措施的工程设计、节能设备的采购、安装、施工，并定期测试能耗设备效率，保证合同约定的节能量。当合同到期后，按照合同协议，综合能源服务公司将设备移交服务对象。

现对综合能源托管服务模式的利弊分析如下：

将传统的能源托管服务模式与综合能源服务概念结合起来，提出综合能源托管服务模式，可以面向用能企业提供能源管理、机电运维托管、设备管理、能源费用托管、区域用能规划咨询、节能技改、多能互补能源站建设与运营的一站式设备与能源综合管理的综合能源服务解决方案。这种基于能源托管模式的综合能源服务解决方案具有规划系统、覆盖全面、责任清晰、持续优化、互利双赢等特点，能够最大程度地实现节能降耗，推动用能企业的智慧管理升级。

能源托管要求节能服务公司必须有较强的资金实力，并且能源托管型合同投入产出周期长，作为中小型企业的节能服务公司面临巨大的资金压力，从而导致节能服务公司的业务拓展能力较弱，制约了节能产业化发展进程。节能服务公司的技术水平也大大制约着节能业务的发展，如果节能项目未能收到良好的预期效果，对于能源托管的推广应用有很大的不利影响。目前，存在诸多综合能源托管服务项目案例，雄安新区可以依托于已经取得能源托管服务项目成果，对新区内的政府楼宇、工业园区、校园、医院等大型公共类建筑利用能源托管方式进行用能系统的节能建设改造，帮助用户实现节能降耗的目标。

3. 区域共享能源服务模式

区域共享能源服务模式下可以将综合能源公司主导型供需对接方式与平台运营商主导型供需对接方式结合起来。既实现对于能源的一体化供应服务，又可以通过平台为用户更好地提供能源产品与服务。园区能源互联网综合能源服务中涉及的交易包括电力交易，交易的对象包括电网公司、发电企业等，交易类型具体包括电力互济、直购电、辅助服务等；用户侧交易，对于区域内用户的供能交易，合同能源管理等；环境交易，充分体现能源互联网绿色低碳的经济价值，包括绿证交易、碳交易等。其中更多涉及的交易方式为中心化能源交易。

区域共享能源服务模式，适用于园区、学校、医院、智能楼宇等场所。综合能源服务商通过在园区、学校等场所建设综合能源系统，进而实现区域的共享用能。综合能源系统中包含冷热电联供系统、储能系统、屋顶光伏等，其运行由综合能源系统统一调控，在保证用户用能的前提下，以更经济环保的方式运行。冷热电三联供系统按照以热定电的方式运行，为用户提供冷、热、电、气服务；分布式光伏利用屋顶的空间结构，通过太阳能发电为用户节省用电成本；储能电站，以"低储高发"的模式运行，赚取差价，同时起到削峰填谷的作用。这种模式需要在用户侧配备智能终端设备，一方面与综合能源服务系统建立信息交流通道，作为综合能源系统调控供给侧和用户侧制定用能计划的依据；另一方面接受共享能源服务中心的指令，在一定范围内进行需求响应。综合能源服务系统可以为用户提供供能、用能管理、设备管理、智能用电管理等一系列服务。整个服务区域作为整体，当内部能量不足或有余量时，可以利用区块链技术与其他园区进行能源流的互补共享；或者可以通过电网，不足的用能从电网补充；也可以与电厂以直购电的形式合作。信息流、能量流在"源—网—荷—储"之间流通，可以是能源供给侧也可以是需求侧，平等协作，共享能源，共享效益。区域共享能源服务模式下的重点业务包括能源交易服务、分布式新能源服务、储能服务和供冷供热多能供应服务，该模式的服务路线如图 4-2 所示。

现对区域共享能源服务模式的利弊分析如下：

区域共享能源服务模式区别于传统的单独能源供应模式，综合能源供应实现多种能源的一站式集成供应，满足园区、医院、学校等建筑的基本用能需求。并且可以根据不同类型、不同体量、不同用能特征的用户，为其制定专属用能计划，在充分满足用户用能需求的前提下，引导用户合理用能。

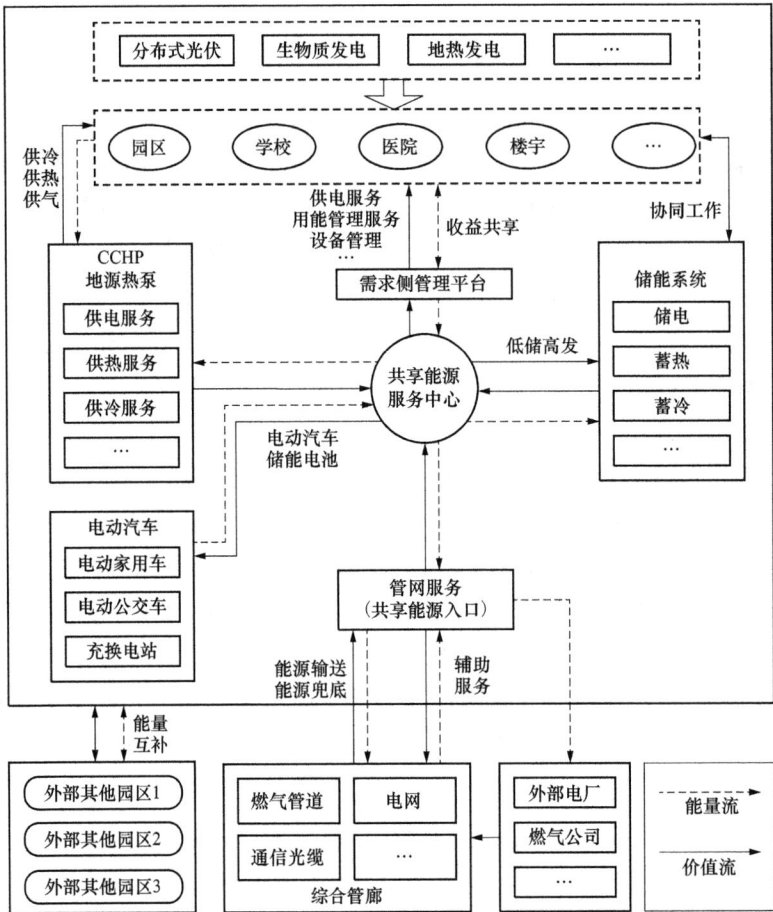

图 4-2　区域共享能源服务模式

区域共享能源服务模式应加大对于区域内用户节能服务力度，创建适应综合能源服务的合同能源管理新模式。针对广阔的节能服务市场，成立专业化的节能服务公司，为用户制定个性化的能源管理合同和节能服务改造方案，降低用户能源消耗，按照合同约定，获取用户能耗节约的部分费用。借助大数据分析以及云计算技术的支撑，综合能源服务公司可以针对用户实现用能方案的优化服务，帮助用户实现用能成本最小化的目标，这样不仅能够提高资源的利用效率，还可以真正提升优质服务满意度，赢得更广泛的用户群。未来的雄安新区之中，无论是工业用户、商业用户，还是居民用户都存在一定的节能服务要求，即要求节能服务公司为其量身定制用能方案，改造用能配送网络和用能设备，提高能源利用效率，减少不必要的用能环节。因此，在此模式下综合能源服务公司可以成立节能服务公司，为用户提供节能服务改造。

4. 智慧能源平台服务模式

智慧能源平台服务模式下各种综合能源服务提供方（包括能源公司、售电公司、技术公司和服务公司）和服务对象［包括居民用户、大型企事业单位（如医院、学校、工业园区等）和政府机构］都可以作为平台的客户，平台运营商可以同时满足双方的需求。智慧能源平台运营商可以采取平台运营商主导型供需对接方式同时帮助能源供需双方实现对冷、热、电、气等能源以及能源服务的供需对接。由于能源交易市场之中竞争主体种类增多、交易数量、规模以及数据信息量激增，为了更好地保证交易的安全性、隐私性与高效率，建议采用去中心化能源交易模式。

随着综合能源的各项业务发展趋于成熟，"云大物智移区"等技术相对完善，同时供应侧和需求侧的双向交互需求都很旺盛，通过构建统一的智慧能源服务平台可以很好满足客户的能源需求。在智慧能源平台服务模式下，平台运营商侧重于对于整个能源服务价值链的资源整合，他自身并不参与具体业务，而是全程提供配合和支持服务。综合能源服务商通过智慧能源服务平台可以实现多种能源的售能代理，为用户提供多能源互补搭配的能源供应套餐，一次性解决用户的所有能源需求。平台运营商首先代表的是客户的利益，为客户选择更适合自身需求的服务，并提供相关咨询和建议。经过长时间的运营，智慧能源服务平台将会聚集海量的用户数据，运用大数据挖掘技术对用户的历史用能数据进行深度分析，可以为客户提供更精准、更个性化的用能服务和增值服务。能源服务商在平台运营商的组织协调下，为客户提供专业技术支撑，满足客户的综合能源服务需求。在这一过程中，平台运营商以中介的身份，收取客户以及综合能源服务商的中介费。最终以智慧能源服务平台为核心，平台运营商可以借助自己已有的网络、数据和客户优势，吸引各类综合能源服务商、运营商、用能用户、政府及社会机构接入，形成贯穿能源供应侧、中间服务商和能源消费侧的综合能源生态圈。智慧能源平台服务模式下主要以能源交易服务、能源大数据服务和供冷供热多能供应服务为重点发展业务。

现对智慧能源平台服务模式的利弊分析如下：

面对综合能源服务的巨大市场，包括能源企业、科技企业在内的大中型企业纷纷构建智慧能源服务平台，通过应用"大云物移智"等新技术，打造综合能源数据信息网络，掌握运营用户数据，创新开发综合能源服务产品，以便更好地满足客户需求，提升市场核心竞争力。以平台模式发展综合能源服务，推动线上线下融合发力，是综合能源服务发展的重要途径。通过对综合能源服务平台的建设与运营，能够汇聚雄安新区内各类能源用户和社会生产的多元化能源数据，提供一个具有能源数据分析优化的基础平台，推动雄安新区综合能源服务更快更好地发展。

当前，国内智慧能源服务平台主要有三种类型，即能效物联网平台、能源服务电商平台、混合型服务平台。其中，能效物联网平台数量最多，主要开展在线用能监测和预警服务，但提供增值服务的质量不高、用户黏性不足，难以建立产业生态。能源服务电商平台主要提供项目供需对接的撮合交易服务，缺少吸引力强的服务产品，且存在"既当裁判员又当运动员"问题，对各类服务商和用能主体缺乏聚合力。混合型服务平台则是集用能监测、能效诊断、电力需求响应、撮合交易等物联网服务和电子商务于一体的综合能源服务平台。总体而言，现有平台涉及领域众多而资源整合能力有限，没有很好地解决生态圈各主体痛点问题，大多把业务焦点放在可以快速变现的服务上，如在线监测、撮合交易等，还没有真正做到从用户需求出发。未来雄安新区综合能源服务业务的发展建设，离不开综合能源服务平台，而从当前国内综合能源服务平台的建设情况来看，综合能源服务平台的发展建设距离成熟还有很长的路要走。

4.6 综合能源服务平台与平台系统

4.6.1 综合能源服务平台功能

综合能源服务体系平台包括能源交易服务模块、能源增值服务模块、能源金融服务模块、能源大数据服务模块与工程建设服务模块五大模块，每个模块下又有不同的功能，下面分别对各个功能模块进行介绍。

1. 能源交易服务模块

综合能源服务体系涉及到多种能源在不同客户群体之间的交易管理，包括能源供应商与零售商之间的批发市场交易，零售商与终端用能客户之间的零售市场交易等等。交易模式多样，例如：现货交易、中长期交易等。综合能源服务体系平台能够基于能源在线监测实现能源供应与消费的实时跟踪和预测，为能源供应商、零售商、终端用户等各方提供能源交易服务管理功能，包括进行区域能源交易市场的仿真模拟，为"互联网+"智慧能源市场下的能源交易提供决策支持，提供用户管理、消费预测、交易管理、结算管理、合同管理、信息发布、交易计划等模拟功能，利用大数据分析技术进行交易服务的评估，实现交易的组织与全流程管理，其主要能源交易服务管理功能如下：

（1）交易信息管理。交易信息管理指的是对各类用户的能源交易信息（包括交易价格、交易量、交易双方信息等）进行归类管理和对交易用户个人信息进行管理。

（2）用能平衡。对用户的能源消耗量、不同地区与时段的能源价格、天气预报及用户的供暖特性等多种数据进行综合分析。确定最优运行方式和负荷控制计划，并通过合理的电能、燃气价格结构引导用户转移负荷，平坦负荷曲线。基于能源互联网大数据，通过对电力等能源企业生产运行方式的优化、对间歇式可再生能源的消纳，以及对全社会节能减排观念的引导，达到节约能源和保护环境的长远目的。

（3）能源需求响应。整合各种能源生产、运输、销售、管理的数据，可以对需求侧响应的过程进行模拟仿真，对区域性能源需求的构成比例进行解析，梳理出影响需求侧响应的各种因素，找出开展需求侧响应的最佳对象，形成相关的仿真模型。基于仿真模型，通过调整不同类型的企业、居民用户在需求侧响应中的比例，从而确定最佳的需求侧响应策略。

（4）市场交易。能源互联网的市场具有主体多元化、商品标准化、物流智能化、交易自由多边化的特点。通过庞大的能源生产与消费数据，进行用户用能行为分析和用户市场细分，使能源企业能有针对性地优化营销组织，改善服务模式。同时，通过与外界数据的交换，挖掘用户能耗与能源价格、天气、交通等因素所隐藏的关联，为决策者提供多维、直观、全面、深入的预测数据，主动把握市场动态。

2. 能源增值服务模块

（1）储能管理。综合能源服务体系平台能在一定区域内利用先进的信息技术手段，整合此区域内的煤炭、石油、天然气、热能等多种能源，实现不同能源子系统之间的协调规划、优化运行、协同管理、交互响应等目的，在满足需求侧多元化用能需求的同时，促进能源利用效率的提升，实现新型可持续发展。

储能作为多个能源子系统之间的联系纽带，可以通过储能设备或者物理介质将能量储存起来，在需要的时候使用这部分能量。对于综合能源系统来讲，储能更多的指电能的存储，重点在于电能与其他能源之间的单向转换和储存技术，最终在于实现多种能源在时间、空间维度上的紧密结合。

基于综合能源服务平台实现的储能管理功能主要包括两种：聚合和稳定。聚合指的是在分布式能源供给和电动汽车等分散式用户越来越多的情况下，综合能源系统的储能子系统可以充当聚合器的功能，将供给端与用能端的资源集中起来，进行聚合管理，共同维持系统和市场的运行。稳定指的是在风电、光电等可再生能源越来越多地接入电网以及分散式用能终端越来越多的情况下，给电网运行带来更多的不确定性和波动性，储能可以作为一种备用资源，为平抑系统的不确定性和波动性提供辅助服务、能源备用、能源协调互补等服务，实现系统安全稳定运行，起到稳定器的作用。

（2）节能管理。用户的节能降耗工作是响应国家节能减排号召以及用户能源管理建设的重点工作之一。节约能源可视为与煤炭、石油、天然气、电力同等重要的"第五能源"，必须坚持节约优先，建设节约型社会，这是缓解能源约束矛盾的现实选择。因此，要大力推广节能技术，开展信息化节能，这是减少用户能源浪费，节约用户运行成本，增强用户竞争力，提高用户经济效益的重要途径。运用现代化的信息技术对用户的能源利用效率进行科学管理，将更进一步提高用户的生产效率、减少能源消耗、节约用户运行成本、极大地促进能源资源的高效利用。同时显著提高能源的实物资源的配置效率、有力推动行业的整体技术进步、在更高层次上促进传统产业改造升级和产业结构优化、提升经济运行和管理水平。

1）合同能源管理服务。合同能源管理服务是指综合能源服务商通过与客户签订节能服务合同，向客户提供能源效率审计、节能项目设计、原材料和设备采购、施工、培训、运行维护、节能量监测等一条龙综合性服务，按照冷、热、电供给量进行收费，回收投资，并通过与客户分享项目实施后产生的节能效益来盈利和滚动发展。

2）节能改造服务。节能改造服务是指综合能源服务商通过改进客户的空调、照明、用电设备等机电系统的控制系统等高科技手段，对能源系统、能耗设备进行改造，达到节能目标，同时为客户提供节能方案设计、项目实施和节能运行三类合一的一站式服务。

3. 能源金融服务模块

能源尤其是新能源项目，作为资本密集型产业，需要大量的资金，而短期内又难以获得经济效益，商业金融机构投资兴趣不大，导致新能源行业缺乏优惠的长期贷款资金。综合能源服务企业以能源产业链为依托，采取本身扮演金融企业的角色，或作为第三方帮助客户企业代理相关金融业务的方法，为客户提供相应的投融资与设备租赁等服务，促进金融业在能源服务中的创新与合作，满足客户多元化的需求。综合能源服务平台的能源金融服务模块包括的功能有投融资服务和电力数据增信服务。

（1）投融资服务。综合能源服务公司的投融资服务形式包括接受能源企业委托提供投融资服务、提供相关的咨询业务、作为非金融机构发行能源债券等金融产品等。精准对接金融需求，为能源行业经济发展提供金融支持。

（2）电力数据增信服务。在"数字中国""信用中国"的发展背景下，企业的用电历史数据可以作为一种信用资产，电力信用评价结果作为银行向企业进行信用评级和授信的重要依据，不仅能帮助信用评级良好的企业客户获得电费金融专项贷款，还能以此引导企业注重信用管理，更规范科学地从事生产经营活动，促进实体经济更好更快发展。

综合能源服务公司掌握着用户端数据监测、数据挖掘的关键技术，依托财务公司、财险、寿险、保险经纪、信托、证券、融资租赁、基金等金融牌照优势以及与社会主流金融机构的合作，通过综合能源服务平台的金融服务模块下的电力数据增信服务，可以线上整合企业的数据流、业务流、资金流等，为企业提供历史用电数据与用电信用评级，让企业用电数据成为中小企业的一种信用资产，拓宽中小企业融资渠道，降低融资成本。

4．能源大数据服务模块

（1）多源信息采集与集成管理。

1）多源信息采集管理。综合能源信息数据采集平台综合利用了计算机技术、控制技术、通信与网络技术，主要是对综合能源系统内的分布式发电、燃气热机、储能、采暖、供冷、充电桩等系统进行测控点、各种过程和设备的实时数据采集、并对本地或远程的自动控制状态、生产过程中的全面实时监控，为安全生产、调度、优化和故障诊断提供必要和完整的数据及技术手段。以 SCADA、Lonworks 等先进数据监控采集技术为基础，综合能源信息数据采集平台实现完整的、高性能的、稳态实时数据采集和监控功能，是后续预警控制等功能的基础。

在数据采集管理平台上，为了实现多种能源信息之间的相互贯通交流，使用统一的信息资源标准规范，建立多维度数据库，拓宽数据来源，通过不同的形式聚合各类数据，增强分析力度，提高对能源大数据的使用及分析能力。通过对多种能源信息的采集管理为综合能源系统的安全生产管理、运营、调度优化和故障诊断提供必要和完整的数据基础。

能源信息采集包括对现有能源业务系统中的历史数据和时效数据，通过上传数据文件至服务器、分析提取有效数据导入服务器数据库等方式采集起来，供平台分析使用。在采集过程中，能源信息的类型和格式比较丰富，包括结构化和非结构化数据、地理空间数据、音视频数据、文本数据和社交媒体数据等。此外，在信息数据采集平台上包含分布式发电信息系统、储能信息系统、供冷热信息系统、充电桩信息系统等，每个系统的数据采集都涵盖实时运行信息数据、故障报警信息数据、交易信息、设备技术特性信息等。例如：在风力发电数据信息系统中，对风力发电的实时运行信息和报警信息进行全面的监视，对多类信息进行多方面的统计和分析，实现对风电生产、交易、储能等业务的全方面监控。风电采集信息平台可提供如下信息：实时显示风力发电总功率、日发电总量、累计总发电量、日发电功率曲线等；风机运行状态参数，包括三相电压、三相电流、电网频率、输出功率、环境温度、风速、风向等；风电并网容量，电网渗透率、交易量、储存容量等。

2）多源信息集成管理。多源信息集成管理主要指对采集来的多源信息利用大数据分析等技术手段，对数据进行多维立体化统计、归类和分析，从能源容量、产能和用能、用能行为、能效管理、节能服务等全局统筹分析，为能源可持续发展提供支撑，同时建立可涵盖电、气、冷、热各环节的一套综合评价指标体系。其中，集成管理功能主要如下：

（a）能源供需容量分析。基于长时间尺度，对各类能源生产、消费容量进行分析，包括电网、燃气网、热力网、水网、电气化交通网、清洁能源等进行全面分析和预测，全方位展示能源生产、消费容量状态，侧重于能源的供需预测，指导未来能源规划调整和优化布局。

（b）产能和用能态势分析。基于准实时状态时间尺度，对内全部一次能源、二次能源生产情况、能源使用情况分析、能源网络状态进行分析，同时建立能源、公共交通、市政、工商业等行业等多维度多视角分析模型，充分反映能源需求总量和增长趋势，保证能源供需平衡。

（c）用能行为分析。融合用户、能源互联网、社会多主体的多目标经济效率需求，对不同区域、不同用能主体、不同时间尺度下的用能行为进行分析，初步勾画多维度局部画像。基于云平台获取的海量能源数据资产，利用大数据和人工智能技术，结合专家团队，提供专业化、可视化、智能化的能源分析报告，开展区域能源智能分析、企业能源智能分析、综合能耗能效分析、异常用能智能分析，为政府未来能源布局、产业规划等重大决策提供支撑，帮助用户节约用能成本、提高能源利用效率。

（d）能效管理。利用数据分析工具和 GIS 信息，对重点单位、区域、设备进行综合同比环比分析，结合区-块-链等不同属性，构建能效对比，通过实现数据智能挖掘，发现能耗企业用能特性，比对能耗标准，编制标准能耗分析报表；根据历史能耗信息提供不同区域、不同行业、不同能源类型的用能单位能耗预测分析及潜力的态势分析。

（e）可行性分析。综合能源服务平台以能源系统安全运行为根本，进行用户电力需求侧管理平台的方案设计，包括总体架构设计（物理架构、数据架构）、功能设计、通信网络建设、数据采集方案、安全防护方案、实施内容及流程、技术性能指标、硬件配置、项目管理方案、培训方案、验收方案、运维及售后服务方案等内容。

（f）可靠性分析。从性能指标、安全防护方案、系统备份、部署实施等方面保障了用户综合能源服务平台的高可靠性。

（2）能源监测分析与管理。综合能源服务体系平台可实现的能源信息安全管理包括能源检测与管理、能源安全管理、能源仿真计算以及多种社会服务等功能。

1）能源信息监测与管理。通过综合能源信息服务平台建立能源的监测采集系统，实现能源实时监测和展现，通过分层、分类的方式部署多级采集模块和关键数据采集技术监测区域内电、燃气、冷热、水等能源情况以及管网情况、公共楼宇、工企业等多元用户用能情况，并通过能量平衡、能效对比等多维度指标分析，对综合能源系统进行优化调度。在考虑经济和用户舒适度约束的基础上，通过电、燃气、冷热、水等系统的优化耦合，调整能源供需的最优化，保证能源调控的及时性、可靠性和安全性，实现分布式能源的有效消纳、峰谷电价的充分利用、降低负荷峰值、提高能源使用效率。

能源信息监测与管理功能包括对能源生产加工设备的运行状态管理和系统远程监控等。设备运行状态管理包括运行状态监视、仿真分析和运行管理；系统远程监控包括各子系统的远程监控和调度支持。通过对设备数据的动态采集、运算、分析、处理，开展整体能源精细化管理服务，有效减少区域用能，提升区域电网整体运行的安全性和经济性，通过设备运行态势感知，实现故障及时发现、风险预测预警、资源优化整合和过程全面管控。能源监测功能采用 SCADA、Lonworks 等技术对接入单位的各种计量点的关键参数进行监测、报警及可视化展示，查看用户用能基本情况，查看负荷监测情况和能耗监测趋势图。对各个用能企业的用电、用气、用暖等各种能源在购入存储、输送分配和终端使用过程中进行集中的监控、测量和管理，并根据报警信息处理给出合理的调度操作建议和应急预案，确保能源在各个环节的安全性和可用性。

2）能源信息安全管理。能源系统的安全运行是发展的基础。能源安全系统，以能源供应和需求为根本，从资源自然条件、供应渠道、输配系统、极端气候与自然灾害、能源利用效率、市场、管理等方面出发，建立预警告警机制，实现能源运行管理的快速化、智能化响应，建立一整套能源安全评价体系，能更准确地映射发展过程中所面临的能源安全问题。因此，在综合能源系统平台中，对多种能源的生产、供应来源、自然灾害等可建立预警机制，系统自动报警，对出现极不安全的能源供应隐患时，及时通过平台的安全管理功能通知管理人员，提前避免能源供给消费等方面的不安全因素。

3）能源监控。能源监控是平台的基础功能模块，通过对"冷热电气"横向贯通、能源"产—输—储—用"纵向延伸，实现可度量的多维实时全景能源监测；掌握能源生产侧与终端消费侧的实时运行状态，平台提供科学、翔实的能源数据，基于区域地理信息与可视化技术，实现对区域内能流全景监控、区域多能供需监控、区域能耗能效监测、企业/用户能耗监测、告警预警等，支撑政府部门精准决策；支撑企业全面监管自身能耗，提高能源使用经济性和有效性。

5. 工程建设服务模块

综合能源服务平台中的工程服务模块主要是提供建设施工服务和运营管理服务。建设施工服务可以进行分布式能源建设、储能设施建设、新能源充电设施建设以及能源配送网建设；运营管理服务包括能源托管和设备代运维服务。

（1）工程规划设计建设服务。工程规划设计建设服务是指综合能源服务商凭借自己的专业工程技术能力和专业人才，为能源用户、外部的配售电公司提供专业且高质量的能源工程项目规划设计与建设服务。综合能源服务商可以凭借此类服务获取高水平的工程建设收益，客户也可以在自己的经济预期中得到自己满意的结果。

（2）智能运维服务。智能运维服务模块是综合能源服务商与用户之间的重要纽带。用户可通过手机 APP 进行一键报修，运维人员在接到报修信息后，可以快速定位故障位置，在完成维修后，运维人员将通过手机 APP 记录维修状态。用户可以通过手机 APP 实现运维全过程监控，运维完成后用户可以对运维工作进行评价。运维人员也可以制定巡检和维保计划，在快速响应用户需求的同时，提升运维工作的准确性、及时性，提高综合能源系统运维效率，提升客户满意度。

4.6.2　综合能源服务平台关键技术

4.6.2.1　大数据分析处理的关键技术

1. 大数据建模与存储管理技术

多源、分布和异构数据的整合和统一管理问题目前主要有两个方面：第一，通过大数据统一建模，支持异构多源数据的管理问题；第二，应用一种新的同构存储机制支持大数据的管理问题。

（1）大数据建模技术。大数据是纷繁复杂的，要解决大数据的统一存储、管理及高效分析处理就需要进行大数据的统一组织和一致性表达，解决多元、分布、异构数据整合和统一管理问题，这样，研究大数据的统一建模就十分有必要。当前对数据建模主要包括层次模型、关系模型、网状模型和面向对象模型等。而在这些办法中，利用基于本体的大数据描述方法进行数据建模，更适合用于解决当前大数据管理的困境。要进行大数据统一建模，就需要对纷繁的大数据化繁为简，从大数据特性出发，归纳总结其最小信息结构，进而从应用出发，着重抽取关联关系，进而将大数据进行抽象，实现大数据的建模。依据对大数据的分析，提出基于大数据的统一描述框架的建模方法。

面向多源整合的大数据可以应用索引和描述技术来解决大数据的描述管理问题。首先，需要建立多源数据的索引和描述，常规索引的建立主要分为三个方面：大数据分类索引构建，空间数据 R 树索引构建，层次索引树建立。大数据具有多类别的特点，针对这一特征，建立以类别为内容的分类索引，通过分类索引的综合查询得到所需的专题数据。具体而言，如图 4-3 所示，我们将采用存储索引模型—层次索引树访问数据、R 树索引和分类索引

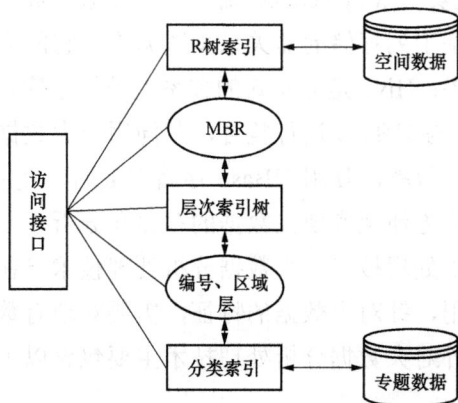

图 4-3　大数据索引描述示意图

共同构成一个统一的接口，即构造了一个统一的访问接口与用户交互，用户通过该接口对大数据进行访问，这样就能针对多源大数据建立管理和关联。

（2）大数据海量存储管理技术。

1）存储资源管理方法。为了解决集群存储环境下的存储资源管理问题，采用存储资源映射方法通过在物理存储资源和虚拟存储资源请求之间建立合理的映射关系，来进行有效的存储资源管理。国内外相关研究提出合理的集群存储资源映射办法，将虚拟存储资源请求均匀地分配到节点上，然后进行节点内部设备级别的资源映射。

2）支持多用户的资源使用和存储环境隔离机制。当用户数量增多，有限的存储资源已经不能满足用户对该类资源的需求时，用户与资源的矛盾就会凸显出来。解决这种矛盾的最有效办法就是采取有效资源共享机制，将有限数量的资源按需动态共享给多个用户使用。此外，在存储资源共享的同时，从用户角度看每个应用系统是独立的，不依赖于其他应用系统而运行，也不受其他应用系统和资源运行结果的影响，因此需要存储环境隔离技术来屏蔽各个应用系统对存储资源运行的互相影响。

3）基于 Hadoop 的大数据存储机制。大数据的各类描述方式的多样性，存在着结构化数据、半结构化数据和非结构化数据需要进行处理。对于结构化数据，虽然现在出现了各种各样的数据库类型，但通常的处理方式仍是采用关系型数据知识库进行处理；对于半结构化和非结构化的知识，Hadoop 框架提供了很好的解决方案。Hadoop 分布式文件系统 HDFS 是建立在大型集群上可靠存储大数据的文件系统，是分布式计算的存储基石。基于 HDFS 的 Hive 和 HBase 能够很好地支持大数据的存储。具体来说，使用 Hive 可以通过类 SQL 语句快速实现 MapReduce 统计，十分适合数据仓库的统计分析。HBase 是分布式的基于列存储的非关系型数据库，它的查询效率很高，主要用于查询和展示结果；Hive 是分布式的关系型数据仓库，主要用来并行处理大量数据。将 Hive 与 HBase 进行整合，共同用于大数据的处理，可以减少开发过程，提高开发效率。使用 HBase 存储大数据，使用 Hive 提供的 SQL 查询语言，可以十分方便地实现大数据的存储和分析。

（3）大数据分析处理技术。大数据分析处理技术已在各行业数据分析处理方面得到成功应用，针对大数据的特征，需要对现有数据挖掘技术进一步改进和完善，国内外对大数据分析处理技术主要包含以下几方面技术研究。

1）大数据分析。

（a）预测性分析能力。数据挖掘可以让分析员更好地理解数据挖掘，而预测性分析可以让分析员根据可视化分析和数据挖掘的结果做出一些预测性的判断。

（b）数据质量和数据管理。数据质量和数据管理是一些管理方面的最佳实践。通过标准化的流程和工具对数据进行处理可以保证一个预先定义好的高质量的分析结果。

（c）可视化分析。不管是对数据分析专家还是普通用户，数据可视化是数据分析工具最基本的要求。可视化可以直观地展示数据，让数据自己说话，让用户听到结果。

（d）语义引擎。我们知道由于非结构化数据的多样性带来了数据分析的新的挑战，我们需要一系列工具去解析、提取、分析数据。语义引擎需要被设计成能够从"文档"中智能提取信息的模式。

（e）数据挖掘算法。可视化是给人看的，数据挖掘就是给机器看的。集群、分割、孤立点分析还有其他的算法让我们深入数据内部，挖掘价值。这些算法不仅要处理大数据的量，也要处理大数据的速度。

2）大数据处理。大数据处理数据时代理念的三大转变：要全体不要抽样，要效率不要绝对精确，要相关不要因果。整个处理流程可以概括为四步，分别是采集、统计与分析、导入和预处理以及挖掘。

（a）采集。大数据的采集是指利用多个数据库来接收发自客户端的数据，并且用户可以通过这些数据库来进行简单的查询和处理工作。比如，电商会使用传统的关系型数据库 MySQL 和 Oracle 等来存储每一笔事务数据，除此之外，Redis 和 MongoDB 这样的 NoSQL 数据库也常用于数据的采集。在大数据的采集过程中，其主要特点和挑战是并发数高，因为同时可能有成千上万的用户来进行访问和操作，所以需要在采集端部署大量数据库才能支撑。并且，如何在这些数据库之间进行负载均衡和分片是需要深入地思考和设计的。

（b）统计和分析。统计和分析主要利用分布式数据库，或者分布式计算集群来对存储于其内的海量数据进行普通的分析和分类汇总等，以满足大多数常见的分析需求，在这方面，一些实时性需求会用到 EMC 的 GreenPlum、Oracle 的 Exadata，以及基于 MySQL 的列式存储 Infobright 等，而一些批处理，或者基于半结构化数据的需求可以使用 Hadoop。统计和分析的主要特点和挑战是分析涉及的数据量大，其对系统资源，特别是 I/O 会有极大的占用。

（c）导入和预处理。虽然采集端本身会有很多数据库，但是如果要对这些海量的数据进行有效的分析，还是应该将这些来自前端的数据导入到一个集中的大型分布式数据库，或者分布式存储集群，并且可以在导入基础上做一些简单的清洗和预处理工作。导入与预处理过程的特点和挑战主要是导入的数据量大，每秒钟的导入量经常会达到百兆，甚至千兆级别。

（d）挖掘。与统计和分析系统不同的是，数据挖掘一般没有什么预先设定好的主题，主要是在现有的数据上面进行基于各种算法的计算，从而起到预测的效果，实现一些高级别数据分析的需求。比较典型算法有用于聚类的K-Means、用于统计学习的SVM和用于分类的Naïve Bayes，主要使用的工具有Hadoop的Mahout等。该过程的特点和挑战主要是用于挖掘的算法很复杂，并且计算设计的数据量和计算量都很大，常用数据挖掘算法都以单线程为主。

2. 大数据技术在综合信息能源系统的应用

通过大数据技术监测综合能源系统区域内燃气、电、冷/热、水/热水等能源子系统的生产情况、运行情况以及区域公共楼宇、企业多元用户用能情况，以完善的、权威的指标体系来支撑，从经济、高效安全、绿色、智慧、互动等多维度对区域能源进行分析，以经济、环保运行的最核心功能，通过协同可调控资源，实现分布式光伏的消纳、峰谷电价的充分利用、降低负荷峰值和不同能源类型的耦合互补与最优流动，确保多能流系统安全、高效运行，帮助综合能源运营商实现最佳经济效益，为海量终端用户提供"虚拟能量管理中心"，提升运行能力和竞争力，为决策者提供专业化、可视化、智能化、互动化的综合性产能结构决策支持。大数据在综合能源服务的应用介绍如下。

（1）多数据源融合。综合能源服务在能源管理上需将分散自治和综合协调的模式相结合，为此需要对大量翔实、可靠的信息进行及时处理，缺乏全面的信息资源将会造成决策的偏差、失误以及管理效率的低下。具体地，在综合能源服务中，不仅包含了区域内有关能源、能量平衡的数据，还包含了大量有关分布式能源/微网、多种形式能量转换和存储的数据，建立起多种能源一体化数据融合系统，利用大数据技术进行分析并进行支持决策，有利于保证能源的智能、安全生产与配送。

（2）先进的数据处理技术。综合能源生产、输送和消费瞬间完成，必须依靠高效的信息处理能力，满足实时的能量供需平衡。计算分析中不仅包含了负荷预测、能量平衡等内容，还要考虑各种灵活源的安排顺序、分析方式是否满足调峰调频的能力，最终还需要经过安全稳定校验，并实现可视化展示，需要极强的信息流处理能力。在运行过程中，需要依靠高效的信息处理能力预测和监视消费者的需求变化、极端不稳定的能量生产供应变化，同时还要协调下级能量管理系统完成能源的分流和整合等。

（3）数据驱动的分析方法。综合能源服务比智能电网更具复杂性和开放性，且受到更多外来因素的影响，一些关联关系难以用物理模型进行描述，大数据分析更多地采用了数据驱动的分析方法，可作为物理模型分析方法的补充。数据驱动分析模型是指应用统计学分析理论，从高维的视角直接提取多元多维数据中的固有相关性，分析数据之间蕴藏的规律。针对包含间歇式能源的电力系统运行方式的安全校验和评估，数据驱动的分析方法具有以下优势。

1）直接通过分析数据的相关性而非建立物理模型来描述态势，避免了由于电网拓扑结构复杂化、元件多元化、可再生能源和柔性负荷的可调性和不确定性带来的难以建模或模型不准确问题，极大地减少了硬件资源需求，提高了分析的准确性。

2）通过数据间高维的相关性而非因果关系来描述问题，对事件间的相关性做出了定量的界定，可直接锁定故障或事件的源头，避免由于系统不确定性、偶然性及多重复杂递推关系等带来的因果关系难以描述的问题。

3）大数据的分析方法如随机矩阵方法，可以将影响因素、状态量、历史数据和实时数据综合在一起分析，且可以在算法层面上与并行计算或分布式计算直接结合，解决"维数灾难"问题，减少计算资源。

（4）能源生产与消费预测。清洁能源、柔性负荷、电能产销一体化的介入，使能源生产和消费受更多内外部因素的影响，如：天气、气候不仅对能源需求产生影响，也影响清洁能源的可生产量；在实施电力改革、放开售电侧的电力市场机制下，能源生产与消费者对不同电价以及对需求相应的激励机制可能做出的反应，同样影响着能源的生产和需求；又如，电动汽车充放电对能源生产和消费的影响受用户行为习惯以及 V2G 激励机制的影响。此外，在不同的价格机制下，能源的转化和存储也受到影响，不同的能源价格配置下，用户可能选择不同的用能方式和能源转换方式。面对如此错综复杂的关系，在进行能源生产和消费预测时，大数据分析方法更为有效。利用大数据分析技术，可预测能源的购买量、预测能源消费、管理能源用户、提高能源效率、降低能源成本等。而智能电能表的部署以及数值天气预报、GPS 系统的建立，为建立更详细、准确的预测提供了可能。

（5）安全风险分析。在综合能源服务中，多种能源的生产、配送、转换、交易和消费复杂多变，不同环节的时空关联性增强，受外部因素的影响加剧，使能源互联网的运行面临很大的风险，与此同时，社会对能源供应的安全可靠提出了更高的要求。大数据技术为这一复杂系统运行状况的预测、监控提供了强有力的支持。借助大数据技术，可对能源互联网实时运行数据和历史数据进行深层挖掘分析，帮助各方更透彻地了解上下游的行为和变化，掌握能源互联网的发展和运行规律，优化结构，实现对能源互联网运行状态的全局掌控，提高能源互联网的安全性和可靠性。例如，基于调度数据和仿真计算历史数据，可分析能源互联网安全运行的时空关联特性，建立知识库，在出现扰动后，及时采取措施。

4.6.2.2 Hadoop 分布式存储

Apache 基金会开发的 Hadoop 是一个分布式系统的基础架构。Hadoop 的核心是分布式计算框架 Map Reduce 和分布式文件存储系统 HDFS，Hadoop 为用户提供了细节透明的系统底层分布式架构。由于 HDFS 的众多优点（主要包括可移植性、高容错性、高伸缩性等）的支持，用户可以将 Hadoop 部署在相对低廉的硬件上，通过整合来搭建分布式集群，为分布式存储系统提供底层基础；Map Reduce 允许所有用户可以在不了解框架底层细节的情况下，利用 Map Reduce 来开发分布式程序。因此 Hadoop 的用户可以轻松的利用计算机资源，搭建适合企业或自己的分布式计算平台，并且让用户可以充分利用计算机集群的存储和计算能力来处理日益增加的海量信息。

Hadoop 分布式文件系统 HDFS 是建立在大型集群上可靠存储大数据的文件系统，是分布式计算的存储基石。基于 HDFS 的 Hive 和 HBase 能够很好地支持大数据的存储。具体来说，使用 Hive 可以通过类 SQL 语句快速实现 MapReduce 统计，十分适合数据仓库的统计分析。HBase 是分布式的基于列存储的非关系型数据库，它的查询效率很高，主要用于查询和展示结果；Hive 是分布式的关系型数据仓库，主要用来并行处理大量数据。将 Hive 与 HBase 进行整合，共同用于大数据的处理，可以减少开发过程，提高开发效率。使用 HBase 存储大数据，使用 Hive 提供的 SQL 查询语言，可以十分方便地实现大数据的存储和分析。

Hadoop 大数据存储关键技术包括 Hadoop 大数据存储架构、大数据预处理技术和大数据存储容错技术。

1. Hadoop 大数据存储架构

在对一些基于 Hadoop 的大数据处理经典案例研究的基础上，本文梳理了基于 Hadoop 的大数据处理架构，形成了一个具有实用价值的技术框架，如图 4-4 所示。此框架采取分层的结构，将目前被广泛应用的主流技术映射到相应层，同时该框架还能够兼容未来技术的发展，划分的四个层次为数据集成层、数据存储层、编程模型层和数据分析层。

数据集成层：数据集成层位于整个框架的最下方，它为系统提供所需处理的源数据，这些数据包括存储在数据库中的数据、各种应用数据、系统运行产生的日志数据等。在大数据环境下，这些数据类型复杂、灵活多变，既有结构化、非结构化和半结构化数据，也有文本格式的日志数据、媒体格式的网络数据等。在这些数据中，有的能够直接存储于 HDFS 中，有的能够直接被 MapReduce 处理。但如果系统要对存储于传统数据库中的数据进行处理时，需要通过外部 API 访问这些数据，这显然会降低数据处理效率，因此引入了数据集成层，它负责在外部数据源和数据存储层之间进行双向适配，从而方便高效地实现数据的导入和导出。在 Hadoop 技术框架中，Sqoop 组件能够很好完成这一工作。

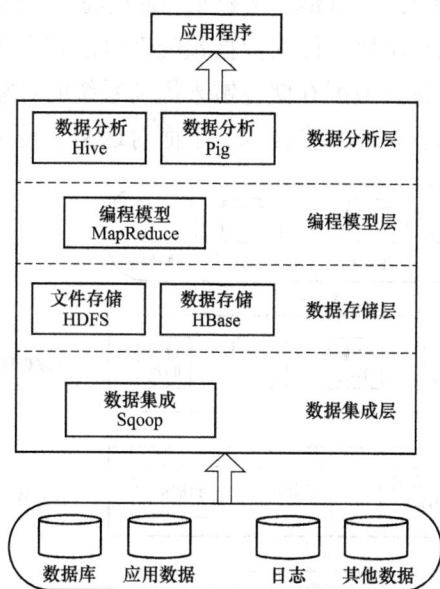

图 4-4　基于 Hadoop 的大数据处理框架

数据存储层：数据存储层根据分布式文件系统技术，将数量众多、分布在不同位置的底层存储设备通过网络连接在一起，通过接口为上层应用提供数据访问的服务能力，数据存储层还支持海量大文件的高效并行访问。此外，数据存储层提供了数据备份、状态监测与故障容忍等多种机制来保障数据的可靠存储。HDFS 和 HBase 是数据存储层的重要组件。

编程模型层：编程模型中的组件为大数据处理提供一个可靠抽象的并行计算编程模型，并为此模型提供编程环境和运行环境。编程模型的运行效率决定着整个大数据处理流程的效率，因此编程模型层是整个 Hadoop 大数据处理框架中的核心层，目前，MapReduce 是这一层应用最为广泛的组件。MapReduce 在整个框架中起到上、下层的连接作用，一方面可以利用MapReduce 构建数据处理程序对存储在 HDFS 中的数据进行处理，另一方面上层的数据分析组件也利用 MapReduce 的计算能力进行数据分析。

数据分析层：大数据处理过程中最重要阶段就是数据分析。数据分析层的核心工作是构建数据模型、挖掘商业价值等。数据分析层中的组件能够为数据分析人员提供一些高级的分析工具，以提高其工作效率。Hadoop 技术体系提供的用于数据分析的组件包括 Hive 和 Pig。

基于上面的 Hadoop 大数据处理框架，本节进一步对数据存储层进行了研究，在数据存储层梳理了 Hadoop 大数据存储的流程，如图 4-5 所示。Hadoop 大数据存储涉及了两个阶段，即大数据预处理阶段和大数据存储阶段，在大数据存储阶段还要兼顾大数据存储容错来提高系统的可靠性。大数据的存储需要用到预处理技术和存储容错技术，下面对这两个技术分别进行介绍。

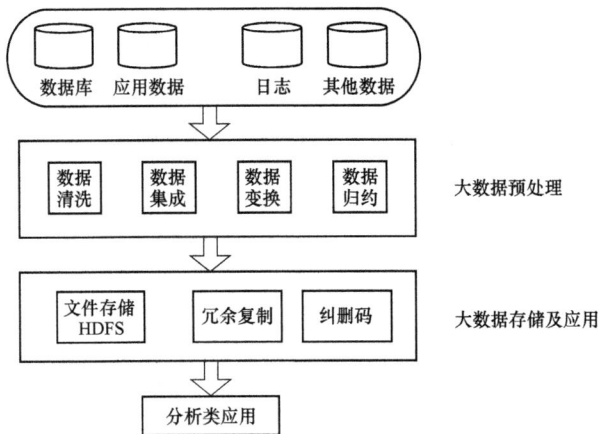

图 4-5　Hadoop 大数据存储流程

2. 大数据预处理技术

任何一个应用系统都不能确保其数据的洁净，大数据时代的数据更是如此。数据源具有多样性，其中一些数据可能是不完整、含噪声、不一致的。这些错误数据不仅导致了存储空间的浪费，降低存储效率，还会对以后的大数据分析造成严重的影响。因此，在数据存储之前进行大数据预处理工作是十分必要的。通过大数据预处理，可以使输入数据满足一定的输入规范，从而提高数据存储效率，为后续的大数据分析工作做好准备。

大数据预处理的过程分为四步，分别是数据清理、数据集成、数据变换和数据归约。数据清理可以去掉数据中的噪声，纠正不一致的数据；数据集成将来源不同的数据合并成一致的数据进行存储；数据变换能够降低数据的维度，消除数据在时间、空间等方面的差异；数据归约能够使用删除冗余或聚类等技术来压缩数据。

（1）数据清理。数据清理是指发现在原始数据中存在的一些问题数据，这些问题数据包括空缺值、错误数据、孤立点和噪声数据等，通过数据清理技术能够对这些问题数据。

进行处理，如可以通过修补或移除等方法来提高数据质量。通常数据清理包含 5 个步骤，分别是：定义错误类型、搜索标识错误数据、纠正错误数据、记录错误实例和错误类型，修改数据输入程序减少未来可能出现的错误。

1）空缺值处理。对于原始数据中空缺值，可以采取的方法有：忽略，当一个元组中的多个属性空缺时，可以采取忽略方法，将其从原数据中删除；填补，当元组中仅有少数属性空缺时，就要对其进行填补。填补的方法有多种，若数据是时间局部性缺失，可以利用近阶段数据的线性插值法进行填充；若时间段较长，可以根据此时间段的历史数据进行恢复；若数据空缺属于空间缺损，可以用周围数据来代替；此外，还可以使用一个全局常量或属性的平均值进补空缺，或是对该属性下的其他数据应用回归分析、贝叶斯计算公式或判定树等进行分析以得到最可能的填充值。

2）错误数据处理。通常，每个属性都存在一个约束函数，如果属性的值跳出了属性的约束范围，就会产生一个错误数据。在对此类数据进行清理时，首先要定义错误字典，说明错误类型，并对数据进行规定。在检测到含有错误数据的元组后，再决定是对其进行修改还是将其忽略。同时也可以利用模糊数学的隶属函数约束函数，根据之前的历史数据趋势来修改错误数据。

3）孤立点和噪声数据处理。对此类型的数据进行清理，目前应用最广泛的是数据平滑技术，主要有：分箱技术，根据相邻相应属性值进行局部数据平滑；聚类技术，可以根据模糊聚类分析方法或灰色聚类分析技术检测孤立点数据，然后对其进行纠正，在检测孤立点时，还可结合使用灰色数学或粗糙集等数学方法；根据回归函数或时间序列分析方法进行修正；人工和计算机相结合的方式来进行修正。

（2）数据集成。数据集成就是将来自不同数据库、数据立方体或数据文件的数据相结合从而一起存储的过程。在进行数据集成时，需要考虑的问题有很多，一是实体识别问题，也就是如何匹配来自不同数据源的现实世界的实体，通常利用数据仓库中的元数据可以避免实体匹配的错误；二是数值冲突的检测与处理，由于表示的差异、比例尺度不同或编码的差异等，对于一个现实世界实体，来自不同数据源的属性值或许不同，这种语义上的不同给数据集成带来一定难度。对来源不同的数据进行集合，可以提高结果数据的一致性，降低数据冗余度，提高存储效率。

（3）数据变换。如果原始数据的形式不适合存储和数据处理的需求，就要进行数据变换。数据变换就是利用线性或非线性的数学变换方法来压缩多维数据，消除数据在空间、时间、精度和属性等方面的差异。常用的数据变换方法有：

1）数据平滑。数据平滑用来清除原始数据中的噪声数据，能够将连续数据离散化，增加数据粒度。常用的方法有分箱技术、聚类技术和回归分析。

2）数据聚集。数据聚集用来对数据进行汇总，可以构建数据立方体。

3）数据概化。数据概化就是用更抽象、更高层次的概念来取代低层次的或数据层的数据对象。

4）数据规范化。数据规范化就是对数据按比例进行缩放，使之落在一个小小的特定区域，从而避免数值型数据因大小不一造成数据存储和分析方面的偏差。常用的数据规范方法有最小-最大规范化、零均值规范化和小数定标规范化。

（4）数据归约。数据规约的目标有两个方面，一是尽量减少存储空间，二是保证数据的完整性。数据归约常用的方法有：

1）维归约。维归约就是删除无关的维数（或属性）来减少需要存储的数据量，方法是寻找最小的属性子集，并确保新数据子集的概率分布与元数据集的概率分布尽可能地接近。选择相关属性子集的方法有逐步向前选择、逐步向后删除、向前选择和向后删除相结合、判定书归纳和基于统计分析的归纳等。

2）数据压缩。数据压缩是对原始数据进行变换或编码，从而得到数据的压缩表示。压缩算法的分类有两种，分别是有损压缩和无损压缩。在信息处理领域常用的两种有损数据压缩方法是主成分分析法和小波转换。此外数据去重技术也是专门的数据压缩技术，利用数据去重技术可以消除重复多余的数据，有效节省存储空间。数据去重技术对大数据存储系统具有十分重要的作用。

3）数据归约。数据归约就是利用较短的数据单位或较小的数据来表示数据，或用数据模型来代表数据，从而减少数据量。数据归约技术分为两种，一种是有参的，包括参数回归法（线性回归和非线性回归）和对数线性模型，一种是无参的，包括直方图、聚类和选样。

4）概念分层。概念分层就是用高层次的概念替代低层次的概念。概念分层可以用来归约数据，经过概念替换之后的低层数据可能会丢失一些细节，但概化之后的数据量变少，也更易理解，所需的存储空间也随之变少。对于数值数据，概念分层生成方法有分箱技术、直方图分析、聚类分析、自然划分分段技术和基于熵的离散化方法等；对于类别数据，概念分层生成方法有通过属性之间的包含关系产生分层、对数据进行聚合产生分层、由属性值的个数产生分层及根据数据语义产生分层等。

3. 大数据存储容错技术

大数据存储系统不仅要具备海量数据存储的能力，由于系统各种节点数量众多，节点故障失效率也大大升高，所以大数据存储系统还要有相应的容错机制来确保数据的可靠性。存储系统的容错主要通过数据冗余来实现，两种基本的冗余技术包括冗余复制策略和纠删码策略。

（1）基于复制的数据容错。复制冗余的基本思想就是复制数据对象，将数据对象及其副本同时存储到系统当中，以此来降低存储节点异常对系统运行造成的影响。其中，所有副本都被存储到不同的节点中，并利用相关技术保持副本的一致性，当发生故障时只要数据有一个副本存储正常，分布式存储系统就可以继续运行。此外，由于分布式存储系统存储空间大、扩展性强，虽然复制冗余技术会消耗一部分存储空间，但为了保障数据的可靠性，这种以空间换效率的方法是十分必要的。

（2）冗余复制策略相关技术。在冗余复制的过程中，我们主要需要考虑四个问题，包括副本系数设置、副本放置策略、副本一致性策略和副本修复策略等。

副本系数设置的方法主要有两种，一种是副本数量设置为固定值，比如 GFS、HDFS 的副本系数都设置为 3，这种方法设置简单，但灵活性较差；另一种方法是副本数量动态变化，比如亚马逊分布式系统 S3，系统中的用户可以根据自身需求动态设置副本系数，这种方法能够提高存储空间利用率，但同时也增加了系统的处理开销。

副本放置策略不仅关系到分布式存储系统的容错性能，还会对副本访问效率和放置效率造成影响。传统的副本放置策略包括顺序放置和随机放置等，目前的研究主要集中在如何在保证存储系统容错性的同时提高副本维护效率。HDFS 中的副本系数固定设置为 3，根据机架感知的副本放置策略，将两个副本放在同一机架的不同节点上，便于数据的访问，减少机架间的数据传输量；另一个副本放在不同机架的节点上，以避免单一机架节点失效对系统正常存储造成的影响。而在一个集群之中存在很多机架和数据节点，对此 HDFS 采用随机选择的办法，一旦选择的机架距离较远，就可能会出现数据传输量大、传输资源消耗多、占用的网络带宽高、副本放置率和访问率下降等现象。

在数据副本放置成功以后，另外一个问题就是如何保持副本的一致性，即副本同步问题。根据数据的迫切程度，副本同步可分为严格同步、顺序同步、最终同步和弱同步等。严格同步要求任何一个副本的操作都要同时传播到其他副本；顺序同步即对数据的操作在副本上保持一定顺序；最终同步就是副本一旦改变，其他副本可以逐步修改，最终达成一致即可；弱同步允许副本在一定时间内不一致，是最为宽松的副本同步策略。事先设置某种同步策略灵活性差、实现代价大，目前更多的研究集中在如何综合利用这些副本同步策略来实现动态的同步方案。

副本修复策略就是在为对象创建一定数量的副本之后，通过相应方法维护这些数量的副本的过程。具体的修复策略有两种，一种是主动修复，一旦发现某个副本损坏，即刻创建一个新副本来替换损坏副本；二是阈值修复，只有当数据副本数量小于特定阈值时才进行修复。

（3）基于纠删码的数据容错。

1）原理。纠删码来源于通信传输技术，是为了在通信信道中容错而发明的，它可以容忍数据帧的丢失。后来被改编应用到数据存储系统中，实现数据的检查纠错，能够提高存储系统可靠性。纠删码的基本原理是将一个数据对象 A 分为 k 个数据块，这些数据块大小相等，并将这 k 个数据块编码映射为 n 个编码块（$n>k$）。然后将这 n 个编码块存储到不同节点上。当存储节点发生故障时，只需要通过 n 个数据块中的 k 个就能够恢复原始数据。例如一个原始数据文件被分为大小相等的 8 个数据块，通过纠删码编码后形成 32 个数据块，其中 1 号至 8 号为原始数据块，9 到 32 号为冗余块，那么根据这 32 个数据块中的任意 8 个就能得到原始数据。在实际应用中，利用纠删码可以到达较高的数据修复水平，并且与复制冗余技术相比，纠删码技术能够使存储开销明显降低。

2）纠删码技术的应用。随着大数据技术的发展，HDFS 作为 Hadoop 的核心模块之一得到了广泛的应用。为了数据的可靠性，HDFS 通过多副本机制来保证。在 HDFS 中的每一份数据都有两个副本，1TB 的原始数据需要占用 3TB 的磁盘空间，存储利用率只有 1/3。而且系统中大部分是使用频率非常低的冷数据，却和热数据一样存储 3 个副本，给存储空间和网络带宽带来了很大的压力。因此，在保证可靠性的前提下如何提高存储利用率已成为当前 HDFS 面对的主要问题之一。

纠删码技术（erasure coding，EC），是一种编码容错技术。最早用于通信行业，数据传输中的数据恢复。它通过对数据进行分块，然后计算出校验数据，使得各个部分的数据产生关联性。当一部分数据块丢失时，可以通过剩余的数据块和校验块计算出丢失的数据块。

Hadoop 3.0 引入了纠删码技术（erasure coding），它可以提高 50%以上的存储利用率，并且保证数据的可靠性。

4.6.2.3　基于大数据的网络安全态势感知

态势感知（situation awareness，SA）的概念来源于航天领域，用于描述飞行员根据对当前形势的观察、理解从而做出决策的过程，这一过程形成了飞行员的意识框架。态势感知是一种基于环境的、动态、整体地洞悉安全风险的能力，是以安全大数据为基础，从全局视角提升对安全威胁的发现识别、理解分析、响应处置能力的一种方式，最终是为了决策与行动，是安全能力的落地。Tim Bass 最早提出网络安全态势感知这一概念，对网络安全态势感知做如下定义：网络安全态势感知以多源数据融合技术为基础，将网络当前运行中多种网络防御工具收集的信息做进一步信息融合处理，判断网络运行现状从而对整个网络安全做出认知分析，对出现的网络攻击进行分类，并预测未来一段时间整个网络系统的运行状态，实现对网络攻击的总体认知，提前防范可能存在的网络攻击。

为了保障网络信息体系的安全运行，开展大规模网络态势感知技术研究十分必要，网络态势感知技术作为一项新的技术，具有很大的发展空间。大规模网络条件下态势感知涉及的信息，不仅来源丰富，信息量巨大，信息种类多，结构复杂，信息的元结构和多维特性更加突出，而且更新动态性、处理实时性要求十分强烈，态势感知信息已经具备了大数据典型的"4V"特征。大数据自身拥有的 Variety 支持多类型数据格式、Volume 大数据量存储、Velocity 快速处理、Value 价值密度低的 4 大特征，符合网络态势感知对于海量数据处理的实时性、准确性、高效率的要求。利用大数据所提供的基础平台和海量数据处理技术进行网络安全态势的分析处理势在必行。

针对大规模网络空间中数据的海量、多模式、多粒度的特点，满足并行性、实时性数据处理的要求，将大数据技术引进网络态势感知领域，并融合网络安全态势经典模型和演进模型，提出基于大数据的网络态势感知体系架构，如图 4-6 所示，包括数据采集、数据预处理、态势理解、态势评估、态势预测和态势展示 6 层。

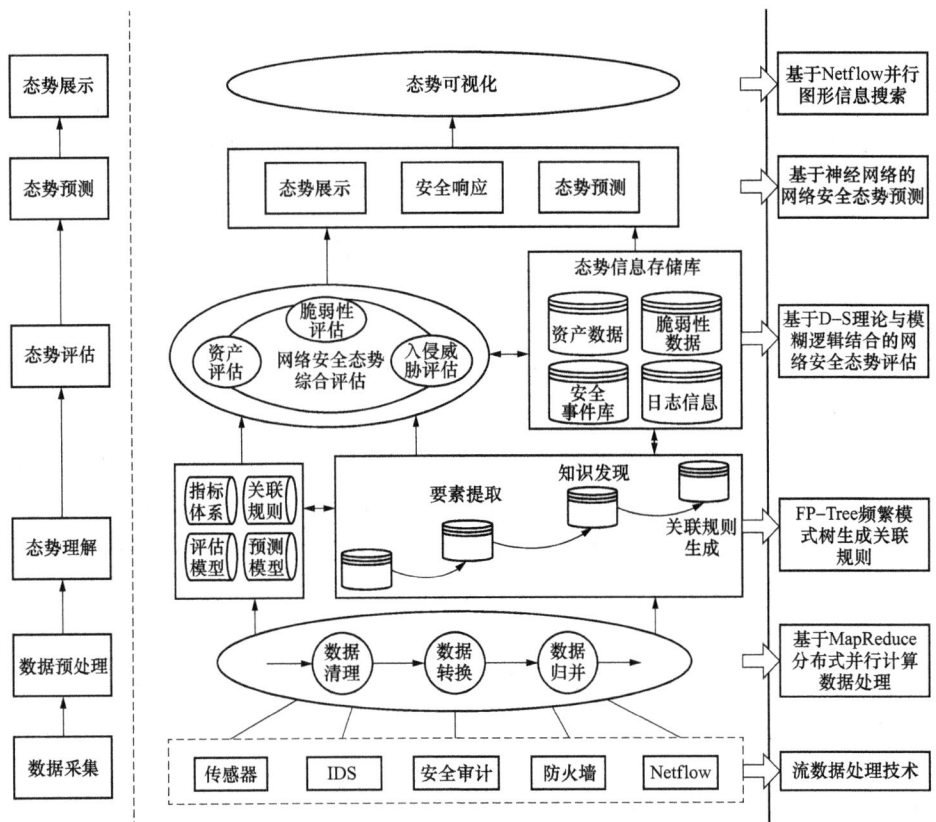

图 4-6 基于大数据的网络态势分析感知体系结构

（1）数据采集。态势感知系统的输入数据来自不同数据源。系统通过多类传感器和探测设备观测网络系统的运行状况，采集网络系统的各种信息。网络态势的评估和预测需要结合网络特征，进行从物理层、链路层直到行为层的多层次全方位的信息探测与获取。基于网络特征的层次化信息探测技术，是获取网络态势感知大数据的重要技术途径，没有这些大数据的支撑，网络态势感知的结果必定是不全面和不准确的。

大规模网络中的安全工具复杂多样，既有部署的网络安全探针，又有运营商、网络安全监管部门等的上报数据。因此数据具备不同的模式和粒度，同时数量巨大。这些特征要求大数据计算系统具备高性能、实时性、分布式、易用性、可拓展性等特征。系统无法确定数据的到来时刻和到来顺序，也无法将全部数据存储起来，并且对数据的实时性要求高。因此，不再进行流式数据的存储，而是当流动的数据到来后直接在内存中进行数据的实时计算，将大数据技术的流式计算技术应用到数据采集处理过程。

（2）数据预处理。由于网络态势感知的数据来自众多的网络设备，其数据格式、数据内容、数据质量千差万别，存储形式各异，表达的语义也不尽相同。如果能够将这些使用不同途径、来源于不同网络位置、具有不同格式的数据进行预处理，并在此基础上进行归一化融合操作，就可以为网络安全态势感知提供更为全面、精准的数据源，从而得到更为准确的网络安全态势。数据预处理包括数据清洗、数据转换和数据归并。数据预处理会用到前面提到的大数据技术所提供的 Hadoop 分布式存储基础平台和 Map Reduce 分布式并行计算技术。

（3）态势理解。态势理解对获取的数据进行分析处理和筛选，为后续态势评估和预测提供准确、有效的数据源。态势理解通常采用关联规则分析方法，为了从海量的告警数据中提取出真正的风险事件，需要将来自不同数据源的各类网络安全事件进行关联分析。关联分析是指对不同地点、不同时间、不同层次的网络安全事件进行综合分析，从而挖掘出在时间和空间上分散的协同多步攻击，识别真正的网络风险，降低误报和重复报警率。关联规则分析融合原始数据，去除重复、错误项，修改不一致性项，统一数据格式，提供规范化的数据供态势评估模块使用，研究基于关联规则的智能态势理解技术是态势感知的重要基础。

（4）态势评估。进行态势评估首先要建立一套态势感知量化评估指标体系，以指标体系作为量化评估的基准。指标体系的建立，为数据融合、归一化等数据处理工作提供参考基准，同时为网络态势评估、趋势预测、态势可视化提供了比较丰富的经过组织整理的有序的信息来源。

网络态势评估的目的是为提高整个网络和系统的安全性，其着眼点在于整体的状况，与网络结构和网络业务紧密相关。D-S 证据组合方法和模糊逻辑结合是目前研究热点，首先模糊量化多源多属性信息的不确定性，然后利用规则进行逻辑推理，实现网络安全态势的评估，其中涉及很多算法，要处理非线性问题，使结果全面、准确，还要避免纬度灾难。未来的研究方向主要是解决基于大数据的高维非线性网络安全态势评估技术。

（5）态势预测。网络安全态势预测就是根据网络运行状况发展变化的实际数据和历史资料，运用科学的理论、方法和各种经验、判断、知识去推测、估计、分析其在未来一定时期内可能的变化情况，是网络态势感知的一个重要组成部分。

由于网络攻击的随机性和不确定性，使得以此为基础的安全态势变化是一个复杂的非线性过程，限制了传统预测模型的使用。而大数据技术具有自学习、自适应性、非线性处理的优点，因此大数据技术在网络态势预测方面应用十分广泛。基于人工神经网络的安全态势预测技术采用人工智能的方法，该方法具有全局优化、收敛速度快，自学习、自适应、自组织和免疫记忆，未来研究的重点是如何避免维度灾难、降低计算复杂度以及降低空间和时间的预测代价。

（6）态势展示。态势展示利用计算机图形学和图像处理技术，通过将大量的、抽象的数据以图形的方式表现，实现并行的图形信息搜索，提高可视化系统信息处理的速度和效率。它涉及计算机图形学、图像处理、计算机视觉、计算机辅助设计等多个领域。目前已有很多研究将可视化技术和可视化工具应用于态势感知领域，在网络态势感知的每一个阶段都充分利用可视化方法，将网络安全态势合并为连贯的网络安全态势图，快速发现网络安全威胁，直观把握网络安全状况。

4.6.3　综合能源服务平台发展重点

在综合能源服务蓝海市场驱动下，作为能源和互联网跨界融合中枢产品，综合能源服务平台取得了较大进展，下面对综合能源发展重点分析如下：

（1）两级混合一体化平台。项目级物联网平台与能源服务电商平台结合的混合一体化平台是发展趋势，然而构建"大而全"的平台需要长周期技术积累，当前阶段只有少数企业具备潜在的构建实力。以链接平台串联起广泛分布的项目级平台和能源服务电商平台是未来发展的重点。具体可以体现为三种串联方式：一是业务模块通过连接平台和项目级物联网平台连接，通过项目现场的数据流，促进各类解决方案的生产现场落地部署；二是云服务模块通过连接平台与项目级物联网平台连接，打造数据采集、存储、计算于一体的通用智能工具；三是数据分析模块和连接平台合作，提升数据采集能力，支撑数据价值挖掘和应用。

（2）应用创新生态。以数据沉淀挖掘、机理模型开发为突破口打造应用创新生态，构建通用服务能力，做深专业解决方案，提升平台价值延续性。在项目级物联网平台与能源服务电商平台形成有机链接基础上，将为数据沉淀挖掘和机理模型开发提供良好现场数据基础，依托平台连接用户、能源服务商、专业技术提供商、第三方开发者共同形成应用创新生态成为重要选择。具体体现在：一是能源服务商依托平台资源打造满足综合能源服务场景需要的应用，例如平台与设备厂商合作，开发设备全生命周期运行数据采集反馈系统，改进产品质量；又如平台与节能服务商合作开发智慧能源管控系统，实现系统的最优运行；又如平台与系统运维商合作开发智慧运维系统，实现经济高效运维等。二是平台通过打造开发者社区吸引第三方开发者入驻，实现综合能源服务 APP 最广泛应用创新。如设置较低门槛、提供开源数据、开放平台资源，吸引个人、机构等各类主体入驻社区，上线销售关于综合能源服务交易、能效诊断、规划运行的各类型 APP，拓展最广泛的应用生态。

（3）联合交付生态。以金融服务、物联系统集成、共享运维等为切入点，推进联合交付生态，支撑项目现场落地。联合交付生态是针对综合能源服务业务场景多元、专业链条长的特征，利用平台提供的通用化资源，联合多类型实施主体打造满足用户个性化、定制化能源服务解决方案的关键，具有沿产业链横向联合与纵向联合两种方式。横向联合即是在产业链某一关键环节，打造平台+金融、平台+物联系统、平台+运维等模式，通过平台的软硬件资源实现产业链关键环节增强，例如平台借助物联系统集成商实现应用的现场部署，利用平台拓展金融渠道、提升投融资效率，利用平台推动共享运维、无人运维等先进模式落地等。纵向联合则是满足用户个性化、定制化需求的关键。综合能源服务平台提供了规划设计、运行控制等大量通用化工具服务和金融、运维资源，能源服务商借助平台实现资源组合构建一站式服务能力，能够高效满足用户个性化、定制化需求。

4.6.4 综合能源服务平台系统架构

4.6.4.1 综合能源服务平台系统总体架构

基于前面对综合能源业务及综合能源服务商务模式的分析，综合能源服务公司主要从服务层、管理层与运行支撑层构建综合能源服务体系，其以综合能源服务体系服务层为核心，以管理层和运营支撑层作为综合能源服务体系运行基础，开展多个服务子模块，通过合适的综合能源服务模式向多元主体提供综合能源服务。如图 4-7 所示。

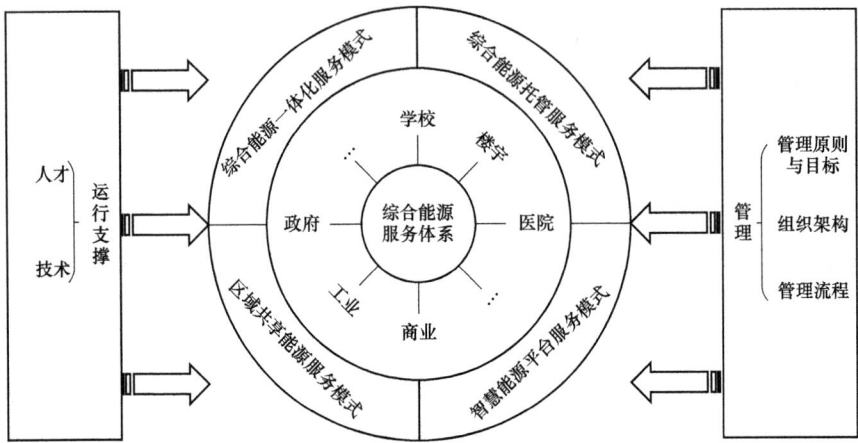

图 4-7 综合能源服务体系架构

依托综合能源服务体系可以将用户的用能需求信息以及能源供应商的能源信息在平台上进行展示，撮合能源供应方与需求方之间进行能源交易，帮助用户完成能源购买，并为用户提供个性化的用能服务。即能源供应方在能源供需平台的需求广场上发布自己能够提供的能源及服务的相关信息，包括能源种类、能源价格以及能源套餐设计服务等信息；能源需求方在能源供需平台上发布自己的能源需求信息，能源供需平台帮助能源供需双方进行匹配，为需求方提供不少于三个的优质能源供应商，双方可通过谈判，达成协议，完成交易双方的信息展示、能源撮合交易和用能服务。综合能源服务体系服务层涉及能源交易服务模块、能源增值服务模块、能源金融服务模块、能源大数据服务模块与工程建设服务模块五个用能服务模块，每个功能模块下的具体设计是对整个系统应用覆盖层面的一个概述。同时综合能源服务体系服务层作为综合能源服务体系核心，借助五个用能服务子模块，选取合适的综合能源服务模式向多元主体提供综合能源服务。基于此，构建了集信息展示、能源交易、系统应用、用能服务一体化的典型业务综合能源服务体系。

为解决现有"前台+后台"平台化企业架构失衡的问题，互联网平台企业在靠近用户端处设立中台，一方面服务前台创新需求，另一方面归整技术、管理资源，提取关键数据，减轻后台管理负担。综合能源服务体系服务层需要在线连接能源生产和消费各环节的人、机、物，成为能源流、业务流及资金流的承载者。数据中台底层设施需要结合云计算、大数据、物联网、移动互联网的先进技术，数据中台将各综合能源业务和数据汇总整理，把客户与业务产生的数据全部重新定义、计算、储存，以标准化方式存放在中台数据中心。将来任何前台业务需要调用数据，都会形成统一的数据库，而且在使用的数据过程中所有变化都会被中台跟踪，将来所取得的任何具有附加值的信息都能在中台上共享。

4.6.4.2 综合能源服务平台系统管理层

管理层从管理原则和目标、管理组织架构及职责和管理流程三个方面出发进行分析构建。

1. 管理目标与原则

综合能源服务体系面向区域内综合供能、用能、能源管理、能量控制等环节，通过信息能量深度耦合以及分布式能源系统的广泛集成，为区域能源发展提供多方面的辅助决策分析。体系将结合当地能源现状，引入能源低碳高效利用技术、能源数据智能聚合技术、区域能源供给网络多空间尺度无中心协同控制技术、无中心网络管理技术、分布/并行计算技术等新型技术，进行能源生产、传输、消费、管控等全过程管理应用，实现多种形式能源的高效生产、灵活控制以及智能化利用，全面反映区域内能源应用状况，提高区域能源供需协调能力。面向区域能源的能量管控、能源优化、商业运营等环节，基于多维度、全面化监测分析的城市能源数据，形成一个全面感知、交叉互联、智能判断、及时响应、融合应用的深度耦合、广泛集成的区域综合能源网络。

为确保有效支撑综合能源综合服务体系的业务运行，综合能源服务体系的管理层建设遵循以下基本原则。

（1）以客户效益为中心。综合能源服务体系建设应立足于用户的用能需求和服务体验，为区域内用户提供标准化、规范化和现代化的综合能源服务，提升客户用能效益，做客户真正的能源管家。

（2）注重实用性、具有前瞻性。坚持满足近期需求和实现远期目标相结合，既要体现前瞻性，又必须有较强的现实指导性，既要立足现状，促进综合能源服务工作的标准化、规范化和现代化，又要结合能源互联网络的建设和发展需求，适时推广应用先进技术和设备，支撑优质服务。

（3）业务清晰，流程细化。综合能源服务体系清晰定义具体业务服务内容，保证综合能源利用工作的顺利开展。细化各项业务服务流程节点，采用流程化设计，保证各业务运行独立性的同时，也为未来扩展升级留下空间。

（4）统一规划、分步实施。建议按照"统一规划、分步实施"的原则，根据业务服务需求的紧迫程度对体系进行分阶段逐步建设，既要满足当前能源服务需求，又要满足未来业务和功能扩展的需要。

2. 管理组织架构及职责

综合能源服务体系的管理组织架构如图4-8所示，具体综合能源服务公司可以在此基础上根据自身实际发展情况对业务部门进行合理的调整，以便更好地促进自身业务发展与实力提升。

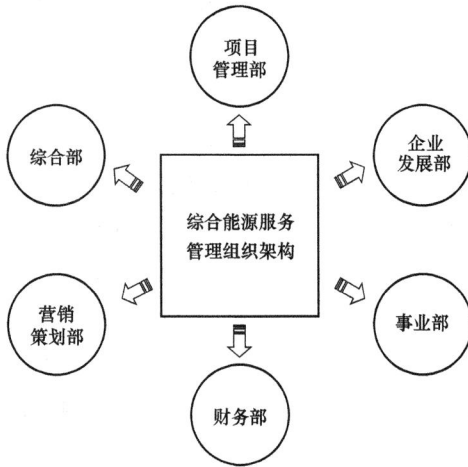

图4-8　综合能源服务体系的管理组织架构

（1）综合部。综合部处于承上启下的地位，联结领导和基层，协调各有关部门关系，保持体系内工作正常运转。制定并发布公司重要制度，发表决策宏观控制的各种指令，督促检查各项制度、决策指令的执行落实等情况。

（2）营销策划部。营销策划部负责制定公司营销战略。包括制定具体营销方案，建立销售管理网络。做好市场信息的收集、整理和反馈，掌握市场动态，积极开展市场调查、分析和预测，努力拓宽业务渠道。及时处理好用户投诉，提高企业信誉。

（3）财务部。财务部是公司承担资本保值增值、财务管理、会计核算、资金综合筹措及投资管理的综合职能部门。主要负责制定公司资金及投资的中长期规划，会计核算管理，资金管理和调度，投资项目的财务审核，参与投资评价和企业财务审计等工作。

（4）项目管理部。项目管理部是公司项目管理实施的部门，是贯彻项目实施中质量、环境、职业健康安全管理的执行部门。

（5）企业发展部。企业发展部负责拟定公司战略发展规划。包括提出发展设想，制订发展规划，明确发展步骤。负责新业务的拓展工作，落实拟定业务的服务模式，进行市场调研和可行性分析，推动与其他类型能源企业和大用户的合作等。

（6）事业部。事业部以综合能源服务产品为依据，是业务服务具体实施的部门。按照构建业务库内容，分为能源供应服务事业部、能源增值服务事业部、能源资产服务事业部、能源衍生服务事业部。各事业部分别由不同的专业人员为服务对象提供专业的服务，是综合能源服务体系的核心。

3. 综合能源服务体系的管理流程

综合能源服务体系的管理流程注重对全过程的控制管理，包括市场调研、初步服务方案制定、协商谈判、方案优化、方案评估、实施方案和项目后评价，流程如图 4-9 所示。

图 4-9 综合能源服务管理程序

（1）市场调研。由企业发展部进行市场调研，收集政策信息、市场需求信息、市场供给信息、市场价格信息、同类企业的服务内容和价格信息等。通过市场调研以帮助综合能源服务公司挖掘潜在的用户和需求，制定符合用户需求的能源服务方案，推动新的业务合作；避免企业在制定策略时发生错误，帮助营销决策者了解当前营销策略以及营销活动的得失，有针对性地制定市场营销策略和企业经营发展策略；有助于企业了解当前综合能源发展状况和技术经验，为改进企业的经营活动提供信息。

（2）初步服务方案制定。服务方案的内容应包括综合能源服务针对的用户、综合能源服务的业务内容、服务模式、综合能源服务的流程以及营销策略等信息。根据新一轮市场调研信息以及科学技术的发展，综合能源服务公司一方面需要改进已有的综合能源服务方案，使其符合市场潮流；另一方面需要挖掘出新的用户和综合能源服务，制定新的综合能源服务方案，更好地满足用户的需求。

（3）协商谈判。在拥有初步服务方案后，综合能源服务公司需要进行适当的宣传以吸引用户参与，综合能源服务公司也可以主动寻找潜在的用户进行协商。协商谈判的内容应当包括用户的需求、用户的基本信息、综合能源服务的内容、价格、流程和支付方式等内容。

（4）方案优化。综合能源服务公司应当结合用户的实际情况，在综合考虑项目成本效益和风险的基础上对已有的服务方案进行优化改进，使其更符合实际，更好地满足用户需求。

（5）方案评估。对于已有的综合能源方案，综合能源服务公司需要进行方案评估，方案评估内容包括可行性分析、风险分析、盈亏平衡分析、投入回收分析等内容。之后从中选择满意的方案，如果所有方案都不可行，则返回到方案优化，直到存在可行的方案为止。

（6）实施方案。综合能源公司按照既定的方案由相应事业部提供综合能源服务，在方案实施过程中，应注意项目信息的记录、数据的积累，为项目后评价以及大数据挖掘提供基础。

（7）项目后评价。在项目实施一段时间或者项目完成后，综合能源服务公司需要对项目进行后评价，后评价内容包括项目目标评价、项目实施过程评价、项目效益评价、项目影响评价和项目持续性评价。通过项目后评价，综合能源服务公司可以找出项目方案和实施过程中存在的问题，为今后的方案优化提供支撑。

4.6.4.3 综合能源服务平台系统服务层

综合能源服务体系服务层的总体架构依据数据采集层、网络传输层、平台层和应用层四层总体设计，以标准规范体系为基础，安全防护体系为保障。综合能源服务体系服务层总体架构如图 4-10 所示。数据采集层可以利用冷热电气等多种能源智能终端，实现对能源生产、能源传输、能源存储以及能源消费的运行数据信息的标准采集。网络传输层将各类智能终端采集的数据传输到平台层的数据处理中心，通信的方式包括 2G/3G/4G 无线公网、无线专网、卫星通信等。平台层包括了数据中心、云服务中心以及共性能力中心。数据中心负责数据的接入管理，对通过网络传输层传输过来的能源数据进行 ETL（提取转换加载）处理，统一数据格式，并对不同类型的数据分域存储和管理；平台层还构建了云服务中心和共性能力中心，支撑智慧能源服务。在应用层，以 PC 端、大屏幕展示以及移动端等设备为系统展示层，为政府、能源消费者、能源运营商能源产品与服务商提供满足业务需求的应用系统。平台功能模块主要包括能源交易服务模块、能源增值服务模块、能源金融服务模块、能源大数据服务模块与工程建设服务模块。其次，为保证综合能源服务体系平台的网络安全，从以下四个方面推进安全保障体系建设：一是通过打造全场景的网络安全防护体系，制定专项提升行动计划。通过采取"网络隔离、身份识别、传输加密和授权控制"措施保护公共网络,并按照自动系统安全规定的要求,将主要电力传输系统的内部网络与传输分配数据的公共网络隔离开来;在建立通信渠道时,根据数字移动证明核实身份,与数据传输有关的权限可根据战略加以控制;二是研究适应泛在物联特征的柔性认证技术,升级基础设施,建立综合能源服务公司一体化网络安全仿真验证环境;三是建立能源大数据安全实验室,联合内外部资源共同推进数据安全能力建设;四是打造全景感知,从全局视角提升数据安全威胁的识别和安全监测能力。

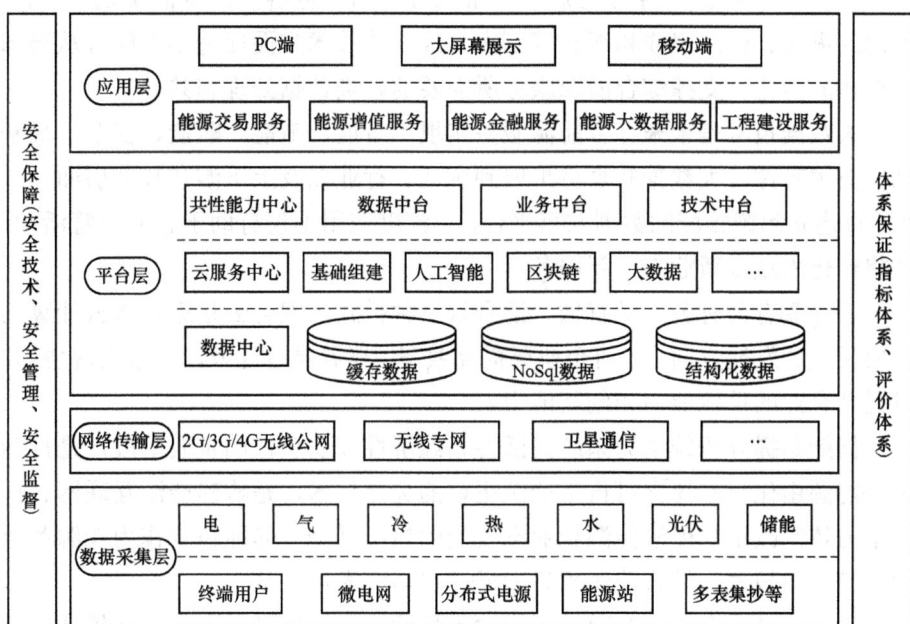

图 4-10 综合能源服务体系服务层总体架构

4.6.4.4 综合能源服务平台系统运营支撑层

综合能源服务体系的运营支撑层包括人才与技术。人才作为企业的第一资源,人才培养显得尤为重要。综合能源服务作为多能互补的市场化用能服务,需要多方面的专业人才协同配合,然而目前许多综合能源服务公司都只能以现有组织架构和人员配置为主导开展业务,在自己擅长领域之外的多方面都缺少专业人才。由此可见,综合能源服务公司需要统筹抓好两类人才,既要尽快培养技术研发型人才,也要培养产业应用型人才;既要注重培养复合人才,也要重视培育专业人才。要多领域、多路径和多方式考虑综合能源服务人才培养，综合考虑电网侧、发电侧、用户侧、居民侧等各方面的需求，科学选择多样化的技术路线，通过高校、企业等多元主体共同培养综合能源服务人才。

体系支撑需要五大技术：在能源互联网和新一代数字化技术背景下，有五大新兴技术支撑起综合能源服务的发展，分别是 5G 技术、大数据、云计算、储能技术和区块链技术。

其中，5G 技术定义了三大场景：高速率连接、超低时延超可靠连接、超大规模连接。通过物联网对跨行业、跨区域的广泛覆盖，通过对商品、客户和供应商各产业上下游乃至整个产品生命周期的全链接，从而实现工厂内/外部的纵向、横向集成和端到端三大集成。从技术方面促进不同能源从局部到整体的转化。支撑综合能源服务所需的各类数据处理和共享。

大数据技术是未来综合能源服务实现"智能、节能、赋能、安全"最基础的技术支撑。大数据共享将扩展到企业、行业以及上下游和社会层面，未来，将建立起跨领域的数据共享平台，其深度应用不仅有助于企业经营活动，还将孵化出众多新业态、新服务。

云计算有公有云、私有云、混合云三种模式，混合云是近年来云计算的主要模式和发展方向。任何企业要提高效率，都需要通过云计算来实现协同，以提升企业的反应能力和创新能力。

储能是提升传统电力系统灵活性、经济性和安全性的重要手段，是推动主体能源由化石能源向可再生能源更替的关键技术，是构建能源互联网、推动电力体制改革和促进能源新业态发展的核心基础。储能技术作为能源革命的关键支撑技术，综合能源项目的展开也与它密不可分。

区块链是分布式数据存储、点对点传输、共识机制、加密算法等计算机技术的新型应用模式。通过区块链技术，可为能源行业提供供应链金融解决方案及支付和清算服务，从而构建横向多元互补、纵向源网荷储协调、能源与信息高度融合的新型综合能源服务体系。

4.7 案 例 分 析

案例1 青海省海西州综合能源服务示范项目

1. 项目简介

海西州多能互补集成优化示范项目位于格尔木东出口，采用虚拟同步机技术，使风电、光电能够主动参与一次调频、调压，对电网提供一定的有功和无功支撑。青海拥有广袤的荒漠化土地和丰富的太阳能资源，发展光伏、风电优势得天独厚。然而，风能、太阳能受天气影响大，随机性强，难以提供连续稳定的电能输出，这成为制约新能源大规模开发利用的瓶颈。海西州多能互补集成优化示范工程的建设将为解决此问题提供一个可行的方案。

项目总投资约 63.7 亿元，其中，32 亿元用于建设 20 万千瓦光伏发电项目，16 亿元用于建设 40 万千瓦风电项目，12 亿元用于建设 5 万千瓦光热发电项目，3.7 亿元用于建设 5 万千瓦蓄电池储能电站。该项目按"统一设计、分步实施、整体集成"原则，对风电、光伏、光热等新能源组合实时柔性控制，实现智能调控，实现地方发电就地消纳园区式示范基地，最大限度减少弃光、弃风，将加快推进海西州多能互补示范基地建设。

2. 项目方案

海西州多能互补集成优化示范项目总装机容量 70 万千瓦，包括 20 万千瓦光伏项目、40 万千瓦风电项目、5 万千瓦光热发电项目及 5 万千瓦储能系统，规划建设成为国际领先的"风、光、热、蓄、调、荷"于一体的多能互补、智能调度的纯清洁能源综合使用创新基地。

其中，5 万千瓦光热项目占地约 4.27 平方千米，采用塔式熔盐太阳能热发电技术，其中新建 1 套聚光集热系统（由 1 座 188 米高吸热塔和 4400 块 138 $米^2$ 的定日镜组成）、1 套储热和蒸汽发生系统（12 小时储热）、1 套高温高压再热纯凝汽轮发电机系统以及其他辅助设施。

5 万千瓦储能项目采用高能量转换效率电池储能模块设计技术、大型储能电站的系统集成技术、动力电池高效低成本梯次利用技术、大型储能电站的功率协调控制与能量管理技术，充分利用光热、电储能和热储能的调节作用，可有效降低系统建设成本和弃风、弃光率，提高供电可靠性。

3. 综合能源服务成效

该项目是我国首批多能互补集成优化示范工程中第一个正式开工建设的多能互补科技创新项目，建成后年发电量约 12.625 亿千瓦时，每年可节约标准煤约 40.15 万吨，将有效减少燃煤消耗和大气污染。

项目构建"风电、光伏、光热、储电、储热、调度和负荷"优化互补系统，可提升系统运行灵活性，降低出力波动性，实现弃风率小于 5%、对外输电通道容量小于发电容量 40% 的目标。

相比传统的新能源项目，该项目采用"新能源+"模式，以光伏、光热、风电为主要开发电源，以光热储能系统、蓄电池储能电站为调节电源，多种电力组合，有效改善了风电和光伏不稳定、不可调的缺陷，彻底解决了用电高峰期和低谷期电力输出不平衡的问题。项目按照统一设计、分步实施、整体集成的路线，对风电、光伏、光热的新能源组合开展实时柔性控制，构建"互联网+"智慧能源系统，实现智能调控，提升系统运行灵活性、降低出力波动性、提升整体效率。通过构建可接入不同电压等级的移动式即插即用储能电站技术方案，实现储能电站的灵活应用，为大规模电池储能电站统一调度与能量管理技术提供有力支撑。储能项目可为电网运行提供调峰、调频、备用、启动、需求响应支撑等多种服务，提升电力系统灵活性、经济性和安全性，通过光热储能、电池储能使风能、光能等新能源的发电特性达到常规能源供应的电能品质，实现削峰填谷功能，友好接入电网。

案例2 北京丽泽金融商务区天然气综合能源服务项目

1. 项目简介

北京丽泽金融商务区（简称商务区）是北京市和丰台区重点发展的新兴金融功能区，拥有相对优越的地理区位、便利的交通条件和集中成片可开发利用的土地资源，为首都金融产业的持续发展提供了新的承载空间。商务区规划范围是以丽泽路为主线，东起菜户营桥，西至丽泽桥以西，南起丰草河北路，北至红莲南路，规划总用地面积约8.09平方千米。其中，商务核心区西起中心地区建设用地边缘，东至京九铁路，北起规划南马连道路，南至规划金中都北路，总用地面积约2.81平方千米。北京丽泽金融商务区天然气多能互补综合能源服务项目实现了集中供冷（热）、分布式冷热电三联供、微电网、污水源热泵、地源热泵、蓄冷蓄热蓄电、综合管廊等多能源互补的先进能源供应方案。

2. 项目方案

项目集中供冷系统主要采用西南热电中心草桥热电厂夏季余热制冷，与电制冷、冰蓄冷相结合，建设复合式区域集中供冷系统。项目新建4座能源站，安装10台8兆瓦溴化锂吸收式冷热水机组，4台7兆瓦离心式冷水机组，22台9.5兆瓦双工况主机及蓄冰设备等配套设施。供热管网工程南北区设置2座热力换热首站，敷设管线约7921米。同时，补充能源包含多个分布式的能源站，包括三联供能源站、地源热泵站、屋顶光伏电站、绿电蓄热站、污水源热泵站等。

3. 综合能源服务成效

（1）项目将传统的集中供热与新型的经济节能的集中供冷进行有机结合，应用多项节能技术，将"源、网、站"统筹规划，统筹建设，集中管理，比传统的能源供应更加安全可靠，更加绿色低碳，更加经济节能，符合国家的能源产业政策和建筑节能的要求。

该项目是现已建设的全国首例集中供冷、冷热同网项目，可实现综合能源梯级利用，节约地下空间及其他能源耗损，同时使可再生能源利用率提高近 50%。项目建成后，实现二氧化碳减排率（较 2005 年标准）约 45%以上。

（2）实现供热行业与供电行业的优势整合。突破传统的独立封闭设计，以园区整体"冷、热、电"能源需求与智能调度为出发点，首次建立起微型城市电力与大型集中冷热源网站的良性交互系统。

（3）建立多种能源梯级利用的互补体系。将"冷热同网"与智能微电网系统相结合，建立智慧能源梯级利用控制平台，对多能互补系统实行全生命周期的动态运行监控。

（4）实现系统的设计创新。突破常规设计理念，针对多种可再生能源系统、清洁能源及常规能源建立基于数值模拟、指标经验及编程迭代的设计模型，实现大型泛能系统设计方法的创新。

（5）建立针对多种新型能源的综合交易平台。将政策和市场相结合，对城市集中供冷、智能微电网、绿电蓄热等新型能源交易模式进行探索，以期获得多能互补能源系统的合理收益。

第5章

电能替代

5.1 电能替代提出背景与实施意义

5.1.1 电能替代背景

二氧化碳排放 2030 年前实现碳达峰，2060 年前实现碳中和（以下简称"双碳"），是我国向世界作出的庄严承诺，实现"双碳"目标的过程将是一场广泛而深刻的经济社会变革。目前我国化石能源占一次能源比重为 85%，产生的碳排放约为每年 98 亿吨，占全社会碳排放总量的近 90%。解决碳排放问题关键要减少能源碳排放，治本之策是转变能源发展方式，加快推进清洁替代和电能替代（"两个替代"），彻底摆脱化石能源依赖，从源头上消除碳排放。清洁替代即在能源生产环节以太阳能、风能、水能等清洁能源替代化石能源发电，加快形成清洁能源为主的能源供应体系，以清洁和绿色方式满足用能需求。电能替代即在能源消费环节以电代煤、以电代油、以电代气、以电代柴，用的是清洁发电，加快形成以电为中心的能源消费体系，让能源使用更绿色、更高效。党中央、国务院高度重视电能替代工作，2016 年 5 月，国家发展改革委等八部门联合印发的《关于推进电能替代的指导意见》首次将电能替代上升为国家落实能源战略、治理大气污染的重要举措，2016 年 11 月，国家发展改革委、国家能源局印发的《电力"十三五"规划》再次提出电能替代重点，规划中提出的电能替代目标为 4500 亿千瓦时。而电能替代这一战略的提出主要是基于以下几个方面。

（1）能源消费结构不合理，大气污染形势严峻。我国许多地区都受到了雾霾的影响，尤其是航空、铁路、道路行业等，给人们的生活带来了极大的不便。大气污染与气象条件、冬季供暖、汽车排污等诸多原因有关，而我国以前的能源结构都是以煤炭为主，不能有效利用洁净的燃油。与此同时，北方的采暖系统对空气污染也起到了很大的影响。冬季采暖所产生的污染物约有半数来自北方，是冬季雾霾的主要来源。据统计，北方城市的建筑采暖面积不到 20%，采暖能耗占全国总建筑能耗的 22%，而北方采暖住宅建筑的单位面积能耗是南方的 2.6 倍。因此电能替代其他"污染"能源既是时代发展的需要，又是一种有效的环保措施。控制污染的途径是减少污染物排放和提高清洁能源的生产。实施电能替代技术是当前我国大气污染防治中的一个重要课题，也是我国电力工业发展的一个主要方向。"以电代煤"是把工业锅炉和居民取暖、做饭等传统用煤的方式转变为用电，从而降低了煤炭的排放量，达到降低环境污染的效果。

（2）传统能源供应日益趋紧，急需优化能源配置、提高能效。化石能源在很长一段时间内都是以矿物能源为主，随着进一步的消耗已处于枯竭的边缘，且由于能源的过度使用，对生态环境也造成了严重的损害。我国能源消费总量持续增长、传统能源供给日趋紧张、世界能源市场竞争加剧、国际能源价格波动剧烈、生态环境破坏严重等诸多制约因素突出，对以化石能源为基础的能源生产与消费模式提出了迫切转变的需求。结果显示，电能的经济效率比石油高 3.2 倍，煤炭高 17.27 倍，也就是说，1 吨煤的经济价值相当于 3.2 吨的石油和 17.3 吨的煤炭。电能作为一种清洁、高效、便捷的二次能源，在提高能源利用效率、促进清洁能源发展和电气化方面具有重要意义。另外，随着特高压网络的建设，尤其是在国际上，电能传输要比石油和天然气更加经济、高效、便捷，充分利用电网优势，立足国内资源建立可再生能源供应体系，把丰富的煤炭资源、可再生资源转化为电力，再用电力驱动电动机和各种电动设备，促进工业、铁路和公路交通电气化，能够降低能源对外依存度，大大提高国家的能源安全和保障能力。

（3）电气化水平有待提高。电气化发展与一国资源禀赋、产业经济、能源结构、创新能力和市场机制等因素紧密联系在一起。电力的出现，使工业、农业生产实现了规模化、自动化，劳动生产率得到了极大的提升。可以说，电气化是当今世界发展的一个重要标志，但我国的电气化程度与世界先进国家相比还有很大的差距，需要进一步完善。电能替代是推进电气化发展的一项重大举措。

根据我国电力发展的需要，在很长一段时间里，随着城市化、电气化进程的加快，我国的用电量将会持续快速增长。从电力发展的趋势来看，无论发达国家和发展中国家，电能占总能源的比例都有显著增长，这就需要大力推进电能替代的发展。大力发展节能低碳技术，大力发展新能源，以风电、光电等新能源为主的发电模式，促进终端能源的电气化，是我国电气化发展的一个重要方向。在"双碳"目标下，我国电气化技术与相关工业政策的研究将会越来越重要。

5.1.2 电能替代意义

2016 年，国家发展改革委、国家能源局、财政部、生态环境部、住房城乡建设部、工业和信息化部、交通运输部、民航局联合印发的《关于推进电能替代的指导意见》（发改能源〔2016〕1054 号）中提道："实施电能替代，推动能源消费革命，促进能源清洁化发展。"2022 年，国家发展和改革委员会等十部委出台了《进一步推进电能替代的指导意见》（发改能源〔2022〕353 号），这是自 2016 年《关于推进电能替代的指导意见》（发改能源〔2016〕1054 号）以后的又一推动终端电气化的顶层设计文件。尤其是在"双碳"目标下，能源低碳转型将显著加快。提升电气化水平是终端能源消费向清洁低碳方向转型的重要手段。电能替代的意义可见一斑。

（1）促进清洁能源发展，加快构建以电为中心的新型能源体系。我国环境污染状况十分严峻，散煤燃烧和燃油消费是导致雾霾的重要原因。我国每年消耗的燃煤为 7 亿～8 亿吨，其中大部分是小型采暖锅炉、小型工业锅炉（窑炉）、农村生产生活等，占全国煤炭消费量的 20%，远高于欧盟和美国的 5%。大量的散烧煤在没有经过净化的情况下直接焚烧，造成了大量的空气污染。此外，汽车、飞机辅助动力设备、靠港船舶燃料也是造成大气污染的主要来源。开展能源替代是推进能源消费革命，落实国家能源战略，促进清洁能源发展的重要举措。

大部分的清洁能源都是通过转换成电来实现效率的提升，而在新一轮的技术革命之后，这种清洁的能源将会被大量地使用，大量的一次能源会被转换成电能，然后被输送到负载中心，为电动交通、电锅炉、电炉、电采暖、电炊具等大规模使用，为石油、煤炭等化石能源的替代，开拓了太阳能、风能、水能等可再生能源的市场。电能替代是发展清洁能源、建设以电力为核心的新型能源系统的迫切需求。

（2）提高能源效率。电能具有清洁、高效、安全、方便等优点，与其他能源种类比较，电能的最终利用率可达 90%。从电力装置的能量利用率上，电力装置比直接使用煤炭和燃料要有效得多。随着洁净能源所占比重的不断增加，化石能源将逐渐被清洁能源替代，大量的一次能源将被转换成二次能源，从而大大减少了能量转换损耗，使得电能更加清洁、高效。

电能替代可以实现能源效率的全面提升，就使用而言，可以精确地控制电力，是最方便的能源；从能量转化角度来看，可以使不同形式的能量互相转化；从结构上讲，电力可以大规模生产，长途运输，并且可以在瞬间把电力输送到各个最终用户。因此，增加电力在终端能耗中所占的比例，能够显著地提高能源利用率。

（3）提高电气化水平。电气化是当今社会发展的一个重要标志，电能替代的推行对我国电气化的发展具有重大意义。电气化的衡量标准一般有两种，一种是电力在一次能源消耗中的比例，另一种是电力在终端能耗中的比例。发达国家发展的历史证明，随着经济的发展，人们的生活更加富裕，整个社会的电气化程度也随之提高。从电力发展的趋势来看，不管是发达国家或发展中国家，电能在终端能耗中所占的比例都显著增加，大部分发达国家的终端能耗均达到 20%以上，预计到 2050 年，随着清洁能源的迅速发展，全球电能在终端能耗中所占比例将达到 50%以上。电能替代的稳步推进，将有助于推动我国电气化、改善民生，使人民享受到更加舒适、便捷、智能的电力服务；对一些行业提高产品的附加值、推动产业的升级具有重要意义。

（4）有效的保护我国的可再生能源。随着社会主义事业的不断发展和建设，我国使用煤炭、石油等传统化石能源的地方越来越多，而我国虽然有着十分丰富的煤炭资源和石油资源，但是受地形复杂、开采难度大以及人均占有量小等因素的影响，我国依然面临着煤炭、石油等资源十分紧缺的现状。且这些资源都属于不可再生资源，如果无限制地开采和使用这些资源，势必会在一定程度上造成我国的能源枯竭。另一方面，电力资源具有可循环生产的优势，他不会随着我们使用量的增加而枯竭，得到了社会各界人士不断地推广和使用，且随着电动机的出现，在很大程度上促进了电力能源替代石油和煤炭等资源的实现。

5.2　电能替代内涵

5.2.1　电能替代定义

电能替代和清洁替代一同被提出，被称为"两个替代"，电能替代作为我国积极推广的一项政策，是指利用电能代替终端一次能源，比如：煤炭、石油、天然气等能源消费，起到提升电能占终端能源消费比例，促进电气化程度，降低污染物排放量，提高能源使用效率，着重于产生显著的环境效益。具体电能替代的方式主要包括以电代煤和以电代油两种，替代领域主要在电采暖、热泵、工业电锅炉、电动汽车等各领域。随着我国对电能替代工作的进一步开展，在治理环境问题上已经取得了一定成效。

"以电代煤"就是要在终端消费环节以电代煤，减少直燃煤和污染物的排放量，减轻煤炭使用对环境的破坏。在城市集中供暖，商业、工农业生产领域大力推广热泵、电采暖、电锅炉、双蓄冷/热等电能替代技术。主要是将工业锅炉、居民取暖等用煤转为用电，例如，促进家庭和餐饮行业的电气化、采用电采暖设备取暖、在家庭中普及电锅炉等。通过这些手段减少直燃煤的燃烧，减少污染排放总量，缓解因此产生的大气污染状况。

"以电代油"主要是通过发展城市轨道交通、电动汽车、铁路、汽车运输领域、港口岸电等方式降低对石油的依赖。以港口岸电为例，我国积极推动港口岸电的建设，自港口岸电政策推行以来，我国在研发港口岸电方面投入了大量的人力、物力和财力，并取得了一系列的成果，开发出了先进的岸电系统。自2010年我国开展靠港船舶使用岸电试点以来，我国的港口岸电技术进入快速发展状态。目前在长江经济带、环渤海湾、长三角、珠三角已经开始岸电建设工作，为降低船舶靠泊期间污染物排放、改善港口空气质量做出了巨大贡献。

"电从远方来"主要是建设特高压电网，把西部、北部的火电、风电、太阳能发电和西南水电远距离、大规模输送到东部，在终端实施电能替代，解决东中部能源消费瓶颈问题。

从能源属性分析，电能具有清洁、环保、高效等优势，且与煤炭、石油、天然气等常规能源不同，其属于二次能源，因此使用更加安全方便；从环保角度分析，电能使用过程中不会产生烟尘和噪声，有利于创造良好的作业环境。通过电能替代一次能源在终端的消费，就是电能替代。具体来说主要是指利用便捷、高效、安全、优质的电能代替煤炭、石油、天然气等一次能源，通过大规模集中转化来提高燃料使用效率、减少污染物排放，实现当今经济社会的清洁发展。电能不仅可以广泛替代化石能源，而且可以较为方便地转换为机械能、热能等其他形式的能源，并实现精密控制。

关于电能替代政策的定义，由于电能替代是我国的新实践，也是我国目前特有的名词概述，因此国内外都暂时没有一个明确的界定。在明确电能替代是用电能替代化石燃料等一次能源来使用，以便提高能源利用效率的基础上，我们可以首先将电能替代政策归于能源政策的范围，明确一下涉及范围更广的能源政策的含义。结合政策的含义，能源政策可以理解为政府和各级能源主管部门围绕能源生产、供应、消费所制定的一系列方针和政策，其中能涉及能源发展战略、能源市场、能源产业政策等多方面的纲领和规划。能源政策的表现形式包括法律、规划、纲要、标准、办法、条例等。

5.2.2　电能替代基本原则

（1）坚持有条不紊地推进。根据不同区域的生态环境要求、能源消费结构、能源消费特征、能源消费数量等特点，稳步推进安全高效、经济性好、节能减排效果好的试点项目，带动实施电能替代。

（2）坚持统筹推进。要统筹开发利用能源、防治大气污染、促进经济与社会的可持续发展，科学规划电能替代，促进电能替代的健康发展。科学制定电力发展计划，利用可再生资源和已有的火电为基础，以满足新增用电的需求。

（3）坚持改革与创新。通过与电力系统的改革相结合，进一步健全电力市场交易制度，使其具有较强的商品属性。通过对电能替代技术的创新，加速电能替代关键设备的研制，使技术和装备的能效得到明显提高，并使其应用领域得到了更广泛的发展。

（4）坚持市场经营。积极引入社会资金，积极探索以市场为导向的多方互赢项目运营模式。引导社会各方积极参与到电能替代技术的创新、业态的创新、运营的创新，使市场成为资源配置的决定性因素。

5.2.3　电能替代参与主体

电能替代是政府主导，电网推动，社会参与的一项工程。电能替代的实施主要包括政府、发电企业、电网公司、第三方投资商、设备商和用户六大参与主体。

（1）政府。政府是电能替代工程的主导力量，它的主要作用是制定相应的配套政策，对各方面进行监督和监管，确保交易、投资等过程的规范与合法，协调各方在推动电能替代过程中的关系，宣传、鼓励各方积极参与，并根据各方的需要和贡献，制定合理的电价、补贴、税收政策。从政府的功能层面来看，应该担负起相应的社会和环境责任，以促进电能替代的发展。

（2）发电企业。发电企业是能源流的源头，其主要任务是通过特高压、超高压、高压等输电线路来实现化石能源的代替；从电力的流向上看，发电企业可以向电网公司供电，也可以通过大客户的直供直接与合格客户进行交易。

（3）电网公司。作为电能替代工程的重要主体，电网公司在电能替代工程中扮演着连接客户与发电站的角色，在电能替代工程中起着全面协调的作用。在发电方面，电网公司应与各发电站共同努力，从市场的角度出发，制定合理的电价机制和市场机制，以降低电价，缓解用户的高运行成本。在销售方面，开展电力市场调查，明确电能替代的发展方向和目标，了解电能替代的改造需要，并与客户建立合作关系。同时，要加大对现有政策的研究力度，主动与政府沟通，争取相关的扶持和补贴政策。同时，要主动联系第三方投资商、设备商，制定出一套方案，引入第三方投资，使投资商更清楚地知道电能替代的目的和任务，并采取公开招标制度，通过市场竞争，选出最优的投资和运营主体。从电网公司职能的角度出发，既要考虑到工程自身的经济效益，又要承担相应的社会责任。

（4）第三方投资商。第三方投资公司是一个非常关键的融资渠道，引入第三方投资公司，既可以充分利用市场的资源，又可以缓解一些想要改造电能替代的客户所面临资金紧张的问题，从而实现双赢。在此基础上，第三方投资商更注重于项目的经济效益和最大的收益。

（5）设备供应商。设备供应商将电力设备的详细情况提供给电能替代客户，以便于他们对设备的基本情况进行分析，更好地推进节能改造实施。从设备供应的角度看，厂商可以通过与客户直接进行设备和技术的交易，或者通过与电网公司建立合作平台，为客户提供设备支持，从而增强电能替代市场各方的利益。

（6）使用者。电能替代者包括工厂、学校、商场、小区、居民等不同类型的电能替代者。不同用户对电能替代的潜能和目标也不尽相同，例如，电厂更注重个人利益的最大化，而一般居民则更注重供电的品质与便利。随着我国经济转型和国家大力扶持能源工业的发展，很多企业和个人成为电能替代计划的潜在使用者。

5.2.4　电能替代主要技术

电能替代是在终端能源消费环节，使用电能替代散烧煤、燃油、燃气、薪柴的能源消费方式，包括以电代煤、以电代油、以电代气、以电代柴。

（1）以电代煤。在电力供应充足的情况下，推动家庭和餐饮业电气化，普及家电设备，普及电灶；利用电暖器、电锅炉、电热膜、相变电热地板、热泵等方法，逐步取代燃煤；在工业领域，锅炉和煤窑的使用中，要逐步淘汰小锅炉，减少直接使用的煤炭。它的重点和主要的替代品是：

1）家庭及餐饮业电气化。家庭电气化就是在人们的日常生活中广泛地利用电力，把家用电器和电气设备普及开来，将电能转化为光能、热能和动能，从而更好地发挥电力的积极作用，推动社会的节能和减排。餐饮电气化可以借鉴家用电气化的经验，推广电饭煲、电磁炉、微波炉等家电产品，以达到"去煤化"的目的。

2）电采暖。电采暖是一种利用电进行采暖的方法，它是将电能转换为热能，然后通过热媒介质在管道内进行循环，从而达到供热要求的一种方法。

3）电锅炉。我国的燃煤锅炉用煤占了大量的煤种，已成为大气污染的主要来源。在电力替代方面，要把工业锅炉和煤窑用煤改造成电力，推广电锅炉技术，减少直接用煤。与常规锅炉比较，电锅炉不仅节省了成本、占地面积、人工成本，而且达到了零污染、零排放。同时，电锅炉的稳定性好，操作方便，对提高产品的品质和技术水平有很大的帮助。

（2）以电代油。推动和大力发展电力车辆；推动用电系统代替柴油发电机用于农业灌区的灌溉；推广船舶、飞机等，停泊时关闭引擎，与码头、桥载侧联网；在工业上，采用电机代替传统的柴油机，以上措施既提高了生产效率，又降低了生产成本。它的重点和主要的替代品是：

1）轨道交通领域。大力推动电动车的发展。当前，我国的汽车工业正在高速发展，无论是机动车的数量，还是人均拥有数量，都在以非常惊人的速度增长。大力推广电动汽车，不但可以大幅减少传统燃油汽车尾气的排放，减轻环境污染，还可以有效地降低对石油的依赖性，提高国家的能源安全水平。

2）农业灌溉领域。农业灌溉中的"油改电"，就是利用电泵取代油泵进行抽水灌溉。从发展绿色生态农业的观点来看，用电泵代替油泵有利于节约资源，保护环境；从提高农民收益、增加农民收入的角度来讲，有利于降低农业生产成本，实施后，农民受益良多。

3）航海航空领域。大力推广船舶、航空等岸电项目。岸电电源，即岸用变频电源，它是专门针对船上、岸边码头等高温、高湿、高腐蚀性、大负荷冲击等恶劣使用环境而特别设计制造的大功率变频电源设备。岸电电源能使船舶在泊位关闭柴油发动机，接入码头陆侧的电网，从而减少废气排放、节省燃油资金、降低噪声污染。

（3）以电代气。电能做饭取代燃气，电采暖取代燃气供热，餐饮业大力推广电火锅，工业生产领域电锅炉取代燃气锅炉，交通领域电动汽车取代燃气汽车。重点和主要的替代品是：

1）电热水器替代燃气热水器。电热水器可以有效的提高发热效率、减少污染排放，具有清洁环保、安全可靠等优点，但同时也存在着加热时间较长、功率较小等不足。但是在能效方面，电热水器的运行效率甚至高达90%以上，明显高于一般的燃气热水器的热效率水平。

2）蓄热式电暖器替代燃气采暖炉。蓄热式电暖器是一种利用高效蓄能技术，充分利用峰谷电价差异，在夜间低谷时段通电加热，并将能源以热能的形式储存起来，等到白天用电高峰期将储存的热量释放出来从而实现取暖目的的新型采暖设备。

（4）以电代柴。就是以电能替代农村燃烧薪柴、秸秆等传统能源的利用方式，重点在普及家用电器的使用，带动农村地区的电能消费。在木材加工、水产养殖与加工、农产品加工领域，推广电加热替代传统能源的使用。

5.2.5　电能替代重点领域

电力替代能源的种类多种多样，其重点领域涉及许多行业，如采暖、制造、运输、供电、消费等。

（1）供暖。对于具有刚性供暖要求，但不能满足供热系统要求的断续供暖，应大力推广碳晶、电热膜、石墨烯发热板、碳纤维地暖等分散电采暖方式，以及热泵、蓄热式电锅炉、水源热泵、地源热泵、双源热泵、分布式电采暖等可替代传统供暖方式。随着人们生活水平的不断提高，人们对居住环境的需求也越来越高，在我国大部分农村地区，应该逐渐使用电来代替燃煤。在风电、光电等可再生能源丰富的区域，应采用储能技术，将电力在低谷期间的剩余电量进行蓄热。

（2）生产和制造。电能替代在锅炉工程中得到了广泛的应用，与燃煤锅炉、天然气锅炉、生物质锅炉相比，电热锅炉具有最高的热值和理论效率，真正做到了无污染、低碳环保。在费用上，与其他类型的锅炉相同或稍低。在无法在集中供暖网络覆盖范围内的地方，将逐渐被蓄热、直热两种工业电锅炉所替代。随着我国工业化的不断深入，煤炭的分散利用逐渐向集中供热转变，在较长的一段时间里，电能的增长速度将会大大超过其他能源的需求。

（3）运输。随着电气化、智能化、网络化等技术的不断创新，汽车业正在经历一个又一个的变革。根据《新能源汽车产业发展规划》所设定的"到2025年，新能源汽车在新车销售中所占比例为20%"的目标，到2025年，新能源汽车的销售规模将会超过600万辆。这主要有两方面的原因：第一，燃料经济性评价标准越来越严格，销售公司必须通过增加新能源车的销量来降低整体的油耗；二是随着节能减排的大趋势，乘用车和轻型商用车的电气化速度将会非常迅速。因此，电力运输的发展趋势是电力系统的发展趋势。

根据调查，到 2030 年，我国的交通电气化率将达到 10%，2050 年将达到 70% 左右，2060 年将会有 75% 以上的电气化。因此，我国的汽车业必须顺应大势所趋，建立起以电力为主的运输能源供给系统，提升我国交通运输的电气化程度。

（4）电力供应和消费。在供电和消费方面，能源替代主要是为了满足电网自身的需求，通过采用储能装置来改善电网的调峰、调频，降低电网的能耗，从而实现电网的节能降耗。储能主要是利用电化学储能和抽水蓄能，这些储能可以用作紧急情况。一般是在电网负载较低的情况下进行，当电网负载较大时，将其作为电力系统的一部分，以减少电网的波动性。能源的存储是多种多样的，包括辐射、化学反应、重力、电位、电力、高温、潜热和功率。

5.3　电能替代发展现状及发展趋势

5.3.1　电能替代国内外发展现状

5.3.1.1　国外电能替代发展现状

2022 年国内外对电力替代技术的发展已经进行了较为深入的探讨。瑞士的运输方式，以低能耗、无污染的电动车、四轮马车为主，各大旅游城市都有明确规定，不允许使用燃料的车辆，只能乘坐专用列车；日本还开发了世界上最先进的再生水泥技术，回收水泥建材，并且向购买太阳能设备的家庭和公司提供补助；英国要发展低碳经济，所有的工业，商业和公共部门都要按能源的碳含量征收大气税，而在使用生物能源、清洁能源或可再生能源时，可以享受减税；美国是全球最大的能源消费和污染物排放国，在节能、清洁能方面，对违反节能、清洁能等相关法规的企业，都会受到严厉的惩罚，对节能、洁能产品，也有更多的财税优惠政策。

同时，在推动电能替代发展过程中，国外积极开展能源互联网的建设，统筹全球能源资源开发、配置和利用，进而保障能源的安全、清洁、高效和可持续供应。全球能源互联网由跨洲、跨国骨干网架和各国各电压等级电网构成，连接"一极一道"（北极、赤道）大型能源基地，适应各种集中式、分布式电源，能够将风能、太阳能、海洋能等可再生能源输送到各类用户，是服务范围广、配置能力强、安全可靠性高、绿色低碳的全球能源配置平台，具有网架坚强、广泛互联、高度智能、开放互动的特征，能源互联网的建设为电能替代的发展提供新的全球共享的发展模式。

国际上欧美、日本等国家在电能替代的实施方面有着较为成熟的扶持政策体系、电能替代发展规划等，这些成功的实施经验值得我国借鉴。在电能替代方面发展较快，整体研究水平处于领先地位。这些成功的实施经验值得我国借鉴。

（1）美国。美国的能源消费主要是石油和天然气，其中电力消费占很大比例，而煤的消费量却很小。美国大力推行电力替代，以促进国家电气化水平的发展，其主要举措有：第一，持续推进电力行业的发展。美国政府专门为电动车的关键技术研发提供资金支持。建立专门用于购置清洁能源汽车的政府资金，对电动车使用者进行适当的补助；二是加强电网建设，美国国家在电力替代工程中增加了电网建设投入，以保证对电能替代客户的稳定供电；三是拓展市场，确定合作伙伴，通过与家用电器公司的合作，利用智能电网技术，实现对家用电器的智能控制，减少能耗，提升电能替代的满意度，促进电能替代方案的推广；四是大力支持能源替代技术，美国政府通过培训、研发和示范工程等多种途径促进了热泵技术的发展。

（2）日本。日本通过项目资金补贴、电价政策等方式来推进电能替代项目的发展，首先是资金补贴，日本相关银行通过贷款和补贴电力替代项目；二是日本政府通过建立补贴基金对电动汽车充电站进行补贴，在日本主要城市的主要道路上建立快速充电站，加速电动车充电技术的研究，加速电动车的应用，促进电动车产业的发展；三是建立一个合理的电价体系，根据季节、时段和电能替代技术的类型，确定丰枯电价和峰谷分时电价，以达到合理的指导。

（3）欧盟。欧盟推行电力替代的主要举措有：一是制定有关能源替代装置的节能、排放等相关标准，并对其进行全面的质量管理，以确保为客户提供优质的产品；二是降低高污染企业的社会信用和信用等级，强制企业采用清洁能源等手段降低污染物的排放量；三是放开电力市场，引入市场化竞争，使能源服务提供商可以灵活地利用市场机制为客户提供优质服务；四是为用户提供电能替代增值服务，为进一步推动电能替代技术的发展，政府向用户提供能效分析、节能改造、综合能源管理等多种增值服务，将电能替代业务与多种增值服务相结合，给予用户高效、经济的用电方案，提高用户用能满意度，促进电能替代项目落地。

5.3.1.2 国内电能替代发展现状

我国能源消费快速增长，电能替代技术已成为电力发展任务的重中之重。我国电能替代技术虽然起步较晚，但现在已开启了全面的电能替代工作。多地电能替代战略稳步推进，能源转型发展步伐加快，散煤治理成效明显。但总体来说各地区电能替代成果有待丰富。2016 年，国家发展改革委、国家能源局、财政部、生态环境部、住房城乡建设部、工业和信息化部、交通运输部、民航局联合印发的《关于推进电能替代的指导意见》（发改能源〔2016〕1054 号）中提道："实施电能替代，推动能源消费革命，促进能源清洁化发展。"2022 年，国家发展和改革委员会等十部委出台了《进一步推进电能替代的指导意见》（发改能源〔2022〕353 号），这是自 2016 年《关于推进电能替代的指导意见》（发改能源〔2016〕1054 号）以后的又一推动终端电气化的顶层设计文件，将对各领域、各地相关政策出台和项目投资建设产生深远影响，打开我国电气化发展的新局面。

2016 年以来，电能替代的推进迎来了加速期，各地电能替代实施方案纷纷出炉，替代项目快速增长，涉及领域范围不断拓展。北方地区冬季清洁能源取暖、农村电磁灶代替土灶薪柴、清洁高效的电锅炉代替黑烟滚滚的燃煤锅炉、港口船舶岸电取代高污染的船上燃油引擎、农业电排灌、电力供应中的电储能调峰等也都登上了电能替代的新"舞台"，同时也开展了一系列工程。庐山的"无烟山"项目，是以电代煤的重点工程，减轻了燃煤带来的污染；2013 年，北京电网公司的"煤改电"工程正式进场施工，首都将基本实现中心城区"无煤化"；河南某村进行了农网升级工程，大部分电器进入了每一家，减少了煤炭的燃烧量，积极推动了电能替代的发展；另外，湖北电网和甘肃电网也分别对农网进行了升级改造，大力实施电能替代工程。我国是能源消耗大国，电能替代技术可以有效地缓解现有的情况。在我国，电能替代技术已经全面展开，电能在能源消耗中的占比越来越多。我国不但要发展中国特色的电能替代技术，同时也应借鉴发达国家的先进理念与技术，构建节能减排制度体系、倡导低碳生活、积极推行低碳社会行动，为我国电力事业的发展添砖加瓦。

但我国电能的发展仍受经济性、技术标准等制约，问题日益凸显。主要原因如下：第一，缺少政策的支持。在缺少相关的政策支撑的情况下，电能与煤、油、气相比成本是最高的，而且在未来一段时间内可能还有上调的可能，用户普遍缺少电能替代改造热情。第二，缺少有效的激励机制。公司基层员工对电能替代工作的认识不足，而且业务水平也没有达到相应高度，无法有效推动工作。第三，缺少革命性的新技术。以电动汽车为例，电池应用技术还不够成熟，续航问题，一直在制约着电动汽车的发展。第四，市场开拓人员不足。目前，各基层单位侧基本没有设置市场开拓管理岗位，工作缺乏一定的系统性和连续性。在我国，电能替代技术已经全面展开，电能在能源消耗中的占比越来越多。

我国积极响应电能替代号召的同时，由此也诞生了众多相关政策。

1. 国家层面电能替代重点政策

2015 年 3 月 15 日，中共中央、国务院印发《关于进一步深化电力体制改革的若干意见》（中发〔2015〕9 号）。国家发改委、能源局随即出台六个相关配套文件，进一步细化、明确了电力体制改革的有关要求和实施路径，核心是"管住中间，放开两头"，促进能源结构优化，还原电力的商品属性，逐步打破垄断，实现能源消费的革命，这标志着新一轮的电力改革进入实施阶段。2017 年，党的"十九大"报告指出要"推进绿色发展"，建立健全绿色低碳循环发展的经济体系，壮大节能环保产业，推进能源生产和消费革命，构建清洁低碳、安全高效的能源体系。为推进电能替代的积极实施，党和国家全面开展电能替代相关政策研究，并颁布一系列重点电能替代相关政策。梳理了国家层面的主要电能替代政策，并从中选取了具有代表性的政策，具体见表 5-1。

表 5-1 国家层面的主要电能替代政策

序号	政策名称	时间	编制单位	相关内容
1	《进一步推进电能替代的指导意见》（发改能源〔2022〕353 号）	2022 年 3 月 4 日	国家发改委	"十四五"期间，进一步拓展电能替代的广度和深度，努力构建政策体系完善、标准体系完备、市场模式成熟、智能化水平高的电能替代发展新格局。到 2025 年,电能占终端能源消费比重达到 30%左右
2	《2021 年能源工作指导意见》	2021 年 4 月 22 日	国家能源局	2021 年预期新增电能替代电量 2000 亿千瓦时左右。根据国家有关政策和电网公司的行动计划，预计"十四五"期间我国年均电能替代量保持在 1500 亿～2000 亿千瓦时左右，将持续抬高电力消费，提升我国 2025 年终端电气化率至 30%～31%
3	《国家发展改革委关于创新和完善促进绿色发展价格机制的意见》	2018 年 7 月	国家发改委	健全促进节能环保的电价机制，完善差别化电价和峰谷电价形成机制
4	《打赢蓝天保卫战三年行动计划》	2018 年 6 月 27 日	国务院	继续推进电能替代燃煤和燃油，替代规模达到 1000 亿千瓦时以上

序号	政策名称	时间	编制单位	相关内容
5	《关于提升电力系统调节能力的指导意见》	2018 年 2 月 28 日	国家发改委、国家能源局	全面推进电能替代，到 2020 电能替代电量达到 4500 亿千瓦时，电能占终端能源消费的比重上升至 27%
6	《2018 年能源工作指导意见》	2018 年 3 月 9 日	国家能源局	在燃煤锅炉、窑炉、港口岸电等重点替代领域，全年计划完成替代电量 1000 亿千瓦时
7	《可再生能源电力配额及考核办法（征求意见稿）》	2018 年 3 月	国家能源局	市场机制无法保障可再生能源电力充分利用时，按照各省级人民政府批准的配额实施方案强制摊销
8	《关于调整完善新能源汽车推广应用财政补贴政策的通知》	2018 年 2 月	财政部等	提高电动汽车技术门槛要求，调整优化新能源乘用车补贴标准，进一步加强推广应用监督管理
9	《关于印发北方地区清洁供暖价格政策意见的通知》	2017 年 9 月	国家发展改革委	完善"煤改电"电价政策、"煤改气"气价政策、因地制宜健全供热价格机制
10	《2017 年能源工作指导意见》	2017 年 2 月	国家能源局	在重点替代领域，实施电能替代工程，全年计划完成替代电量 900 亿千瓦时
11	《电力发展"十三五"规划》	2016 年 11 月 7 日	国家发改委、国家能源局	2020 年电能替代新增用电量约 4500 亿千瓦时；力争实现北方大中型以上城市热电联产供热率达到 60% 以上，逐步淘汰燃煤供热小锅炉
12	《关于推进电能替代的指导意见》	2016 年 5 月 16 日	国家发展改革委、国家能源局等部门联合印发	从推进电能替代的重要意义、总体要求、重点任务和保障措施四个方面提出了指导性意见，为全面推进电能替代提供了政策依据
13	《国家发展改革委关于扩大输配电价改革试点范围有关事项的通知》	2016 年 3 月	国家发展改革委	扩大输配电价改革试点范围、进一步推进电价市场化改革、鼓励和支持地方探索完善电价市场化条件下的监管方式
14	《关于"十三五"期间实施新一轮农村电网改造升级工程意见的通知》	2016 年 2 月	国家发改委	实施新一轮农村电网改造升级工程，建成结构合理、技术先进、安全可靠的现代农村电网，提高电能在农村家庭能源消费中的比重
15	《关于实行燃煤电厂超低排放电价支持政策有关问题的通知》	2015 年 12 月	国家发展改革委等	明确电价支持标准，鼓励引导超低排放，对符合要求的企业给予上网电价支持

序号	政策名称	时间	编制单位	相关内容
16	《电动汽车充电基础设施发展指南（2015—2020年)》	2015年10月	国家发改委	促进电动汽车产业健康快速发展，大力发展电动汽车
17	《关于加快配电网建设改造的指导意见》	2015年9月	国家发展改革委	先进理念引领配电网建设改造，配电网发展要与区域经济、社会发展相协调；着力提升配电网供应能力
18	《中共中央国务院关于进一步深化电力体制改革的若干意见》	2015年3月	国务院	有序推进电价改革，理顺电价形成机制，完善市场化交易机制，全面放开用户侧分布式电源市场
19	《能源发展战略行动计划（2014年—2020年)》	2014年11月	国务院办公厅	调整优化能源结构，创新能源体制机制，推进能源清洁绿色发展
20	《大气污染防治行动计划》	2013年9月	国务院	加快清洁能源替代工作，全面整治燃煤小锅炉，"煤改电"工程建设

2. 地方层面电能替代重点政策

一系列的国家政策落地后，各地也相继出台相关扶持政策以"红利"方式助推电能替代项目的实施，如北京市政府出台"煤改电"配套电网、电价、设备补贴政策；江西省对电能替代项目给予新增电费支出40%的运行成本奖励，以及不超过投资额30%的建设成本奖励。主要省份电能替代支持政策见表5-2。

表5-2　　　　　　　　地方层面的主要电能替代政策

序号	发布时间	发布省份	发布文件	主要内容
1	2015年	湖北	湖北省2015年电能替代战略计划	全年完成替代电量30亿千瓦时
2	2015年	浙江	关于加快推进浙江省电能替代的实施意见	要求到2017年底，完成电能替代电量90亿千瓦时，其中全省煤（油）锅炉电能替代改造1200蒸吨；热泵应用1200万平方米；电窑炉72万千伏安；冰蓄冷60万平方米；港口码头低压岸电覆盖率达到50%；机场廊桥岸电设备覆盖率100%
3	2016年	山东	关于加快推进山东省电能替代的实施意见	在工业生产交通运输等领域开展电能替代组合，实施一系列新规

序号	发布时间	发布省份	发布文件	主要内容
4	2016 年	河南	河南省电能替代工作实施方案（2016—2020 年）	"十三五"期间在能源终端消费环节形成年电能替代散烧燃煤、油消费总量 650 万吨标准煤的能力，带动电煤占煤炭消费比重提高约 2.6 个百分点、电能占终端能源消费比重提高 2 个百分点以上
5	2017 年	宁夏	2017 年电能替代试点项目的通知	确定 2017 年度 20 个电能替代试点项目，涉及供暖、交通、工业等领域
6	2017 年	青海	关于推进青海省电能替代的实施意见	从七个方面明确电能替代工作重点方向，以此提高青海清洁能源利用水平构建清洁能源消费体系
7	2017 年	安徽	关于推进山西省电能替代的实施意见	2017—2020 年完成电能替代电量 90 亿千瓦时以上
8	2018 年	河北	2018 年电能替代工作实施方案	全年完成替代电量 88 亿千瓦时

总体来讲，我国在建筑取暖、交通运输、制造生产等行业都积极推广电能替代项目，实现燃煤、石油替代总量达到 1.3 亿吨标准煤左右，很大程度上提高了电能消费占终端能源消费的比例。从国家电网电能替代项目实现的环境效益和增长的电能消费量来看，到 2018 年年底，累计电能替代项目达到 3.8 万个，新增电能消耗量为 1353 亿千瓦时，减少煤炭消耗量为 7577 万吨，二氧化碳减排 1.35 亿吨，其他氮氧化物、粉尘等大气污染物减排 4300 万吨，电能替代规模逐年扩大且环境效益显著。图 5-1 为国家电网电能替代量规模。

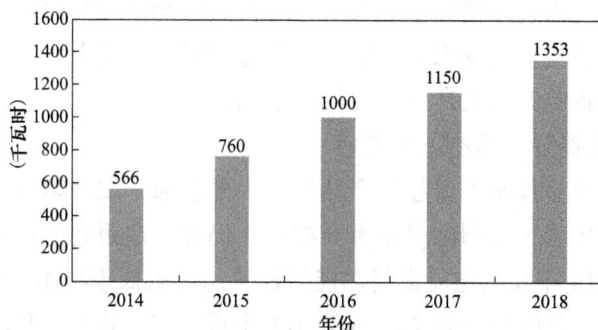

图 5-1　国家电网电能替代量规模

通过推广电能替代项目，有效提升了我国电能利用水平，减轻了弃风、弃光现象，提高了新能源的消纳，但是随着电能替代进入"深水区"，面临的问题也渐渐明显。经济效益是用户是否使用电代煤的主要因素，由于电能替代的成本较高，用户难以承担，价格补贴政策也不是长久之计，加上农村用户环保意识薄弱，电能替代的进一步推进受阻；我国电能替代的技术有限，法律法规滞后，国内港口岸电缺乏统一操作标准，同样造成了一定的经济损失，而且岸电设备标准不统一，会带来安全风险；电力增容也面临困难，电能替代项目的建设实施受多个部门的制约。为了提高电能替代的经济效益，应对其进行统一规划，促进新能源消纳；鼓励科技创新，提升电能替代技术；完善电力市场机制，形成新能源跨省区消纳机制；加快建立统一市场标准，促进电能替代规范有序发展；鼓励企业创新商业模式，提升电能替代的发展空间。

5.3.2　电能替代发展趋势

1. 终端能源消费多元化与清洁化趋势明显

自电能替代发展以来，通过大力发展新能源发电技术、提升电网调节能力以及能源"双控"制度，节能减排取得了巨大成绩。随着社会电气化水平的提升，电力行业碳减排压力将持续加大。深化电力体制改革，构建以新能源为主体的新型电力系统，是"十四五"期间的重要工作。风电和光伏发电是国内目前重要的新能源，随着电气化技术的发展，在开发、输送和市场消纳协调发展的前提下，风电、光伏发电等会被大规模开发利用，推动风电、光伏发电技术提升，降低运营成本，风能、光能、水能等能源均转化为电能才能加以利用，进而电能在终端能源消费中所占比重会持续上升。据统计，近年来我国电能占终端能源的消费比重以年均 0.5%～1% 的速率飞速增长，甚至超过一些欧美发达国家。未来会逐渐完善新能源发电服务体系，构建以风电、光电等新能源为主体的电力供应格局。

2. 我国电能替代仍有发展空间

我国电气化整体水平已超过全球平均水平和部分发达国家，但商业、工业、居民电气化水平与国际最高水平相比，仍有一定距离。根据国际能源署统计数据，2019 年我国电能占终端能源消费的比重低于日本 1.8 个百分点，比德国、英国、美国分别高 7.4、6.8、6.1 个百分点。其中，我国的工业电气化水平已经接近 33%，超过全球平均水平，但在典型国家中仍处于中等水平，低于韩国、南非、日本、法国、德国、英国，较工业电气化水平最高的韩国低 16.8 个百分点；我国居民电气化水平达到 26%，低于日本、美国、巴西、法国、韩国、英国，较居民电气化水平最高的日本低 24.7 个百分点；我国的商业电气化水平为 44.9%，低于世界平均水平 7.5 个百分点，较商业电气化水平最高的巴西低 47.4 个百分点；交通电气化水平为 4.4%，落后于俄罗斯，预计随着电动汽车、燃料电池汽车、电动船舶技术发展，未来交通领域替代潜力巨大。已经出台的《进一步推进电能替代的指导意见》指出，未来要拓宽电能替代领域，到 2025 年电能占终端能源消费比重提高至 30%左右；未来终端用能绿色低碳转型将与消纳可再生能源、提升能源利用效率结合起来，优先使用高效节能、灵活互动的替代技术；未来各地的电能替代发展目标制定需要因地制宜考虑本地基础设施、供电能力、资源禀赋的条件，以保障能源安全可靠供应为前提。

3. 电能替代技术快速发展

在工业领域，电锅炉、电窑炉逐渐替代燃煤锅炉。在服装、纺织、木材加工、水产加工等行业中蓄热式电锅炉替代燃煤锅炉；在钢铁、陶瓷、玻璃等行业中，尤其是制造高附加值产品的行业中，燃气锅炉、电锅炉、电窑炉技术逐渐普及；在勘探领域油田钻机油改电，在管道输送领域油气管线电力加压、辅助电动力等扩大使用。2013 年至 2020 年年底，我国工业电窑炉、工业电锅炉技术累计替代电量分别达到 2650 亿千瓦时、802 亿千瓦时。在建筑领域，电力以及其他清洁能源，比如天然气、地热能、生物质能、太阳能、工业余热等逐渐替代燃煤进行供暖。我国按照"宜电则电、宜气则气"原则开展北方地区居民采暖领域清洁取暖专项行动，"散烧煤"治理取得突出成效。2013 年至 2020 年年底，我国热泵、电蓄冷空调和蓄热式电锅炉累计替代电量分别达 483 亿千瓦时、183 亿千瓦时、141 亿千瓦时。热泵、燃气三联供、电锅炉也在商业综合体、企事业机关、医院、商场、校园园区等大型公共建筑得到较快推广。而多数领域电能替代潜能还未被完全挖掘出来，未来电能替代技术还将在更多领域得到更广泛的应用。

4. 规划与政策保障持续推进终端电能替代

在规划方面，相继出台了能源规划、能源工作指导意见、天然气和电力发展规划、大气污染防治和清洁取暖行动方案、新能源汽车产业发展规划等，明确了终端能源消费清洁替代的工作原则、发展目标、重点措施。这些顶层设计文件，对于其他落地政策的出台具有指导作用。

在政策保障方面，一是出台补贴政策，提供了"煤改电""煤改气"的燃料购买及设备购置补贴、设备改造及拆除补贴，以及新能源汽车推广应用补贴等相关政策。二是出台环保政策，相继制定了严格的限制分散燃煤、燃油设施利用的标准，出台了各类企业和耗能设备的环保排放标准、污染物排放监测以及相关奖惩措施。三是出台电力价格政策，持续完善分时电价政策，扩大峰谷电价差并合理优化低谷时段，通过价格信号，以市场化手段引导电力合理消费、促进移峰填谷；四是出台基础设施建设政策，大力推动农村地区及"煤改电"地区配电网、城镇供热网，以及跨境跨区和区域互联天然干线气管道建设，并结合城市老旧小区改造，实现管网及配套设施改造升级，全面提升热力、天然气、电力的安全稳定供应能力。政策支持是电能替代发展的关键因素，国家与政府将持续关注电能替代，助力双碳目标的实现。

5.3.3 电能替代发展影响因素

1. 技术因素

电能替代新技术不断涌现，电能替代产品研究不断深入，新技术的发展是生产力和社会变革的重要推动力，新技术的应用可以实现电能替代步伐的加快。尤其是注重核心装备能源利用效率，降低成本，从用户侧、电网侧、电源侧多层面综合创新。明确能源科技创新战略方向和重点，组建跨领域和跨学科的研究团队，加强电能替代产品的研究和经济对比，采用自主创新和引进吸收等措施，集中攻关分散式电采暖、电锅炉、电窑炉、家庭电气化、热泵、电蓄冷空调、港口岸电、机场桥载设备替代 APU 等关键技术。不同的电能替代领域需要不同的技术来支撑，因此在进行电能替代时要注意全方位的发展新技术，伴随电能替代新技术的成熟，替代进程将不断加快。同时，随着能源互联网的发展以及国家电网公司"三型两网"建设，电能替代将迎来新的发展契机。通过电力泛在物联网的不断建设，泛在电力物联网与坚强智能电网之间深度融合，将原来不可感知、不可调节的电能替代负荷转换成可感知、可调节的柔性负荷，可带动电能替代向精准化、智能化方向发展。未来，大能源思维与大数据思维将加速融合。基于大数据技术，提炼电能替代用户用能用电特征，构建电能替代用户判别模型，使得电能替代业务的工作效率和经济效益将会得到有效提升。未来电能替代的营销策略、服务种类、服务方式、替代运营模式，商业化运作模式均将发生较大转变。研究新形势下电能替代商业模式，新的电能替代技术发展路径将会进一步提升电能替代发展质量和效益。

2. 政策及市场因素

政策的支持是电能替代发展的关键因素，国家层面出台了一系列的电能替代支持政策，地方政府结合当地实际也出台了一系列促进电能替代技术推广应用的政策措施，外部政策环境依然为电能替代提供较大发展空间。"十四五"时期是全面落实高质量发展要求,深入推进能源生产和消费革命的关键时期。2020 年年初国家能源局组织召开的"十四五"电力规划工作启动会上明确提出要全面深化电力体制改革、加快电能替代、降低能源对外依存度。市场竞争层面看,其他替代存在一定短板。随着国内天然气产供储销体系加速构建,国家油气管网公司正式成立,外部油气供应能力稳步提升,天然气在能源市场的竞争力进一步增强,凭借清洁与成本优势,已成为电能替代最强劲的竞争对手。但是,我国石油、天然气对外依存度逐年攀升,2018 年分别达到 70% 和 45%,创历史新高,能源安全亟须引起重视。经济性层面看,替代成本有望进一步下降。我国能源结构正在转变,未来将以清洁、可再生能源为主。经济性是影响电能替代可持续发展的重要因素。清洁能源的低成本,能够为未来的清洁电能替代提供经济基础和必要条件。伴随新能源发电成本持续下降、边际成本低,利用弃风弃光电量进行电能替代,可以降低成本。未来清洁能源开发成本还将持续大幅下降,有助于进一步控制替代成本。电力需求来看,我国与发达国家仍有差距,随着城镇化和电气化加速推进,"十四五"期间,电能替代依然呈现增长态势,未来较长时期内我国电力需求将保持较快增长。

5.4　不同电能替代战略方式分析

电力规划设计总院发布的《中国能源发展报告 2017》指出,2017 年,我国电能占终端能源消费的比重同比提高 1 个百分点,但仍有约 8.3 亿吨原煤作为燃料直接用于终端消费,其中约有 73% 用于工业消耗。替代这些煤炭是我国能源清洁低碳发展的长期任务。

国家发展改革委规划"十三五"期间,我国将实现能源终端消费环节电能替代散烧煤、燃油消费总量约 1.3 亿吨标准煤,带动电力用煤占煤炭消费比重提高约 1.9%,带动电能占终端能源消费比重提高约 1.5%,促进电能占终端能源消费比重达到约 27%。电力"十三五"规划进一步明确,到"十三五"期间电能替代新增用电量约 4500 亿千瓦时。

电能替代在终端能源方面具有巨大的潜力,能够起到环保的效果,并且具有显著的经济效益。也就是说,可以在更低价格的前提下获得更加理想的效果。这也是终端能源中考虑电能的主要原因。在社会发展的进程中,需要采用更加环保的能源逐步替代对环境污染较为严重的化石能源。从经济性的角度来看,诸如汽油、天然气、液化气等能源,等效电能价值都没有电能高,所以从经济性的角度进行比较，电能无疑是最为合适的一种能源。由此看来，电能具有更大的潜力，充分地体现出其所具有的经济优势。在其他终端能源价格逐步上涨的过程中，电能不会像其他能源一样发生较大的变化。从环境这方面来进行分析，电能对环境所造成的污染最小。诸如煤炭和汽油，这些能源会产生较多的二氧化硫以及氮氧化物，会严重影响到人们的日常生活。虽然我国煤炭资源较为丰富，但是天然气资源相对较少，所以天然气不能完全的取代煤炭资源。而要想将环境污染降到最低，那么只能采用电能取代化石能源，这一潜能将在今后得到更加充分的体现。由此可以看出，电能无论是在经济性还是环境影响方面都具有巨大的潜力，可以完全的替代传统的终端能源，为人们的日常生活起到重要的保障，实现社会的进步。

5.4.1 电能替代战略中北方采暖的特点分析

北方农村地区现有的采暖方式主要是以燃煤为主的煤炉、暖气、火炕等传统的采暖方式。随着大气污染的不断加重，对城郊、农村地区冬季采暖问题关注度日益增加，从优质清洁煤推广到节能炉具再到现阶段各种清洁能源采暖方式，一直致力于解决城郊、农村地区冬季采暖污染问题。北方农村由于污染带来的问题较为突出，现如今农村采暖问题上投入了更多的关注，在农村地区积极推广节能炉、电采暖、燃气炉等环保高效的采暖方式。现对各采暖方式单位供热量全生命周期成本进行分析。

1. 各采暖方式生命周期内总供热量分析

火炕主要以秸秆、薪柴为燃料，煤炉、土暖气以散煤为燃料；地源热泵、空气源热泵以及蓄能电暖器消耗电能；本节内容设定火炕以秸秆为燃料、煤炉与土暖气以散煤为燃料、其他采暖方式消耗电能进行研究。设定火炕、煤炉、暖气、地源热泵、空气源热泵以及蓄能电暖器使用年限分别为 7 年、4 年、6 年、15 年、15 年以及 8 年，在使用年限内假设各采暖方式能耗、采暖设施转换效率不变。结合秸秆、散煤以及电的热值可得不同采暖方式在使用年限内总供热量。具体数据见表 5-3。

表 5-3   **不同采暖方式产生热能**

采暖方式	消耗能源	效率（%）	热值	总供热量（吉焦）
火炕	7735 千克	35	0.0177 吉焦/千克	47.9183
煤炉	7200 千克	70	0.0209 吉焦/千克	105.3360
土暖气	15000 千克	72	0.0209 吉焦/千克	225.7200

采暖方式	消耗能源	效率（%）	热值	总供热量（吉焦）
地源热泵	144720 千瓦时	300	0.0360 吉焦/千瓦时	15629.76
空气源热泵	174960 千瓦时	200	0.0360 吉焦/千瓦时	12597.12
蓄能电暖器	18432 千瓦时	98	0.0360 吉焦/千瓦时	650.281

可以看出，在整个生命周期内，以地源热泵、空气源热泵以及蓄能电暖器为代表的新型耗电采暖方式在采暖期的供热量均大于传统采暖方式。

2. 各采暖方式单位供热量全生命周期成本分析

（1）火炕的投资成本主要是火炕搭建时的人工、材料费用，其中人工费占主要部分；火炕的运营成本主要为采暖期的燃料费，火炕的燃料主要为秸秆、薪柴等，采暖期燃料的消耗量与当期环境温度有关；火炕的维护成本主要是定期清炕，周期为每年一次；火炕的修理成本，火炕在使用过程中会产生灶门燎烟、倒烟以及火炕不热等问题，以上问题的产生主要原因是灶、炕结构不合理，炕内堵塞、烟囱排烟不畅等，需要对灶、炕进行修理；火炕的废弃处置成本主要是废置处理过程中发生的人工费用。

（2）煤炉的投资成本主要包括各种设备的购买费用以及安装时的人工费用。煤炉的运营成本主要为采暖期的燃料费。煤炉的维护主要是对炉膛、对弯头、烟筒进行清理。煤炉需要定期更换弯头、烟筒等。煤炉的废弃处置成本主要是废置处理过程中发生的人工费用以及废物处理费用。

（3）土暖气的投资成本主要包括设备购置费用以及安装费用，含其中的人工费用以及材料费用。土暖气的运行成本主要是采暖期的燃料费。土暖气的维护成本主要是每年的对暖气片、管道的维护、清理产生的费用。土暖气的维修成本主要是管件阀门的更换的人工和材料费。煤炉的废置处置成本主要是废置处理过程中发生的人工费用以及废物处理费用。

（4）地源热泵的投资成本包括主机、循环泵及地下埋管系统等的购置费用以及安装过程中的打井费、管线施工费、设备管道安装费、控制系统安装费、系统检验试验费和工程水电费等。地源热泵系统的运行成本主要是采暖期系统运行时消耗的电能产生的电费。地源热泵的维护成本和维修成本主要包含设备的基本维护和维修费用，其中机组和循环泵的维护、维修覆盖大部分的维护费和维修费。地缘热泵的废置处理成本主要是废置处理过程中发生的人工费用以及废物处理费用。

（5）空气源热泵的投资成本主要包括压缩机、蒸发器、水箱等主要设备购置费以及安装过程中人工、材料费用。空气源热泵在运行过程中主要消耗电能,运行成本主要是采暖期的电费。空气源热泵的维护成本和维修成本主要包含设备的基本维护和维修费用。空气源热泵的废置处理成本主要是废置处理过程中发生的人工费用以及废物处理费用。

(6)蓄能电暖器的投资成本主要是电采暖的购置费以及安装费。蓄能电暖器的运行成本主要是电能,蓄能电暖器能充分利用谷电,大大降低了成本。蓄能电暖器维护成本主要是需要对某些元件进行更换的费用。蓄能电暖器的维修成本主要是对常见的故障如电源引线断路、电热元件损坏、保险丝烧断或脱落进行维修的人工成本和材料费用。与其他采暖方式不同的是,蓄能电暖器的废置处理成本是最低的,几乎不需要花费任何费用。

经评估分析可得各采暖方式单位供热量全生命周期成本,具体见表5-4。

表5-4　　　　　　　　各采暖方式单位供热量全生命周期成本

采暖方式	全生命周期成本 (元)	单位供热量全生命周期成本 (元/吉焦)
火炕	3722.25	77.68
煤炉	3900.11	37.03
土暖气	8946.99	39.64
地源热泵	92904.56	5.94
空气源热泵	90079.92	7.15
蓄能电暖器	5637.15	8.67

可以清晰地看出以地源热泵、空气源热泵以及蓄能电暖器为代表的现阶段政府推广的新型采暖方式的单位供热量全生命周期成本远远低于传统的采暖方式。

3. 各采暖方式全生命周期环境成本分析

全生命周期环境成本是指在某一项商品生产活动中,从资源开采、生产、运输、使用、回收到处理,解决环境污染和生态破坏所需的全部费用。对一般研究对象进行边界分析,完成的生命周期包括原材料开采清单、生产制造清单、运输清单、建设清单、运行清单和废置处理清单。

通过对各采暖方式的生产制造清单、运行清单和废置处理清单进行分析可确定各阶段主要污染物及污染物排放量,结合现行的排污费、环保税征收标准可量化得到环境成本。根据全生命周期应用步骤确定火炕、煤炉、土暖气、地源热泵、空气源热泵、蓄能电暖器和燃气壁挂炉的系统边界,将火炕、煤炉、土暖气、地源热泵、空气源热泵和蓄能电暖器的全生命周期评价分为生产制造清单、运行清单和报废处置清单，结合现行的排污费、环保税征收标准可量化得到环境成本。进而可得各采暖方式单位供热量全生命周期环境成本，具体见表 5-5。

表 5-5　　　　　各采暖方式单位供热量全生命周期环境成本

采暖方式	全生命周期环境成本（元）	单位供热量全生命周期环境成本（元/吉焦）
火炕	362.81	7.57
煤炉	670.66	6.37
暖气	1331.43	5.90
地源热泵	3615.61	0.23
空气源热泵	2078.68	0.17
蓄能电暖器	491.95	0.76

可以看出，以地源热泵、空气源热泵以及蓄能电暖器为代表的新型采暖方式的单位供热量全生命周期环境成本远低于传统的采暖方式。

4. 各采暖方式单位供热量全生命周期经济环境成本分析

根据各采暖方式生命周期总供热量和全生命周期环境成本，可得各采暖方式单位供热量全生命周期环境成本，具体见表 5-6。

表 5-6　　　　各采暖方式单位供热量全生命周期经济环境成本

采暖方式	单位供热全生命周期经济环境成本（元/吉焦）
火炕	85.25
煤炉	43.39
土暖气	45.54
地源热泵	6.18
空气源热泵	7.32
蓄能电暖器	9.43

相较于火炕、煤炉、土暖气等传统的采暖方式，地源热泵、空气源热泵和燃气壁挂炉两种新型采暖方式的单位供热量全生命周期经济环境总成本明显低于传统的采暖方式。为响应国家"节能减排，低碳经济"的政策，在农民可接受范围内鼓励使用空气源热泵、地源热泵和蓄能电暖器进行采暖。

5. "以电代煤"潜力分析

全面实施散煤综合治理，是可持续发展战略指导下改善我国生态环境、提升我国空气质量的重要手段之一，其中北方地区"煤改电"供暖工作规模最大。此外，在国家政策推动下，"煤改电"所用电采暖设备和关键技术也不断取得进步和突破，带动了电采暖行业的快速发展。仅北京地区 2016 年"煤改电"市场规模就超过 50 亿元。根据国网北京电力统计，2016—2017 年采暖季期间，北京市使用电采暖设备的"煤改电"用户户均年用电量超过 6000 千瓦时，新增用电量 4000 千瓦时。按此标准计算，华北地区"煤改电"用户每年新增用电量为 118.6 亿千瓦时。按照"煤改电"用户每日 21 时至次日凌晨 6 时的电价 0.3 元/千瓦时计算，"十三五"期间新增用电量市场规模为 178 亿元。

从今后的发展趋势看，实行"以电代煤"，更有利于对大气污染排放的控制。

"以电代煤"对保护地区和全球生态环境，特别是对改善污染严重城市的大气环境质量，如北京、河北等北方地区具有重要意义。因此，实行"以电代煤"是一个必然的趋势。

5.4.2 电能替代战略中油动力船只的效益分析

白洋淀作为国家 5A 级景区，来淀旅游人数众多，而船舶作为白洋淀的主要交通工具，拥有量也逐渐增多。白洋淀区域的船只多为二冲程汽油动力船只，白洋淀区域的游船对整个区域内的水质和区域周边空气湿度、空气质量、环境噪声等关系十分密切。二冲程汽油发动机结构简单、造价低、功率密度大、维修方便，但在运行过程中将消耗大量燃料，同时会产生较大污染和较大噪声。为了系统地研究油动力船只更换为电动船的经济环境效益，本节针对白洋淀景区构建电动船和油动力船的运行效益对比分析模型。

2018 年对白洋淀现有船只统计概况见表 5-7。

表 5-7 白洋淀景区 2018 年油动力船只统计表

推进器类型（冲程/马力）	2/5	2/15	2/40	2/50	2/60	2/85	合计
数量	1210	330	179	778	200	4	2701

注 1 马力（ps）=0.7354987 千瓦（kW）。

1. 经济效益分析模型

电动船以电力作为主要的动力来源，推行电动船的经济效益主要取决于船只的购置成本、运行成本和所消耗的能源价格，鉴于船只的购置价格难以确定，本节计算船只的运行成本，对油动力船只和电动船的经济性进行对比分析。

（1）油动力船运行成本。

$$C_{oil} = q_{oil}P_{oil} \tag{5-1}$$

式中：C_{oil} 为运行成本；q_{oil} 为油动力船只的油耗量，升/小时；P_{oil} 为燃油价格，元/升。

（2）电动船运行成本。

$$C_{SEB} = q_{SEB}P_{SEB} \tag{5-2}$$

式中：q_{SEB} 为电动船耗电量，千瓦时；P_{SEB} 为电价，元/千瓦时。

2. 环境效益分析

污染物排放量的减少由能耗和单位污染物排放量共同决定，本节将针对不同能耗油动力船进行空气污染量计算。

（1）污染物排放量分析。

燃油中 SO_2 排放量可表示为

$$G_{SO_2} = 2000BS \tag{5-3}$$

式中：G_{SO_2} 为二氧化硫的排放量，千克；B 为每小时满负荷运行的油耗量，吨；S 表示燃油的全硫分含量，%。

燃油中 NO_x 排放量可表示为

$$G_{NO_x} = 1630B(N\beta + 0.000938) \tag{5-4}$$

式中：G_{NO_x} 为氮氧化物的排放量，千克；N 为氮在燃油中的含量，%；β 为氮在燃油中的转化率，%。

燃油中 CO_2 排放量可表示为

$$G_{CO_2} = 2330BCQ \tag{5-5}$$

式中：G_{CO_2} 表示 CO_2 的排放量，千克；C 是碳在燃油中的含量，%；Q 为燃油完全燃烧的数值，%。

（2）油动力船只的耗油量。

考虑在相同的行驶时间下油动力船和电动船的能耗量，计算相应的污染物排放量，具体油耗计算为

$$Q_{oil} = G_{oil}q_{oil} \tag{5-6}$$

式中：Q_{oil} 为油动力船的总耗油量；G_{oil} 为区域油动力船只数量；q_{oil} 为油动力船只的油耗量，升/小时。

（3）电动船的煤耗量。

依据风电、煤电、光电以及水电等用电量的综合分析，以 $\eta^{coal\text{-}fired}$ 表示煤电在总供电量中所占比例（%）；$\lambda^{coal\text{-}fired}$ 表示用燃煤供电的平均煤耗率（克/千瓦时）；σ 表示输电的线损率（%）。单位用电煤耗的平均值 λ 计算为

$$\lambda = \eta^{\text{coal-fired}} \lambda^{\text{coal-fired}} (1+\sigma) \tag{5-7}$$

电动船燃煤消耗量 $Q_{\text{coal-SEB}}$ 即为

$$Q_{\text{coal-SEB}} = G_{\text{SEB}} q_{\text{SEB}} \lambda \tag{5-8}$$

式中：$Q_{\text{coal-SEB}}$ 为电动船总耗煤量；G_{SEB} 为区域电动船数量；q_{SEB} 为电动船每小时的耗电量。

3. 电油替代经济与环境效益计算分析

选取 93 号油价格为 6.53 元/L，1 升 93 号汽油约为 0.725 千克，1 吨汽油约 1380 升，进行"以电代油"环境与经济效益分析。

（1）经济效益分析。选取雅马哈二冲程燃油发动机为例进行分析，各项参数见表 5-8。

表 5-8　　　　　　　　雅马哈二冲程燃油发动机各项参数

序号	冲程/马力	排气量（立方厘米）	最大油耗（升/小时）	油箱体积（升）
1	2/4	83	2.2	内置 2.8
2	2/15	246	7.3	24
3	2/40	703	20	24
4	2/48	760	21	24
5	2/60	849	25.5	24
6	2/85	1140	35	24

注　1 马力（ps）=0.7354987 千瓦（kW）。

以电动船充电的电价为 0.6 元/千瓦时，通过计算，在满负荷运行下，每小时电动船和油动力船只的经济运行成本计算结果见表 5-9。

表 5-9　　　　　　　　电动船和油动力船只的经济运行效益对比

车辆类型	运行成本（元/小时）
油动力船	197395.37
电动船	29405.53

由上述计算可知，船只满负荷运行，油动力船只每小时的耗油量即为最大油耗，每小时需要消耗 30229 升汽油，需要 197395.37 元的燃油费；电动船在满负荷运行下的耗电量为 49009 千瓦时，需要 29405.33 元的电费。在同等条件下，满负荷运行，相较于油动力船，电动船可节约 90%的能源消耗。

（2）环境效益分析。计算以电代油条件下，油动力船只更换为电动船的环境效益，利用环境效益分析模型，得到计算结果见表 5-10。

表 5-10 动力船与电动船环境运行效益对比

车辆类型	SO_2（千克）	NO_x（千克）	CO_2（千克）
油动力船	7670.61	10432.03	81965.93
电动船	1470.28	735.14	60782.47

由表 5-10 可知，在所有船只满负荷运行时，油动力船只耗油产生的二氧化硫排放量为 7670.61 千克，二氧化碳 81965.93 千克，氮氧化物 10432.03 千克，电动船的能耗明显小于油动力船只。在未来的能源供给规划情况下，未来的电力要求全部来源于清洁能源，电动船所带来的经济和环境效益明显高于油动力船只。

4. "以电代油"潜力分析

每一种新的电能替代项目都会带来新的电力消费终端用户，油动力船只替换为电动船只，为电力消费终端开发了新用户。根据国家电网公司营销部估算，"十三五"期间，全国港口岸电电能替代潜力总计约为 190 亿千瓦时/年，其中沿海港口岸电电能替代潜力约为 160 亿千瓦时/年；沿江、沿内河港口岸电电能替代潜力约为 30 亿千瓦时/年。

对船舶岸电发展而言，利好因素主要来自政策方面。根据交通运输部印发的《船舶与港口污染防治专项行动实施方案（2015—2020 年）》。在 2020 年，珠三角、长三角、环渤海（京津冀）水域船舶硫氧化物、氮氧化物、颗粒物与 2015 年相比分别下降 65%、20%、30%；主要港口 90% 的港作船舶、公务船舶靠泊使用岸电，50% 的集装箱、客滚和邮轮专业化码头具备向船舶供应岸电的能力。

可见实施电能替代具有良好的环境与经济效益，并且随着电力供给侧电源结构不断优化，其环境效益将更加显著，对于"打赢蓝天保卫战"，降低终端能源消费中污染物排放，增强环境保护力度，稳定社会经济发展，提高人民生活质量具有重要意义。

第6章

分布式能源服务

6.1　分布式能源服务内涵

分布式能源是一种建在用户端的能源供应方式，可独立运行，也可并网运行，是以资源、环境效益最大化确定方式和容量的系统，将用户多种能源需求，以及资源配置状况进行系统整合优化，采用需求应对式设计和模块化配置的新型能源系统，是相对于集中供能的分散式供能方式。

国际分布式能源联盟 WADE 对分布式能源定义为：安装在用户端的高效冷/热电联供系统，系统能够在消费地点（或附近）发电，高效利用发电产生的废能——生产热和电；现场端可再生能源系统包括利用现场废气、废热以及多余压差来发电的能源循环利用系统。国内由于分布式能源正处于发展过程，对分布式能源认识存在不同的表述。具有代表性的主要有如下两种：第一种是指将冷/热电系统以小规模、小容量、模块化、分散式的方式直接安装在用户端，可独立地输出冷、热、电能的系统。能源包括太阳能利用、风能利用、燃料电池和燃气冷、热、电三联供等多种形式。第二种是指安装在用户端的能源系统，一次能源以气体燃料为主，可再生能源为辅。二次能源以分布在用户端的冷、热、电联产为主，其他能源供应系统为辅，将电力、热力、制冷与蓄能技术结合，以直接满足用户多种需求，实现能源梯级利用，并通过公用能源供应系统提供支持和补充，实现资源利用最大化。

"分布式能源"（distributed energy resources）是指分布在用户端的能源综合利用系统。一次能源以气体燃料为主，可再生能源为辅，利用一切可以利用的资源；二次能源以分布在用户端的热电冷（值）联产为主，其他中央能源供应系统为辅，实现以直接满足用户多种需求的能源梯级利用，并通过中央能源供应系统提供支持和补充；在环境保护上，将部分污染分散化、资源化，争取实现适度排放的目标；在能源的输送和利用上分片布置，减少长距离输送能源的损失，有效地提高了能源利用的安全性和灵活性。

分布式能源是一种涉及多学科和多领域的综合系统，因此衍生出了很多内涵，如分布式能源、分布式发电、嵌入式发电和冷热电三联产系统等常用概念，还有虚拟电厂、智能电网和微电网等专业称呼。但无论如何称呼，这些定义都普遍包含位置（是近用户还是近电网）、装机规模、技术使用和能源类型等基本要素。从分布式能源与可再生能源的关系上，它们既有联系也有区别。可再生能源是指包括风能、太阳能、水能、生物质能、地热能、海洋能等能源类型。而分布式能源并非一种能源类型，而是利用一类型能源转化为另一类型能源，兼具能源储存、能源运输的一种综合的能源开发利用系统。对象既包括再生能源也包括非再生能源，目前主要针对的是太阳能、风能、天然气、生物质能、地热能，分布式能源系统主要是将能源对象转换为电能或（和）热能。

所谓分布式能源服务，是指通过对分布式能源的有效应用，为终端客户提供多样化的能源生产以及能源消费的服务。对于分布式能源的使用，最终的目的是最大化满足客户端的需求，切实提升能源服务的效率和效益。随着能源互联网与储能技术的发展，用户由传统的能源消费者变为"产消者"，可以实现能源效率最优化。由于产消者在一定程度上具有生产和销售的性质，可视为"微型"能源企业，其本身具有共享型和平台型特点。由产消者构成的能源互联网一方面可以有效解决能源分布和市场供求失衡问题；另一方面，有效解决产需分离问题，实现产消一体。在能源互联网背景下，产消者的交易主要有自组织交易和区域平台交易两种方式。在自组织交易方式中，供给产消者和需求产消者可以自主选择交易对象进行双边交易。依据交易者双方是否在同一母线下，可分为本区域自组织交易方式和跨区域自组织交易方式。在跨区域自组织交易中，为避免传输线路阻塞，交易双方需要将交易的电能量提供给各自的能源服务商进行交易，以确保系统安全稳定运行。在系统自组织交易之后，如果产消者仍然供需不平衡，可将剩余或缺额电能上报给相应的能源服务商，由能源服务商代替产消者通过区域交易中心进行集中式交易，最终成交量由能源服务商下发给产消者。

6.2 分布式能源服务商业模式

6.2.1 参与主体

电力市场的改革，使得社会资本能够参与电力环节的竞争，为行业建设注入新的活力，增加行业的竞争力，激发各个主体的活力。分布式能源项目的相关参与主体主要有用户和能源投资商。用户主要包括居民和工商业大用户。能源投资商包含多种形式的主体，有发电商、电网企业、能源服务公司、政府等。每个主体在项目系统中站的角度不同，定位不同，因此，发挥的作用与产生的影响也不尽相同。对于政府机构而言，在系统中主要扮演的角色职责是制定相关的政策，对项目进行建设资格审查和监督；对项目承包商来说，要保证项目建设的顺利按期完成；能源服务公司及运维公司的职责是保证项目的安全平稳运行；用户作为消费者，保障了分布式能源项目的收益。

（1）政府机构。政府机构主要从两个方面影响分布式能源项目：一方面从项目的立项审批、投资建设到运行过程中都需要政府进行审核监督，保证项目建设的合法性，开拓渠道，出台相关的政策激励金融机构开发设计相关的投资产品，营造良好的融资环境，解决项目融资难的问题；另一方面，政府陆续出台相关政策法规完善市场机制，保障分布式能源项目建设的稳定环境，以此来鼓励分布式能源项目的投资建设。

（2）项目投资者。电力市场放开后，社会投资机构、能源服务公司、项目承包商、设备供应商等都可以参与项目的建设，成为投资主体，结合自身的优势选择不同的投资模式，发挥各自特点保障在投资运营过程中的利益，从而实现项目整体的利益最大化。

（3）设备供应商。设备的供应商有机会成为项目的投资主体，参与项目的建设，参与的形式主要分为两种，一种是为项目有偿提供设备及保证设备后期的维护，不以直接的投资者身份参与项目；另一种是无偿或以低于市场价格提供设备，并免费提供设备的后期维护，以这种形式参与项目股本构成，成为项目投资建设主体之一。

（4）电网企业。分布式能源一般建设在负荷中心，产生的电能就地消耗为主，余量考虑上网，因此关于余量的消纳问题就需要与区域电网公司商定并网协议。由于分布式能源的发展使得当地电网企业的售电量减少，因此利润减少，另一方面也减少了电网的输配电投资建设成本，还能够起到调峰的作用。电力市场化是不可改变的发展趋势，综合考虑电网企业作为特殊的国有企业，应承担相应的社会责任，同时在促进新能源发展、保护环境等方面承担更大的社会责任，也考虑到企业本身的发展，应参与到项目投资建设中，主动地适应环境的变化，发挥自身的优势。

（5）用户。分布式能源项目建设能够实现用户不同的用能需求，同时能够分享分布式能源项目建设带来的利益，以更低的价格购买能量，且用户本身也可以成为项目的投资者，通常与其他企业合作。

6.2.2　投资模式

现阶段社会节能减排的发展环境下，国家大力支持分布式能源的发展，经过发展初期，我国分布式能源的投资市场逐渐走向成熟，同时也有越来越多的主体参与到市场中。本节主要从项目投资建设和运营两个阶段来对投资模式进行分析。对开放的投资市场，投资主体在各阶段均可考虑投资。

分布式能源服务主要有三种投资模式：独立型投资、租赁型投资、合作型投资。不同的投资模式中投资主体承担的责任不同，面临的风险不同，获得收益的可能性有所差异，这些因素都将影响相关主体的投资建设。

6.2.2.1　投资模式分析

（1）独立投资模式。该模式主要指投资主体独立对项目建设运行进行投资。对于分布式能源项目，从项目设计开始到结束都只有一个投资主体，因此项目的所有权与经营权权属清晰，都属于该项目的投资商，便于对项目进行统一的管理。独立投资模式使得对分布式能源项目建设的投资成本、利润等财务指标能够清晰地进行核算，在项目建成后，投资商可根据自身的实际选择自己经营维护或是转让其他企业经营。但局限于某一单一的投资主体，分布式能源项目的建设涉及技术、资金、运营等综合性的问题，这就对投资主体的资质和能力提出较高的要求。因此，现阶段，对具有较强的投资能力和资质的项目承包商或是能源公司可根据自身的实际采取。

独立投资模式，是一种较单一简洁地进入市场的方式。

（2）租赁投资模式。租赁投资模式是投资商通过租赁的形式在一定的期限内取得已建设运营的分布式能源项目的经营权，管理负责项目的运营，但不具有项目的所有权。在该模式下，投资商越过分布式能源项目前期建设的各个阶段，主要包括项目建设的可行性研究、项目报批、建筑施工等环节，直接获得项目的运营权。投资商可根据项目的选址、建设规模、类型、区域用户类型等情况进行项目的比选，从而进入分布式能源领域，不需要集中的建设专业知识直接参与市场的运营。采用该模式的项目，在投资商选择项目后，需要与项目的建设方也就是业主方进行谈判，商定合适的项目中租赁费用。对于项目业主，企业扮演的是租赁方的角色，项目的所有权和经营权相分离，投资商获得项目的经营权对项目建设需要保密的技术资料没有知情权也不能参与项目的建设资源的处置。

（3）合作投资模式。合作投资模式，充分考虑分析了各个参与主体的能力和资质，在投资主体间可以采取两两结合或是多方结合的形式，参与主体发挥各自的优势，相互配合共同完成项目的投资建设。需要指出的是虽然这种投资模式使得参与主体风险共担，减轻了各主体的资金压力，增强分布式能源电源建设的可操作性，但各个参与主体的效益相对独立型投资主体来说较差，投资主体较多也使在投建过程中因协调问题影响项目的建设。对项目投资建设阶段相关主体的实际情况进行分析，当参与主体在资金受限，但在其他某一方面，比如技术、设备、土地等有优势，或是有资金优势在建筑能力和资质上稍差时，可以考虑合作型投资模式，投资主体之间相互借鉴，互相补充。

6.2.2.2 投建阶段相关主体的责任承担

（1）政府部门在投建阶段的权责分析。首先对于当地项目的投资建设的资金来源、募集主体进行监督，保障项目的顺利进行，并结合当地的实际，结合相关的法律法规激励金融机构设计多种投资融资产品，增加融资的渠道，为项目融资创造有利的、安全的环境；其次，针对分布式能源项目的建设，要求严格地遵守行业的相关标准《分布式环保》《安全》等，及时地更新行业标准，提高项目的质量。

（2）分布式电源投资商。项目投资建设期间的设备购置费、建设费用及安装工程费用等由投资商承担，通过与用户签订节能服务合同，从用户的节能费用中回收成本。可选择与设备供应商或是能源服务类企业合作，通过分享用户的节能收益回收投资。

（3）用户。用户一次性出资，由其他招标主体承担项目的建设和实施或是其他主体投资，用户将未来节能收益部分返还给投资主体回收成本。

6.2.3 运营模式

6.2.3.1 运营模式分析

由于分布式能源系统自身涉及能源流转过程的多个阶段，具有多行业融合的特征，其建设运营模式也有所不同，可以分为独立运营、合作运营及委托运营等三种不同的模式。

独立运营模式指由分布式能源服务商负责分布式能源系统的投资、建设和运营，按照用户需求提供能源，向用户收取费用。在独立运营模式下，用户不需要进行分布式能源的固定资产投资，由专业的能源服务商进行专业的管理，提高了设备运营效率，因此非常适合非专业、规模较小或较为分散的能源用户。该模式下分布式能源服务商相当于传统的电力企业，为用户提供能源服务，其成本包含了分布式能源系统投建及运营的全部成本，而用户仅作为能源购买方，向分布式能源服务商支付一定费用购买能源。

合作运营模式是指由两家或多家公司甚至包含用户的多方合作进行分布式能源系统的建设和运营，由多主体合作投资建设，合作运营或交给其中一方进行整体运营。在合作运营模式下，可以有效降低投资压力，避免资金压力造成的项目"难产"。此外，由于分布式能源系统本身就具有多行业融合的特征，采取合作运营模式还可以集成不同行业公司的实力，使建设团队更加专业化，对于分布式能源系统项目建设及运营过程中的困难可分工合作，有效解决。该模式下由于多方利益相关者协作，系统整体的成本及收益由各方共同承担，成本的分摊较为复杂，因此在合作之初有必要明确各方收益划分机制。

委托运营模式是指由用户负责分布式能源系统项目的投资建设，并委托能源服务商运营管理，项目运营成本由业主承担，能源服务商赚取运营管理费。该模式类似于目前企业中所有权与经营权两权分离的状态，投资风险全部由用户承担，能源服务商只是依据其服务获取固定的收益。由于能源行业有较为严苛的资质要求，用户往往无法满足资质要求但可能希望通过分布式能源系统降低自身用能成本，该模式可避免用户无资质等问题导致的无法投建，但是需要用户有较为雄厚的资金实力做支撑。该模式下分布式能源系统的成本由用户自行承担，成本主要包括分布式能源系统投资建设及运行的整个生命周期内的成本。

6.2.3.2 运营阶段相关主体的责任承担

（1）政府部门。按照相关的行业标准监督运营过程中的计价等工作，确保分布式供能系统的维护符合国家相关标准；对业主和运营企业之间的节能效益的分配存在的争议进行调解，保障项目的安全、稳定长久地运行。

（2）能源服务类企业。拥有较成熟的项目运营经验，有一定数量的维护人员和相关具有较高的运营效率，保障项目的经营优势。提供专业的能源管理服务，进行精准的节能计量，并提供顾问咨询服务，解决运营过程中存在的疑问；对于质保期内的维护工作，由能源服务类企业联系设备供应商进行维护，超过质保期的，也可由设备供应商来进行维护，能源服务类企业承担维护费用。

（3）专业运维公司。运维企业的职责就是确保功能基础设施的安全、稳定地运行，为系统的运营提供强有力的支撑。有设备供应商负责保质期内的维护工作有利于发挥设备供应商的先天优势，能够使设备长期保持较高水平的运营，减少设备维护设备人力资源的投入，但对于超过质保期的设备维护需要运维公司支付相应的费用。

（4）用户。分布式能源供能系统维护过程中用户选派代表参与监督，并负责维护验收工作；用户按照操作规程进行使用，对于在使用过程中出现的问题找相关服务主体进行咨询。

6.2.4 制度政策

1. 分布式能源服务法律制度

20 世纪 70 年代，我国在《关于保护和改善环境的若干规定》中明确规定了科学规划实现资源优化利用和环境保护目的的方针，加大环境保护力度，合理利用资源，这为我国分布式能源发展树立了思想基础。1989 年《中华人民共和国环境保护法》强调所有工业企业要注重技术改造，尽可能使用清洁设备，提升资源利用率。1998 年颁布的第一部《中华人民共和国节约能源法》，规定各级人民政府应当以因地制宜、多能互补、综合利用、讲求效益为方针，开发和利用太阳能、风能、地热等可再生能源和新能源，并且强调加强农村能源建设工作。可以看出，20 世纪 90 年代我国逐渐认识到保护环境、提高能源利用效率、大力发展清洁能源的必要性和重要性，这为我国分布式能源发展奠定了前期理论基础。

21 世纪，我国加快了分布式能源发展的步伐，先后修订和颁布了与分布式能源相关的法律法规，主要包括《大气污染防治法》《循环经济促进法》《清洁生产促进法》《可再生能源法》等。尽管这些法律法规未直接提及发展分布式能源，但都强调了工业企业要实施清洁生产，采用可行性的技术措施，提高能源利用率，特别是《可再生能源法》强调国家鼓励和支持可再生能源并网发电，这些规定都间接地推动了分布式能源的发展。而直接规制分布式能源发展的法律制度都是以比法律、行政法规效力更低的部门规章的形式颁布的，如包括《国家发展改革委员会关于发挥价格杠杆作用促进光伏产业健康发展的通知》《关于发展天然气分布式能源的指导意见》《关于风力发电增值税政策的通知》《关于促进地热能开发利用的指导意见》《国家发展和改革委员会关于完善农林生物质发电价格政策的通知》等，这些规定推动了不同类型的分布式能源的发展，并且对完善我国分布式能源法律制度具有举足轻重的作用。

2. 我国分布式能源服务鼓励政策

考虑到各地区社会与经济发展水平差异，可由国家有关部门共同制定鼓励政策制定的总体原则和指导意见，由各省制定针对分布式能源的具体鼓励政策。鼓励政策可以包括以下三方面：

一是对分布式能源的投资进行优惠。优惠政策包括：①按照分布式能源设备的铭牌容量给予财政补贴；②在当前国产设备技术条件尚不成熟的情况下，对于确需进口设备的工程，免除设备进口税，随着国内分布式技术的发展，逐年减少设备进口税的优惠力度；③银行等金融机构对分布式能源项目优先贷款并给予利息优惠；④在分布式能源接入系统的投资方面给予财政补贴。

二是对分布式能源运行进行补贴。补贴方式有：①对分布式能源系统使用的燃料价格予以优惠；②对于分布式能源企业提供税收减免等优惠政策。

三是对分布式能源国产设备的研发和推广进行引导和鼓励。相关的措施包括：①建立和健全科技创新激励和保障机制、加大对分布式能源技术研究与开发的投入、促进技术转让、完善产业创新体系等；②设立分布式能源技术研究的专项资金，扶持和鼓励国内企业引进、消化、吸收国外先进技术，并在此基础上自主创新。

6.3 分布式光储配置优化

6.3.1 分布式光伏发电

社会经济不断发展造成了电能需求的激增，而电力资源分布不规律以及长距离输电线路对于电力系统的影响等对整个社会经济发展的电力供给都有所影响。传统的集中式发电和长距离输电方式逐渐不能满足社会经济的发展。一方面，传统的集中式发电和长距离输电方式很难结合电力负荷变化情况进行灵活供应，用电负荷调整的不灵活性会增加发电设施和输电设施的建设成本，同时也不能有效利用相应的电力资源。同传统集中式光伏发电系统相比较而言，分布式光伏发电系统主要结合了用户的负载，在用户实际负载的基础上进行系统建设，通过就近发电方式保障电能的供给。相对而言，分布式光伏发电系统具有更好的灵活性，可以结合用户实际的需要和系统建设要求进行设计和安装。

分布式光伏电源的优势主要体现在如下的方面：

（1）经济性。传统配电网中存在不可避免的线路损耗，而经过合理优化配置的分布式光伏并网后，可以降低电能在线路中传输的损耗，更加高效地利用能。就容量而言，分布式光伏发电单次规划布置的容量不超过数千千瓦，且其无须建设配电站，不必为其接入而专门进行电网升级改造，节省了大量布置投资。

（2）环保性。分布式光伏发电在运行中，不产生噪声，不产生温室气体，是环境友好型能源。无论对于生态还是对附近的居民都不存在负面影响。

（3）灵活性。集中式发电是通过升压变压器接入输电网，再经降压变压器进入配网，只作为送电端运行；当分布式光伏存在时，分布式光伏可直接接入配电网，可实现就地消纳。且其组件结构简单，便于运输、维护。

（4）不发达地区供电。我国不发达地区大部分处在偏远山区，地理条件复杂，位置距离主网架相隔甚远，负荷量小且分散。若为其专门进行电网投资，一方面受到地形干扰，工期过长，建设效果不容乐观；另一方面，大量分散的小负荷接入使得投资的经济效益较为低下。因此可采用自发自用的分布式光伏弥补此问题，使得不发达地区的人民也能得到电能供给。

（5）削峰填谷。光伏系统往往配置储能模块，在线路负载率低时，将光伏所发电能储存在蓄电池里，而在线路负载率高时，将所储电能放出，起到减轻线路负担的作用。

2015—2021年我国光伏发电装机容量及增速情况如图6-1所示。据国家能源局统计数据显示，截至2021年年底，我国光伏发电装机容量达3.06亿千瓦，其中分布式光伏装机容量达1.075亿千瓦，突破1亿千瓦，占比约为我国光伏整体装机容量的35.13%。

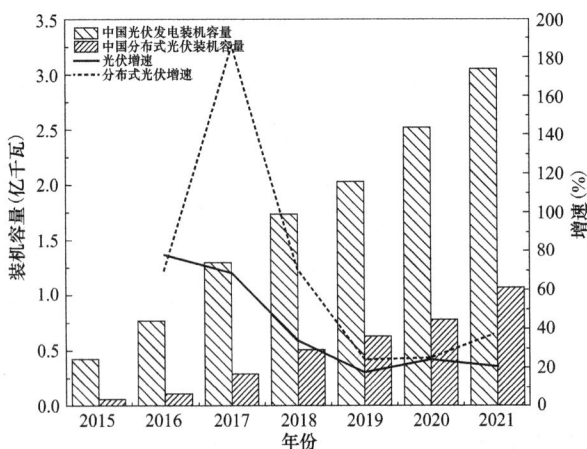

图6-1　2015—2021年我国光伏装机容量及增速统计图

总体来看，与集中式光伏电站相比，分布式光伏发电系统凭借其独立、灵活、低耗、可移动等优势，在行业内逐渐得到了大力发展，近年来其装机容量不断增加。我国对分布式光伏产业逐步重视起来，并出台了系列关于分布式光伏发展的相关政策，见表6-1。

表6-1 分布式光伏近年来发展政策

时间	部门	政策	内容
2014 年 9 月	国家能源局	《关于进一步落实分布式光伏发展有关政策的通知》	充分利用具备条件的建筑屋顶（含附属空闲场地）资源，鼓励屋顶面积大、用电负荷大、电网供电价格高的开发区和大型工商业企业率先开展光伏发电应用；对屋顶面积达到一定规模且适宜光伏发电应用的新建和改扩建建筑物，应要求同步安装光伏发电设施或预留安装条件
2018 年 4 月	西安市人民政府	《关于促进光伏产业持续健康发展的实施意见》	对 2018 年 1 月 1 日至 2020 年 12 月 31 日期间并网的分布式光伏发电项目，自项目并网次月起，给予投资人 0.25 元/千瓦时补贴，补贴执行期限 5 年
2020 年 3 月	发改委	《关于 2020 年光伏发电上网电价政策有关事项的通知》	采用"自发自用，余量上网"模式的工商业分布式光伏发电项目，全发电量补贴标准调整为每千瓦 0.05 元；纳入 2020 年财政补贴规模的户用分布式光伏全发电量补贴标准调整为每千瓦时 0.08 元
2021 年 4 月	广东省人民政府	《广东省国民经济和社会发展第十四个五年规划和 2035 年远景目标纲要》	拓展分布式光伏发电应用，大力推广太阳能建筑一体化，支持集中式光伏与农业、渔业的综合利用
2021 年 5 月	国家能源局	《关于 2021 年风电、光伏发电开发建设有关事项的通知》	为促进户用光伏发电发展，今年户用光伏发电仍有补贴，财政补贴预算额度 5 亿元，具体补贴强度按价格部门相关政策执行
2021 年 6 月	发改委	《关于落实好 2021 年新能源上网电价政策有关事项的函》	对 2021 年纳入当年中央财政补贴规模的新建户用分布式光伏项目，其全发电量补贴标准按每户千瓦时 0.03 元执行
2021 年 6 月	国家能源局	《国家能源综合司关于报送整县（市、区）屋顶分布式光伏开发试点方案的通知》	党政机关建筑屋顶面积可安装光伏发电比例不低于 50%；学校、医院、村委会等公共建筑屋顶总面积可安装光伏发电比例不低于 40%；工商业厂房屋顶总面积可安装光伏发电比例不低于 30%，农村居民屋顶总面积可安装光伏发电比例不低于 20%
2021 年 9 月	国家能源局	《公布整县（市、区）屋顶分布式光伏开发试点名单的通知》	我国 31 省共 676 个县进入整县推进试点名单
2021 年 10 月	国务院	《2030 年前碳达峰行动方案》	提出力争 2025 年新建厂房、公共机构屋顶光伏覆盖率达 50%

分布式光伏电源具有众多优势，其在未来也会继续作为新能源发电的主要形式，但是在进行配电网规划时，规划思路、规划结果均会受到大量接入的分布式光伏电源一定程度的影响。如何并网会为经济性带来最大的增益、如何并网会更好地使线路的电压稳定裕度提升都是在规划中需要考虑的问题。而随着近年来分布式光伏电源越来越普及，其在配网中的渗透率也不断提升，并网后所带来的对节点电压水平的影响以及是否超过线路承受的电流极限都是在规划中不得不考虑的问题。

6.3.2　储能系统

储能技术作为新型电网运营模式的一个重要环节，构成"发—输—配—用—储"的电网运营模式，是支撑分布式发电、可再生能源并网和智能电网发展的关键技术。储能技术建立了多种能源之间的耦合关系，是智能电网构建中的重要组成部分，起到能量中转、匹配和优化的重要作用。分布式发电技术在现代电力系统中占有越来越重要的作用，但分布式发电渗透率逐渐增加的同时，由于太阳光、风等自然条件的不确定性导致了分布式发电具有随机性、间歇性和波动性，若分布式发电系统发的电直接参与并网，将会对电网的安全稳定运行造成严重影响。储能系统近年来广泛应用于分布式发电大规模并网中，将分布式电源和储能系统相结合，并对分布式发电与配电网协调控制可有效减轻大容量分布式发电对配电网的冲击。

根据储能系统配置的功率等级、接入方式和不同的应用场景，储能系统的布局可分为集中式储能和分布式储能两种。

集中式储能主要应用于大规模可再生能源发电、电网侧辅助服务（如调峰、调频等）等场景。集中式储能系统功率可调节范围大，从兆瓦级至百兆瓦级；能量密度大，一般集中式储能系统由抽水蓄能、电化学储能构成；集中式储能还具有充放电时间尺度较长的特点，可满足供电时间需求较长的应用场景的需求。集中式储能由于可提供功率较大、充放电可持续时间较长，常用于 35 千伏及以上高压母线，可根据不同的需求合理配置储能容量。

分布式储能系统容量、功率较集中式储能系统稍小，主要应用于中低压配电网、微网、分布式发电以及用户侧。分布式储能系统可促进新能源发电消纳，同时可以辅助配电网侧完成削峰填谷、电压支撑以及用户侧需求响应等，有效提高供电质量和供电可靠性。分布式储能系统具有安装地点灵活，可根据需求就近安装，并根据实际需求配置储能容量发挥能量双向传输作用。分布式储能系统可接入电压等级为 10 千伏及以下中低压配电网侧或用户侧，也可接入电压等级更低的 380 伏的低压电网中配合分布式新能源发电系统参与并网，起到降低新能源发电波动率、新能源消纳等作用。

随着科学技术的发展，基于新能源分布式发电技术、储能技术、远距离输电技术、网络信息技术以及智能控制技术的快速发展，我国电力系统从传统电网逐步走向智能化的"能源互联网"新时代。新能源分布式发电技术的出现将传统的集中式电源转化为集中式电源和分布式电源相结合的发电方式。新能源发电方式可根据需求择址安装，且各分布式电站之间互不影响，可以根据调度侧下发的指令灵活响应。然而，由于新能源发电的波动性、随机性和间歇性，对电力系统的安全稳定运行造成了很大影响。作为分布式发电发展的一项关键技术，储能技术的出现可以很大程度上解决上述问题，实现分布式发电输出功率波动平抑，能有效调节分布式发电参与并网过程中引起的电压、频率及相位的变化，有利于增强分布式发电并网的友好性。除此，储能系统具有形式多样、选址灵活、配置灵活和应用广泛等优点，可以在分布式发电中起到稳定系统输出、提高调度灵活性、提高电能质量和供电可靠性等优点，分布式发电站可根据不同的需求，灵活配置分布式储能系统。

随着市场对储能的需求不断增长，储能累计装机规模呈逐年递增趋势。2016—2020 年中国储能电站装机规模发展情况如图 6-2 所示。

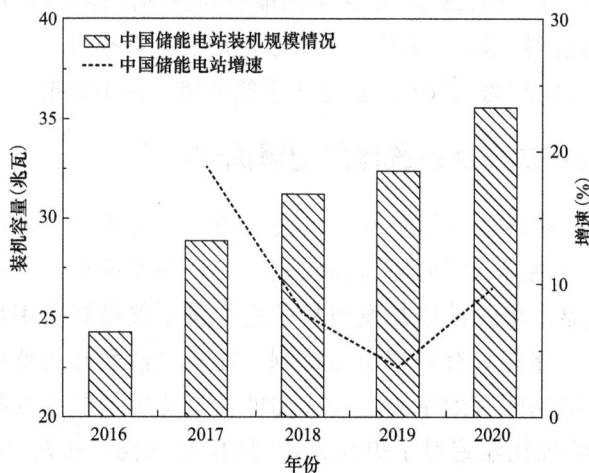

图 6-2　中国储能电站 2016—2020 年装机规模情况

截至 2020 年年底，我国储能电站累计装机规模达到 35.6 吉瓦，较上年增长 9.8%。其中，抽水蓄能累计装机规模最大，占比为 89.3%，电化学储能次之，占比为 9.2%。

储能领域中电池技术近年来发展迅速，电池储能具有的能量转换效率高、建设周期短、灵活方便等优势更加突显，其装机规模逐年上升。2014—2020年中国电化学储能项目累计装机规模及增速情况如图6-3所示。

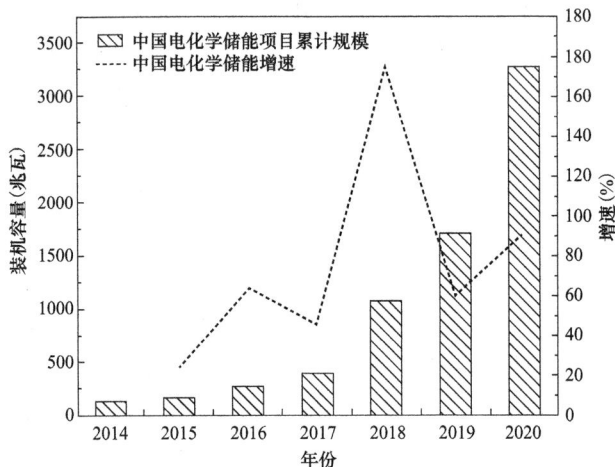

图6-3　中国电化学储能项目2014—2020年累计装机规模情况

2020年电化学储能装机容量达到3269.2兆瓦，占储能电站总装机规模的9.18%，同比增长91.23%，电化学储能成为我国储能市场增长的新动力。在各类电化学储能技术中，其中，锂离子电池装机规模最大，2020年装机达8453.9兆瓦，占比约为75.6%，在电化学储能市场占主导地位。

6.3.3　分布式光伏系统储能配置优化模型

光伏发电的随机性和间歇性导致输出功率波动较大，为电网的安全稳定运行带来严重挑战。同时随着需求侧负荷峰谷差增加，负荷尖峰时刻供电问题更加凸显，单纯的增加发电机备用容量不仅投资费用昂贵而且设备资源利用率低。储能具有功率快速控制、能量灵活吞吐的特性，是当前解决光伏并网和消纳的有效手段之一。储能投资费用是制约其推广应用的关键，研究储能的优化配置对于提高光伏消纳、电网稳定和系统经济效益都具有重要意义。

6.3.3.1　光伏系统出力建模

太阳能是理想的清洁能源之一，具有很多的优点：清洁、环保、无能源短缺。光伏发电主要受到光照强度的影响，光伏系统的出力模型可简化表示为：

$$P_t^{PV} = \begin{cases} P_{PV}^{rated} \dfrac{\alpha_t}{\alpha^{rated}}, & 0 \leqslant \alpha_t < \alpha^{rated} \\ P_{PV}^{rated}, & \alpha_t \geqslant \alpha^{rated} \end{cases} \tag{6-1}$$

式中：P_t^{PV} 为光伏系统在每日 t 时刻的出力功率；P_{PV}^{rated} 为光伏的额定功率；α_t 表示 t 时刻的实际光照强度；α^{rated} 为光伏系统的光照强度。

6.3.3.2 储能电池充放电模型

（1）储能电池放电深度。储能系统的放电深度是指从储能系统中的电池放出的电量占该电池额定容量的比值。放电深度与储能电池的寿命息息相关，若放电深度达到95%以上，则对储能电池的寿命影响是非常显著的。因此，对储能电池的放电深度加以控制有助于延长其使用寿命。关于储能电池放电深度的约束如下：

$$\gamma_{min} R_{rated}^{ES} \leqslant R_t^{ES} \leqslant \gamma_{max} R_{rated}^{ES} \tag{6-2}$$

式中：R_{rated}^{ES} 为储能系统的额定容量；γ_{min} 为储能系统的荷电状态的下限比例；γ_{max} 为储能系统的荷电状态的上限比例。

（2）储能电池工作原理。光伏发电由于其出力不稳定以及可控性差的缺点，并且主要在白天出力，夜间不发电。对于分散式户用光伏系统来说，可以通过配置储能将光伏所发多余电能储存起来，夜间释放电能为用户供电，提高光伏自用比例的同时，还可以缓解电网峰谷差，提高电网稳定性。对于储能电池，其工作原理如式 6-3 所示。

$$R_t^{ES} = \begin{cases} R_{t-1}^{ES} + \min(P_t^{ES,char} \times \mu_{char}, P_t^{PV} - P_t^{load}) \times \Delta t, & P_t^{PV} > P_t^{load} \text{ and } R_t^{ES} < \gamma_{max} R_{rated}^{ES} \\ R_{t-1}^{ES} - \min\left(\dfrac{P_t^{ES,dischar}}{\mu_{dischar}}, P_t^{load} - P_t^{PV}\right) \times \Delta t, & P_t^{PV} < P_t^{load} \text{ and } R_t^{ES} > \gamma_{min} R_{rated}^{ES} \end{cases} \tag{6-3}$$

式中：R_t^{ES} 为储能系统在 t 时刻储存的能量，R_{t-1}^{ES} 为储能系统在 $t-1$ 时刻储存的能量，$P_t^{ES,char}$ 为储能系统在 t 时刻充电功率，$P_t^{ES,dischar}$ 为储能系统在 t 时刻放电功率，μ_{char} 为储能系统充电效率，$\mu_{dischar}$ 为储能系统放电效率，Δt 为时间间隔，R_{rated}^{ES} 为储能系统的额定容量，γ_{min} 为储能系统的荷电状态的下限比例，γ_{max} 为储能系统的荷电状态的上限比例。

（3）储能电池充放电循环约束。储能电池的寿命是按照其充放电循环次数计算，合理控制每日的充放电循环次数能够有效延长储能电池的使用寿命，从而使得储能电池的成本摊销到每日的成本最小。

式（6-3）表示当光伏大于负荷且储能系统未达到最大荷电状态时，则优先给储能系统进行充电。由光伏出力曲线的先增加直至最大值然后再减小至零，可知储能系统在未达到最大荷电状态时，一直处于充电状态直至达到最大负荷状态，其间不会出现放电状态。当光伏工作功率达到最大值后并开始下降时，在此阶段，若出现光伏工作功率小于家庭负荷功率，则此时储能系统为负荷进行补给，若仍不能达到所需负荷功率，其剩余差值由电网进行补给。

6.3.3.3 光伏系统储能容量配置优化模型分析

1. 光伏系统储能容量配置目标函数

在光伏系统中，储能容量的增加，能够提高光伏发电自用比例，增加用户节约电网购电收入，但同时储能自身的投资成本也在不断地增加，如何确定最佳的储能容量配置使得经济性最优是研究重点。目标函数是在满足用户的用电需求的同时，确保户用光伏系统每年净收益最大，净收益的各项组成为

$$\max W_{\text{profit}}^{\text{total}} \tag{6-4}$$

$$W_{\text{profit}}^{\text{total}} = \frac{1}{K}\left[\sum_{k=1}^{K}(E_{\text{grid},k} + E_{\text{save},k} + E_{\text{subsidy},k}) \times \frac{1}{(1+i)^k} - C_{\text{PV}} - C_{\text{ES}}\right] \tag{6-5}$$

式中：$W_{\text{profit}}^{\text{total}}$ 为用户每年的收益；$E_{\text{grid},k}$ 为用户每年的光伏上网售电收益；$E_{\text{save},k}$ 为用户每年节约购电所带来的潜在收入；$E_{\text{subsidy},k}$ 为用户每年的补贴收入；C_{PV} 为用户购买、安装、维修光伏设备时的成本；C_{ES} 为储能设备等费用摊销到每日的成本。

2. 光伏系统储能容量配置约束条件

在光伏配置储能运行模式下，用户的光伏发电、负荷、储能需满足以下约束条件。

（1）实时功率约束。在各时刻用户的家庭用电器的负荷功率与光伏发电功率、储能设备功率、电网与用户的交互功率，须满足下式。

$$P_t^{\text{load}} + P_t^{\text{ES,char}} + P_t^{\text{sell}} = P_t^{\text{PV}} + P_t^{\text{ES,dischar}} + P_t^{\text{buy}} \tag{6-6}$$

式中：P_t^{load} 为用户在每日 t 时刻的家庭电器负荷；$P_t^{\text{ES,char}}$ 为用户在每日 t 时刻的储能电池的实际充电功率；P_t^{sell} 为用户在每日 t 时刻的上网功率；P_t^{PV} 为用户光伏系统在每日 t 时刻的出力功率；$P_t^{\text{ES,dischar}}$ 为用户在每日 t 时刻的储能设备放电功率；P_t^{buy} 为用户在每日 t 时刻的在电网处的购电功率。

（2）储能系统工作约束。储能电池在工作时，如果过度充放电，会导致储能寿命急剧下降，这种工作模式是不经济的。同样，如果频繁充放电，也会降低储能的使用寿命。因此对储能系统的放电深度以及充放电次数加以限

制，保证其在该工作模式下是可取且经济的，即

$$R_t^{\text{ES}} = R_{t-1}^{\text{ES}} + P_t^{\text{ES,char}} \times \mu_{\text{char}} \times \Delta t - \frac{P_t^{\text{ES,dischar}} \times \Delta t}{\mu_{\text{dischar}}} \tag{6-7}$$

$$R_0^{\text{ES}} = R_T^{\text{ES}} \tag{6-8}$$

式中：R_t^{ES} 为储能系统在 t 时刻储存的能量；R_{t-1}^{ES} 为储能系统在 $t-1$ 时刻储存的能量；$P_t^{\text{ES,char}}$ 为储能系统在 t 时刻充电功率；$P_t^{\text{ES,dischar}}$ 为储能系统在 t 时刻放电功率；μ_{char} 为储能系统充电效率；μ_{dischar} 为储能系统放电效率；Δt 为时间间隔。

（3）储能系统安全约束。为了保证储能系统能够安全地工作，在工作中时，要避免在同一时刻既充电又放电的工作状态，有如下约束

$$0 \leqslant P_t^{\text{ES,char}} \leqslant \theta_t P_{\text{rated}}^{\text{ES,char}} \tag{6-9}$$

$$0 \leqslant P_t^{\text{ES,dischar}} \leqslant (1-\theta_t) P_{\text{rated}}^{\text{ES,dischar}} \tag{6-10}$$

$$\theta_t = \begin{cases} 1, & P_t^{\text{PV}} > P_t^{\text{load}} \text{ and } R_T^{\text{ES}} < \gamma_{\max} R_{\text{rated}}^{\text{ES}} \\ 0, & \text{other} \end{cases} \tag{6-11}$$

式中：$P_t^{\text{ES,char}}$ 为储能充电时的实际工作功率；$P_t^{\text{ES,dischar}}$ 为储能放电时的实际工作功率。θ_t 为 0-1 变量，当取值为 0 时，$P_t^{\text{ES,char}}=0$ 表示储能在此时不能进行充电；当取值为 1 时，$P_t^{\text{ES,dischar}}=0$ 表示储能系统在此时不能进行放电。同时，为避免储能系统频繁充放电，对其进行约束，当光伏工作功率大于家庭负荷且储能系统尚未达到荷电状态上限时，此时只对其进行充电，能够避免储能在每个计算日内出现充放电反复交替的情况，有效地保证了储能电池的使用寿命。

（4）光伏发电上网交互用电安全约束。光伏发电优先满足居民用电需求，当光伏与储能所能提供的功率无法满足家庭负荷时，须从电网购电，光伏、负荷与电网之间的交互是单向的，即当居民向电网购电与光伏接入电网不能同时共存，即

$$P_t^{\text{sell}} = \upsilon_t \times (P_t^{\text{PV}} - P_t^{\text{load}} - P_t^{\text{ES,char}}), \quad P_t^{\text{PV}} > P_t^{\text{load}} + P_t^{\text{ES,char}} \tag{6-12}$$

$$P_t^{\text{buy}} = (1-\upsilon_t) \times (P_t^{\text{load}} - P_t^{\text{PV}} - P_{\text{rated}}^{\text{ES,dischar}}), \quad P_t^{\text{load}} > P_t^{\text{PV}} + P_{\text{rated}}^{\text{ES,dischar}} \tag{6-13}$$

$$\upsilon_t = \begin{cases} 1, & P_t^{\text{PV}} > P_t^{\text{load}} + P_t^{\text{ES,char}} \\ 0, & \text{other} \end{cases} \tag{6-14}$$

式中：υ_t 为 0-1 变量，当光伏的工作功率大于家庭负荷与储能负荷功率之和时，其值为 1，表示此时用户不需要从电网购电。

分布式光伏储能系统运行策略流程如图 6-4 所示。

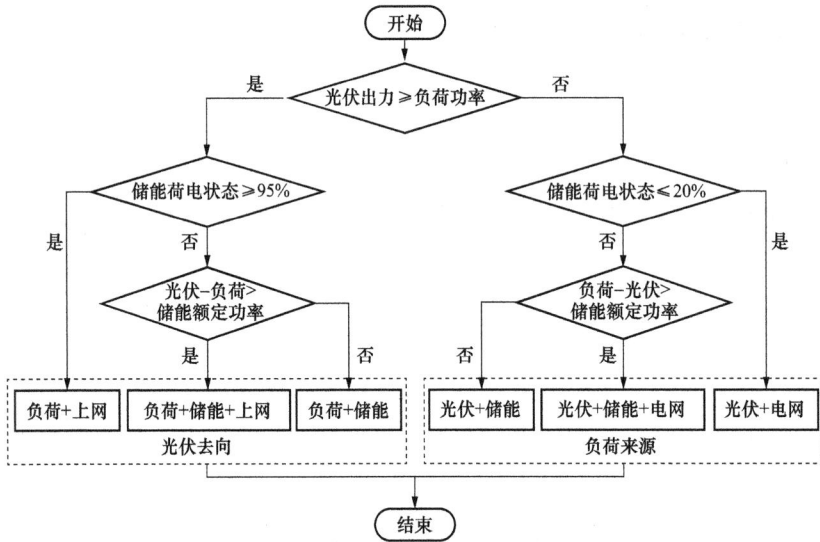

图 6-4 户用光伏储能系统运行流程图

6.3.3.4 居民用户光储系统负荷运行模型构建

根据居民家庭负荷用电负荷特性，根据负荷是否可以移动使用，将其分为两大类负荷：基础负荷和可调负荷。可调负荷是相对于基础负荷而言的，是指可以改变用电时段参与需求响应的负荷，以电动汽车为例，通过为给电动汽车充电桩配置智能电表，使其在低电价时段进行充电，辅助削峰填谷的同时，又为用户节约了电费支出，即

1. 基础负荷模型

基础负荷是指无法改变家用电器使用时间段的负荷，如照明、冰箱等负荷，具有一定的用电刚性，即

$$P_t^{\text{basic}} = \sum_{i \in I_{\text{basic}}} P_{i,t}^{\text{basic}} \qquad (6\text{-}15)$$

式中：P_t^{basic} 为在 t 时刻的家用电器的基础负荷功率；$P_{i,t}^{\text{basic}}$ 为在 t 时刻的第 i 户家用电器的基础负荷功率。

2. 可调负荷模型

（1）第 I 类可调负荷。电动汽车等可调负荷为工作时段可平移、工作期间可以随时停止运行，其负荷模型为

$$P_t^{\text{interrupt}} = \sum_{i \in I_{\text{interrupt}}} P_{i,j}^{\text{interrupt}} \times \tau_{i,t} \qquad (6\text{-}16)$$

$$\tau_{i,t} = \begin{cases} 1, & t_{i,j} \leqslant t \leqslant t_{i,j} + \Delta t_{i,j} \\ 0, & \text{others} \end{cases} \qquad (6\text{-}17)$$

$$t_{i,j}^{\text{start},0} < t_{i,j} < t_{i,j}^{\text{start},1}, \quad i \in I_{\text{interrupt}}, j \in J \tag{6-18}$$

$$T_i = \sum_{j \in J} \Delta t_{i,j}, \quad i \in I_{\text{interrupt}} \tag{6-19}$$

式中：$t_{i,j}$ 为用户的第 i 种家用电器在其第 j 个工作时段的开始时间；$\Delta t_{i,j}$ 为用户的第 i 种家用电器在其第 j 个工作时段的工作时间；$\tau_{i,t}$ 为 0-1 变量；T_i 为用户的第 i 种家用电器在一个计算周期内所需要的工作时间；$t_{i,j}^{\text{start},0}$ 和 $t_{i,j}^{\text{start},1}$ 为用户的第 i 种家用电器在其第 j 个工作时段的最早开始时间与最迟开始时间；$P_{i,j}^{\text{interrupt}}$ 为用户的第 i 种家用电器在其第 j 个工作时段内的工作时间内的可中断负荷的工作功率；$P_t^{\text{interrupt}}$ 为用户在 t 时刻的家用电器的可中断负荷的工作功率。

（2）第 II 类可调负荷。另外电热水壶、洗衣机等家用电器工作时段可平移、一旦启动直至工作结束才停止工作，其负荷模型为

$$P_t^{\text{nointerrupt}} = \sum_{i \in I_{\text{nointerrupt}}} P_i^{\text{nointerrupt}} \times \tau_i \tag{6-20}$$

$$\tau_i = \begin{cases} 1, & t_i \leqslant t \leqslant t_i + \Delta t_i \\ 0, & \text{others} \end{cases} \tag{6-21}$$

$$t_i^{\text{start},0} < t_i < t_i^{\text{start},1}, \quad i \in I_{\text{nointerrupt}} \tag{6-22}$$

式中：$t_i^{\text{start},0}$ 为用户的第 i 种家用电器的不可中断负荷的最早开始时间；$t_i^{\text{start},1}$ 为用户的第 i 种家用电器的不可中断负荷的最晚开始时间；τ_i 为 0-1 变量；Δt_i 为用户的第 i 种家用电器的不可中断负荷的工作时间；$P_i^{\text{nointerrupt}}$ 为用户的第 i 种家用电器的不可中断负荷的工作功率；$P_t^{\text{nointerrupt}}$ 为用户在 t 时刻的家用电器的不可中断负荷的工作功率。

（3）第 III 类可调负荷。电采暖等温控负荷是否工作取决于室内外温度等。其负荷模型如下：

1）吸收热量模型。房间内的热量供给来源主要是电采暖，因此电采暖的供热功率决定了房间的吸热量，其吸热模型为

$$\frac{\mathrm{d}(Q_{\text{absorb}})}{\mathrm{d}t} = W_{\text{heating}} \tag{6-23}$$

式中：Q_{absorb} 为在封闭房间所吸收的热量，焦耳；t 为时间；W_{heating} 为电采暖设备的工作功率。

2）热量流失模型。根据稳态热传导可知，房间内的热量流失与室内外温度、表面积以及保温材料的导热性能等因素相关，其散热模型为

$$\frac{\mathrm{d}(Q_{\text{loss}})}{\mathrm{d}t} = \lambda \times S_{\text{surface}} \times (T_{\text{in}} - T_{\text{out}}) \tag{6-24}$$

式中：Q_{loss} 为封闭房间所流失的热量，焦耳；λ 为保温材料的导热系数，瓦/（摄氏度·平方米）；$S_{surface}$ 为房间的外表面积（四周），平方米；T_{in} 为室内的温度，摄氏度；T_{out} 为室外温度，摄氏度。

为简化计算，将上式简化为

$$\frac{d(Q_{loss})}{dt} = (T_{in} - T_{out}) / R \qquad (6\text{-}25)$$

式中：R 表示等效热阻，摄氏度/瓦。

3）热量储存模型。热量的储存和房间内的材料种类以及材料质量相关，其热量储存模型为

$$\frac{d(Q_{store})}{dt} = \sum_{i \in I} c_i \times M_i \times \frac{d(T_{in})}{dt} \qquad (6\text{-}26)$$

式中：Q_{store} 为封闭房间储存的热量，焦耳；c_i 为封闭房间内的第 i 类材料的比热容，焦耳/（千克·摄氏度）；M_i 为封闭房间内第 i 类材料的质量，千克；$\frac{d(T_{in})}{dt}$ 为封闭房间内的温度变化量，摄氏度/秒。

为了简化计算，将上式简化为

$$\frac{d(Q_{store})}{dt} = C \times \frac{d(T_{in})}{dt} \qquad (6\text{-}27)$$

式中：C 表示房间的等效热容，焦耳/摄氏度。

4）温控负荷模型。根据能量守恒定律，储热量和散热之和应该等于吸热量，其温控负荷模型为

$$C \times \frac{d(T_{in})}{dt} + (T_{in} - T_{out}) / R = W_{heating} \qquad (6\text{-}28)$$

经过积分，可以得出离散的温控负荷模型方程

$$T_{in}(t) = T_{in}(t-1) + (1 - e^{-\frac{\Delta t}{RC}}) \times R \times W_{heating} + (1 - e^{-\frac{\Delta t}{RC}}) \times T_{out}(t) \qquad (6\text{-}29)$$

6.3.3.5　求解算法

为提高优化模型求解的准确性，可采用改进的鲸鱼优化算法（whale optimization algorithm，WOA）对储能容量优化配置模型进行计算。鲸鱼优化算法由 Seyedali Mirjalili 在 2016 年提出。该算法通过模拟鲸鱼捕食的行为，通过更新鲸鱼位置，最终达到寻优的目标。相对于现有启发式算法，WOA 具有操作简单，所需调整参数较少的特点。由于 WOA 算法中的最优个体和运动方式根据概率更新，因此随机性更大，收敛速度也更快速。WOA 算法位置更新步骤主要包括：游走觅食、包围收缩和螺旋捕食三种。

（1）游走觅食。人工鲸鱼使用种群中的随机个体位置来导航寻找食物，人工鲸鱼位置更新公式为

$$\vec{D} = \left| \vec{C} \times \vec{X}_{\text{rand}} - \vec{X} \right| \tag{6-30}$$

$$\vec{X}(t+1) = \vec{X}_{\text{rand}} - \vec{A} \times \vec{D} \tag{6-31}$$

式中：t 为当前迭代次数；$\vec{A}$ 和 $\vec{C}$ 分别为系数向量；$\vec{X}_{\text{rand}}$ 为当前种群中随机所选取的位置向量；$\vec{X}$ 为位置向量。向量 $\vec{A}$ 和 $\vec{C}$ 一般计算式为

$$\vec{A} = 2\vec{a} \times \vec{r} - \vec{a} \tag{6-32}$$

$$\vec{C} = 2\vec{r} \tag{6-33}$$

式中：$\vec{a}$ 通过迭代过程从 2 线性化到 0；$\vec{r}$ 为 [0，1] 中的一个随机向量。

参数 $\vec{A}$ 为区间 [-2，2] 内的随机数，当 $\vec{A} < -1$ 或 $\vec{A} > 1$ 时，当前随机个体 $\vec{X}_{\text{rand}}$ 即是食物所处位置，人工鲸鱼则靠近觅食，否则人工鲸鱼远离。而 $\vec{C}$ 是区间 [0，2] 内的随机数，控制随机个体 $\vec{X}_{\text{rand}}$ 距离当前个体 $\vec{X}$ 远近程度的影响。当 $\vec{C} > 1$ 时，影响程度增加，当 $\vec{C} < 1$ 时，影响程度减弱。

（2）包围收缩。人工鲸鱼找寻到食物后，空间位置更新公式为

$$\vec{D} = \left| \vec{C} \times \vec{X}_{\text{best}} - \vec{X}(t) \right| \tag{6-34}$$

$$\vec{X}(t+1) = \vec{X}_{\text{best}} - \vec{A} \times \vec{D} \tag{6-35}$$

式中：$\vec{X}_{\text{best}}$ 为种群中全局最优个体的位置，参数 $\vec{A}$ 是在区间 [-2，2] 内的随机数，当 $-1 \leqslant \vec{A} \leqslant 1$ 时，人工鲸鱼则远离随机个体 $\vec{X}_{\text{rand}}$，包围食物，向最优个体 $\vec{X}_{\text{best}}$ 的方向收缩捕食范围。

（3）螺线捕食。人工鲸鱼在向最优个体 $\vec{X}_{\text{best}}$ 游动捕抓的同时，会依循对数螺旋线的轨迹运动，其空间位置更新公式为

$$\vec{X}(t+1) = \vec{D'} \times \text{e}^{bl} \times \cos(2\pi l) + \vec{X}_{\text{best}} \tag{6-36}$$

$$\vec{D'} = \left| \vec{X}_{\text{best}} - \vec{X}(t) \right| \tag{6-37}$$

式中：$\vec{D'}$ 为第 i 只座头鲸到猎物的距离（即截至目前获得的最佳方案）；b 为用于确定对数螺线形状的常数；l 表示一个 [-1，1] 间的随机数。

由于座头鲸在围绕最优解游动的过程中同时采用收缩包围机制和螺旋形路径两种方式。为了对这种同时行为进行建模，假设在优化过程中，设置螺旋路径和收缩包围机制的概率各为 50%。其公式为

$$\vec{X}(t+1) = \begin{cases} \vec{X}_{\text{best}} - \vec{A} \times \vec{D} & \text{if } p < 0.5 \\ \vec{D'} \times \text{e}^{bl} \times \cos(2\pi l) + \vec{X}_{\text{best}} & \text{if } p > 0.5 \end{cases} \tag{6-38}$$

式中：p 表示区间 [0，1] 内的随机数。

传统的 WOA 算法仅将子代适应度与种群最优个体进行比较，没有与个体父代相比较，可能忽略父代内的优秀粒子。故通过精英保留策略，设定在迭代次数超过最大迭代上限的 70%时，将父代种群与子代种群组成规模为 2Q 的混合鲸鱼群，并筛选最优的前 Q 条鲸鱼作为新种群参与下一次迭代。改进的 WOA 能够在保留全局寻优的同时避免陷入局部最优，而且可以提高收敛速度。改进的 WOA 算法流程图如图 6-5 所示。

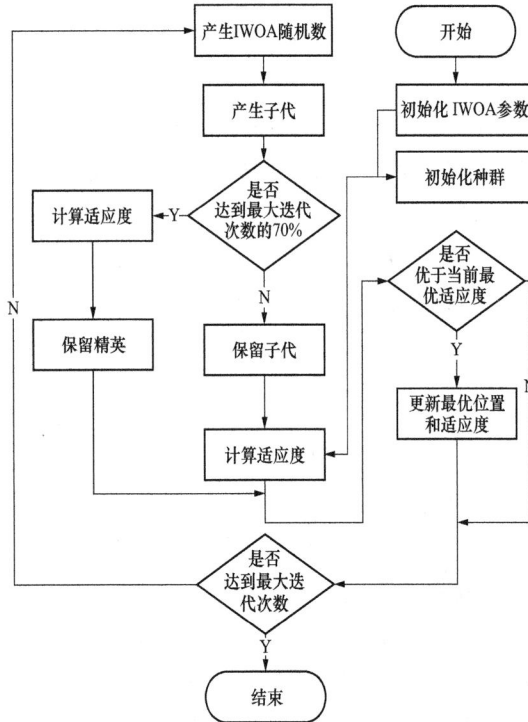

图 6-5　改进的鲸鱼优化算法流程图

本节首先对户用光伏系统进行建模，分析了储能系统的工作原理与运行模式，在此基础上研究构建光伏系统储能容量优化配置模型，以最大化光伏系统经济效益为目标函数，同时考虑了用电量平衡以及储能运行等约束条件。针对可调负荷进行建模，最后运用改进的鲸鱼优化算法作为优化模型的求解方法。

6.3.4　算例分析

6.3.4.1　农村户用光伏系统应用场景

为了分析农村户用光伏系统的经济效益以及最优储能容量配置，结合实际情况，本节建立三种仿真场景，具体如下：

（1）场景一。场景一则考虑为光伏系统配置储能设备，该场景光储系统运行方式为自发自用，剩余光伏所发电能存储至储能设备中，以供居民夜间用电需求。如光伏剩余电能高于储能容量，则采取弃光处理。同时夜间或光伏发电不足时考虑电网购电，场景一优化求解目标函数为

$$\max(W_{\text{profit}}^{\text{total}}) = \frac{1}{K}\left[\sum_{k=1}^{K}(E_{\text{save},k} + E_{\text{subsidy},k}) \times \frac{1}{(1+i)^k} - C_{\text{PV}} - C_{\text{ES}}\right] \tag{6-39}$$

（2）场景二。场景二考虑为光伏配置储能系统，并采用自发自用，余电上网的运行方式。光伏所发电能优先供给用户使用，其次供给储能装置，最后剩余电能选择上网，赚取售电收入。同样夜间或光伏发电不足时，从电网购电，场景二优化求解目标函数为

$$\max(W_{\text{profit}}^{\text{total}}) = \frac{1}{K}\left[\sum_{k=1}^{K}(E_{\text{grid},k} + E_{\text{save},k} + E_{\text{subsidy},k}) \times \frac{1}{(1+i)^k} - C_{\text{PV}} - C_{\text{ES}}\right] \tag{6-40}$$

（3）场景三。场景三为在光伏储能系统自发自用，余电上网的基础上，考虑调度电动汽车、空调、电采暖等可调负荷参与需求响应，以减少居民用户用电费用，增加户用光伏系统整体收益，场景三优化求解目标函数如式（6-41）所示，补充约束条件为

$$\max(W_{\text{profit}}^{\text{total}}) = \frac{1}{K}\left[\sum_{k=1}^{K}(E_{\text{grid},k} + E_{\text{save},k} + E_{\text{subsidy},k}) \times \frac{1}{(1+i)^k} - C_{\text{PV}} - C_{\text{ES}}\right] \tag{6-41}$$

$$\sum_{t=1}^{T}P_{k,d,t}^{\text{load\_adj}} = \sum_{t=1}^{T}P_{k,d,t}^{\text{load}} \quad k=1,\cdots,K, d=1,\cdots,D \tag{6-42}$$

式中：$P_{t,d,h}^{\text{load\_adj}}$ 为负荷参与需求响应后的第 t 年 d 天 h 时刻的负荷，$P_{t,d,h}^{\text{load}}$ 为负荷参与需求响应前的第 t 年 d 天 h 时刻的负荷。

6.3.4.2 户用光伏系统基础数据

1. 户用光伏系统与储能电池数据

根据户用光伏发展现实情况，本节模拟在某自然村内推广安装屋顶光伏，假设该村有 300 户居民安装屋顶光伏。为简化计算，假定每户居民房屋屋顶安装装机容量 5 千瓦的屋顶光伏，该村集体总计安装屋顶光伏容量 1500 千瓦。

户用光伏各季节典型日出力曲线如图 6-6 所示：

户用光伏系统基础参数：户用光伏系统典型造价为 3500 元/千瓦，使用年限为 25 年，政府为户用光伏发电提供 0.3 元/千瓦时的补贴，补贴 3 年。光

伏发电上网电价为 0.3 元/千瓦时。光伏运维费用由人工费为每人每年 8 万元，福利费系数为 20%，运维材料费为 3 元/千瓦，运维维修费在运营期第 1 至 5 年内为 5 元/千瓦，第 6 至 10 年为 8 元/千瓦，第 11 至 25 年为 15 元/千瓦，按照残值率 5% 回收光伏设备固定资产残值。

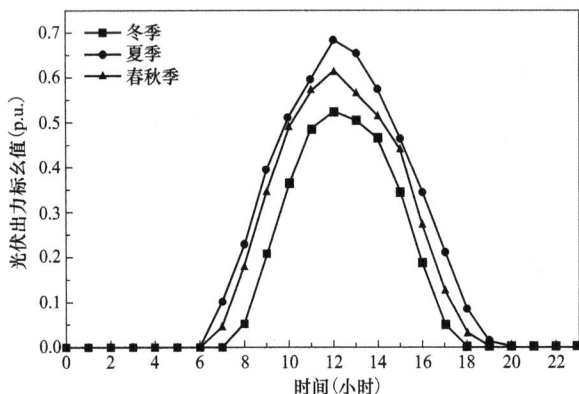

图 6-6　户用光伏各季节典型日出力曲线

储能电池基础参数：储能电池选取锂离子电池，单位容量成本为 1200 元/千瓦时，单位功率成本为 450 元/千瓦时，使用年限为 10 年。荷电状态范围为 0.2～0.95，充放电效率为 95%。

2. 居民用电负荷数据

选取某地区居民用户家庭典型日负荷运行进行研究，依据季节特点划分，得出不同季节典型日负荷运行曲线。居民基础负荷及负荷曲线情况如图 6-7 所示。

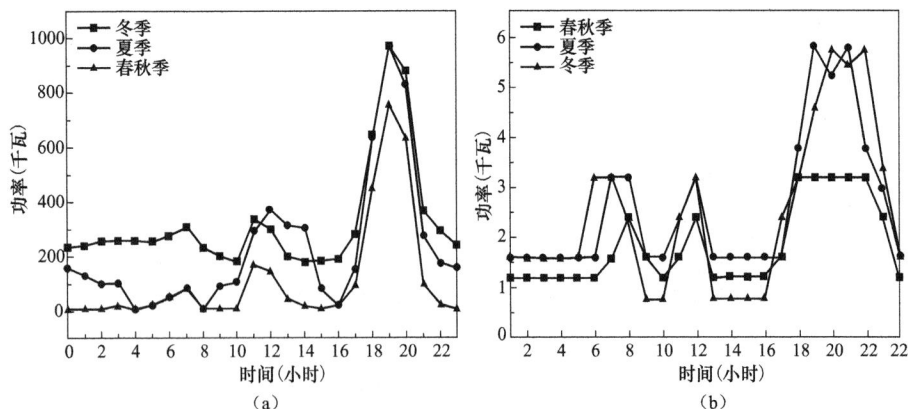

图 6-7　居民基础负荷及负荷曲线情况

（a）各季节典型日负荷曲线；（b）各季节典型日基础负荷曲线

户用光伏系统安装费用拟由各居民家庭各自承担，同时赚取相应收益。参考各地区居民销售电价，以图 6-8 所示峰谷分时电价进行算例研究。

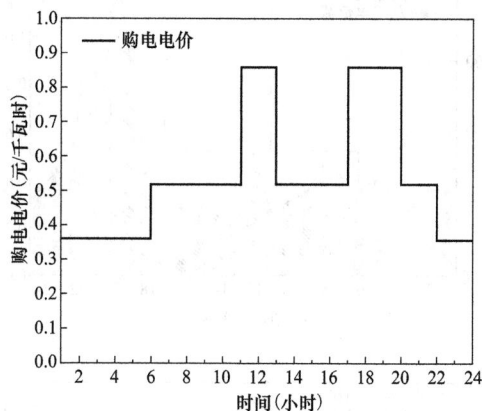

图 6-8　峰谷电价曲线

6.3.4.3　户用光伏系统计算结果

1. 场景一

在场景一运行模式下，为农村户用光伏系统配置储能电池，以光储系统自发自用，未消纳的光伏发电不安排上网，采取弃光处理，以该运行模式下户用光伏系统经济效益最优为优化目标，应用 WOA 优化算法对模型进行求解，得出户用光伏系统最优储能容量为 2194 千瓦时，最优储能功率为 754 千瓦。各季节光伏发电自用比例及上网情况如表 6-2 所示。

表 6-2　　　　　　　　　　户用光伏发电各季节用电情况

指标		冬季	夏季	春秋季
光伏发电自用比例		74.86%	47.97%	38.76%
其中	负荷	34.82%	21.70%	8.22%
	储能	40.04%	26.27%	30.54%
光伏弃光比例		25.14%	52.03%	61.24%

（1）冬季求解结果分析。

1）户用光伏系统运行情况。场景一中配置最优储能容量与功率时，户用光伏储能系统中居民用电负荷、光伏发电等的具体运行情况，如图 6-10 所示。冬季典型日居民家庭用电情况如图 6-9（a）所示，负荷分别由光伏发电、储能放电及电网三者提供。户用光伏所发电优先满足用户使用，其次存储至储能电池内，最后弃光，光伏发电曲线图如图 6-9（b）所示。

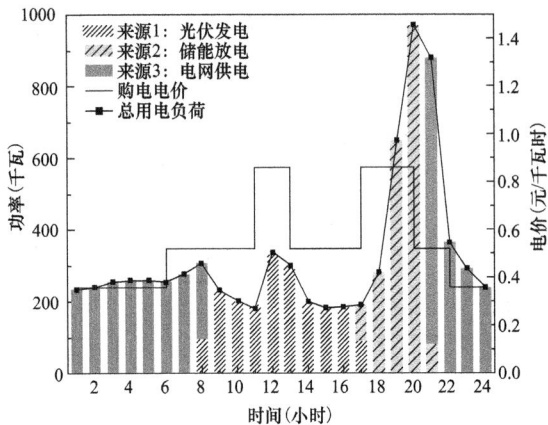

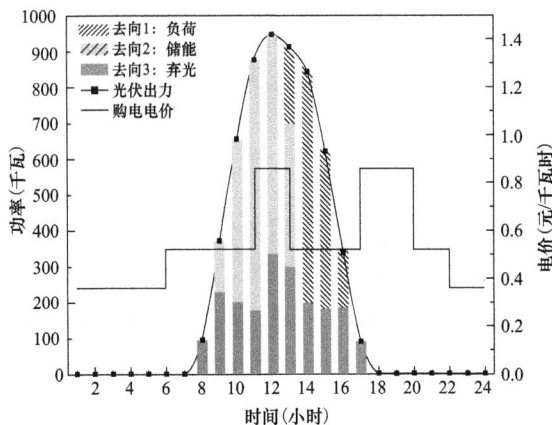

图 6-9　户用光伏系统冬季运行情况

（a）居民负荷冬季典型日运行情况；（b）光伏冬季典型日运行情况

由于冬季光照强度较弱，光照时间较短，户用光伏从早上 8:00 开始出力。在 8:00—9:00 时段，考虑冬季采暖等供热需求，用电负荷较高，但因为光照条件限制，光伏所能提供电能有限，因此该时段居民用电需求由光伏与电网共同提供。在 9:00—16:00 时段，光照强度逐渐上升，光伏出力较高，同时由于外界温度上升，居民热负荷需求降低，因此该时段光伏在满足居民全部用电负荷需求外，还可以将多余电能储存至储能设备中，且在 13:00—16:00 有弃光电量产生。在 17:00—20:00，光照强度逐渐减弱，光伏出力逐渐降低至 0，但居民负荷需求却在逐渐提高，并 20:00 左右达到峰值，此时由储能电池与电网共同为居民供电。在 21:00—次日 7:00，光伏出力为 0，并且储能电池放电至最低荷电状态限制，居民所需各类负荷则全部来源电网购电。

2）储能电池运行情况。根据冬季典型日光伏储能系统的运行情况，对储能设备充放电功率与荷电状态进行分析，如图 6-10 所示。

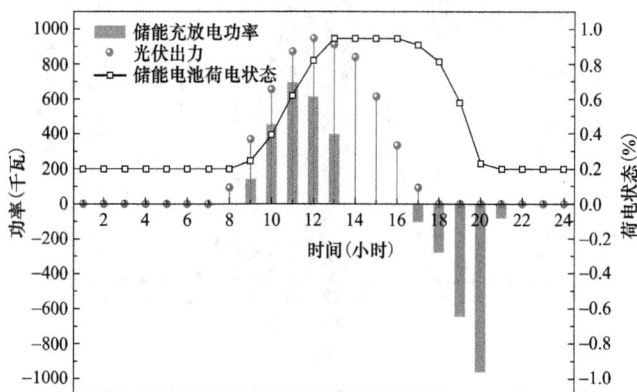

图 6-10　储能电池充放电情况

储能电池在白天光伏出力较多时进行充电，在夜间为用户提供放电服务。上午 9:00 储能电池开始充电，中午 13:00 左右充满，荷电状态为 95%。17:00 储能电池开始放电，至 20:00 时放电结束，达到最低荷电状态 20%。

（2）夏季求解结果分析。

1）户用光伏系统运行情况。在场景一储能为最优配置情况时，夏季典型日内户用光伏储能系统中居民用电负荷、光伏发电等具体运行情况如图 6-11 所示。

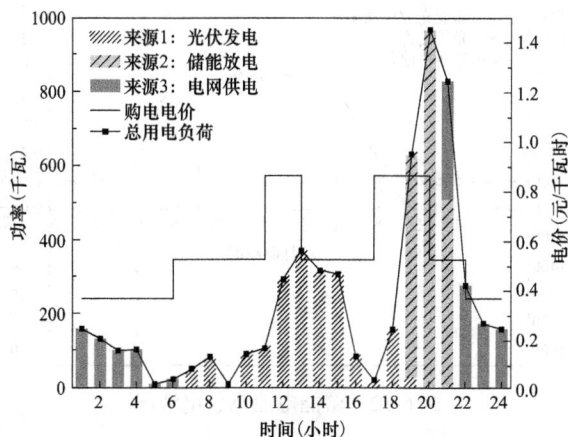

图 6-11　户用光伏系统夏季运行情况（一）

（a）居民负荷夏季典型日运行情况

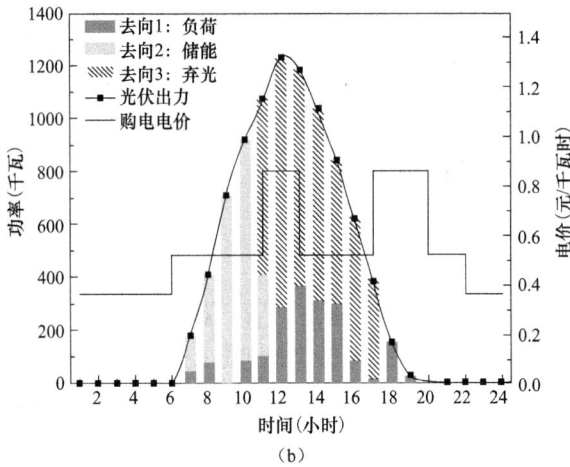

图 6-11　户用光伏系统夏季运行情况（二）

（b）光伏夏季典型日运行情况

夏季光照强度高，光照时间较长，早上 7:00 户用光伏开始发电，在 7:00—18:00 时段，居民用电需求全部由光伏发电提供，在 19:00—21:00 时段，由光伏、储能与电网共同为居民供电，在 22:00—次日 6:00，由电网为用户供电。在 11:00—17:00 时段，由于光照强度较大，居民负荷需求及储能电池容量有限，因此有大量的弃光电量产生，夏季弃光占比约为总发电量的 52.03%。

2）储能电池运行情况。根据夏季典型日光伏储能系统的运行情况，对储能设备充放电功率与荷电状态进行分析，如图 6-12 所示。

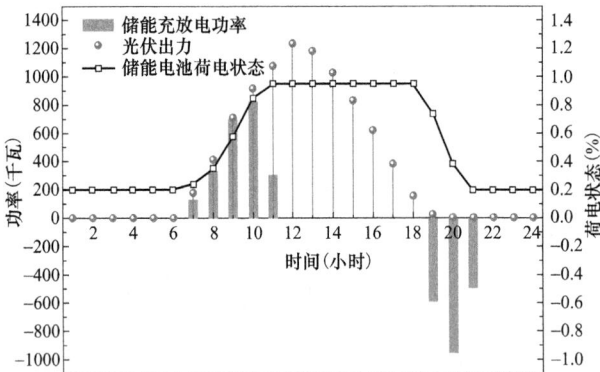

图 6-12　储能电池充放电情况

储能设备在上午 7:00 开始充电，与冬季相比，由于夏季光伏发电量较高，因此储能充电达到荷电状态上限所需时间较短，在上午 11:00 左右达到满电状态。在夜间 19:00 开始储能电池为用户提供放电服务，至 21:00 储能达到

244

荷电状态下限 20%，放电结束。

（3）春秋季求解结果分析。

1）户用光伏系统运行情况。在场景一储能为最优配置情况时，春秋季典型日内户用光伏储能系统中居民用电负荷、光伏发电等具体运行情况如图 6-13 所示。

春秋季节典型日居民用电负荷较小，早上 7:00 户用光伏开始发电，在 7:00—17:00 时段，居民用电需求全部由光伏发电提供；18:00—19:00 时段由电网与储能电池共同为用户供电；在 19:00—次日 6:00 时段，居民用电全部来源于储能电池放电，主要是因为春秋季居民负荷需求较少，因此储能存储的白天多余的光伏发电量基本能够满足居民夜间全部的负荷需求。同时，由图 6-13（b）可以看出，春秋季节弃光现象较为严重，在 11:00—17:00 时段光伏弃光占比约为总发电量的 61.24%。

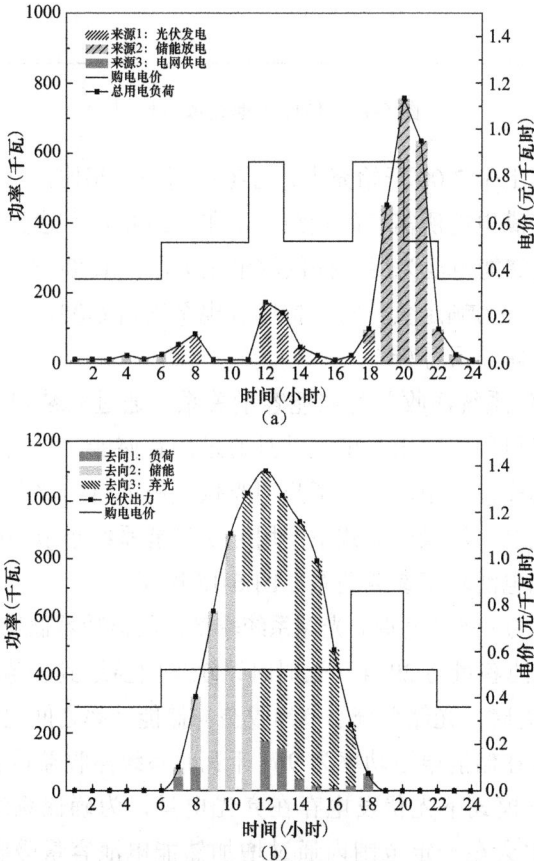

图 6-13　户用光伏系统春秋季运行情况

（a）居民负荷春秋季典型日运行情况；（b）光伏春秋季典型日运行情况

2）储能电池运行情况。根据春秋季典型日光伏储能系统的运行情况，对储能设备充放电功率与荷电状态进行分析，如图 6-14 所示。

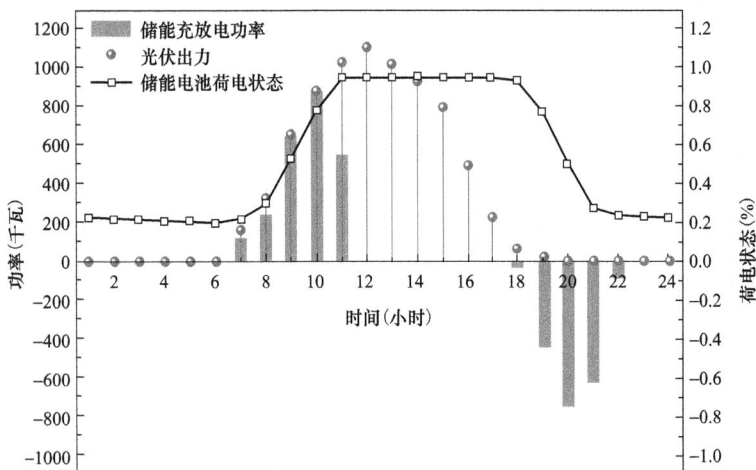

图 6-14　储能电池充放电情况

储能电池在上午 7:00 开始充电，与冬夏两季节相比，由于春秋季负荷较小，因此储能充满电能所需时间较短，上午 12:00 左右达到电池荷电状态上限 0.95。在夜间储能电池为用户提供放电服务，自 18:00 开始放电，在 20:00 时放电量最多，并为满足负荷需求持续放电至次日 6:00。

（4）综合求解结果分析。

1）户用光伏系统净收益与储能容量关系。通过安装户用光伏系统，居民用户减少了每日用电费用支出，并且通过配置储能，将光伏产生的部分电能储存并转移到夜间使用，增加了户用光伏发电的自用比例，同时提升了光伏储能系统的效益。场景一模式下户用光伏储能系统季节净收益与储能电池容量参数及储能电池功率参数关系如图 6-15 所示。

当储能功率为 965 千瓦时，光储系统季节净收益随着储能容量增加先上升后下降，储能电池容量为 2914 千瓦时时系统净收益达到峰值。当储能电池容量为 2914 千瓦时时，光储系统季节净收益与储能功率之间也表现为先上升后下降的趋势，并在储能电池功率为 965 千瓦时系统净收益达到峰值。

由于场景一模式下光伏发电存在弃光电量，为确保系统收益最大化，模型求解过程中会在一定范围内通过增加储能电池容量吸收弃光电量，从而增加系统收益，因此场景一所求解的储能电池最优的容量与功率参数值均较大。

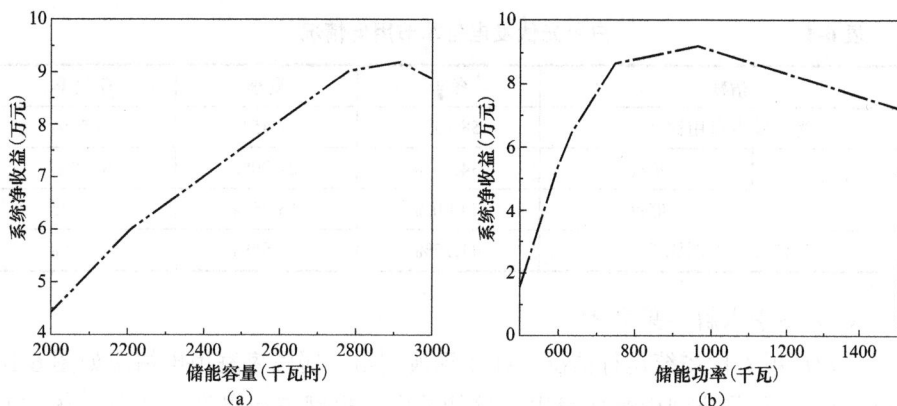

图 6-15　户用光伏系统净收益与储能容量关系

（a）储能容量与系统净收益关系；（b）储能功率与系统净收益关系

2）户用光伏系统净收益情况。通过分析储能容量、功率与系统收益的关系，在光伏储能系统配置容量为 2914 千瓦时、功率为 965 千瓦储能电池时，村集体 300 户农村居民户用光储系统年净收益为 9.2 万元，每户居民每天可获净收益 0.84 元，见表 6-3。

表 6-3　　　　　　　各季节综合储能配置优化结果

指标	综合季节
最优储能容量（千瓦时）	2914
最优储能功率（千瓦）	965
每户净收益（元/天）	0.84
净收益（万元/年）	9.20

由于目前大量的分布式光伏发电上网对电网安全稳定运行产生较大的波动，因此所提模式能够减少光伏并网对电网的冲击。对此，政府可以考虑出台相应的政策，完善"光伏+储能+上网+弃光"模式下的补偿机制，提高此类模式下户用光伏系统的经济性。

2. 场景二

在场景二模式下，应用鲸鱼优化算法对储能配置优化模型进行求解，得出在户用光伏系统净收益最大情况下，所需配置储能电池最优容量为 1747 千瓦时，最优储能功率为 754 千瓦。各季节光伏发电自用比例及上网情况如表 6-4 所示。

表 6-4 　　　　　　　　　　户用光伏发电各季节用电情况

指标		冬季	夏季	春秋季
光伏发电自用比例		58.83%	37.45%	26.53%
其中	负荷	34.82%	21.70%	8.22%
	储能	24.00%	15.75%	18.31%
光伏发电上网比例		41.17%	62.55%	73.47%

（1）冬季求解结果分析。

1）户用光伏系统运行情况。在冬季典型日，居民家庭用电情况如图 6-16（a）所示，负荷分别由光伏发电、储能放电及电网三者提供，其中，25.75%的用电需求能够由光伏发电直接提供，储能电池提供 16.02%的电能，剩余58.22%的电能由用户向电网购买。户用光伏所发电优先满足用户使用，其次存储至储能电池内，最后上网，光伏发电曲线图如图 6-16（b）所示。

相较于夏季或春秋季节，冬季光照强度较弱，光照时间较短，光伏从早上 8:00 开始出力。在 8:00—9:00 时段，居民用电负荷由光伏与电网共同提供。在 9:00—16:00 时段，光伏出力较高，居民热负荷需求降低，因此该时段光伏在满足居民全部用电负荷需求外，还可以将多余电能储存至储能设备中。在 17:00—20:00，由储能电池与电网共同为居民供电。在 21:00—次日 7:00，储能电池电能耗尽，由电网满足用电需求。

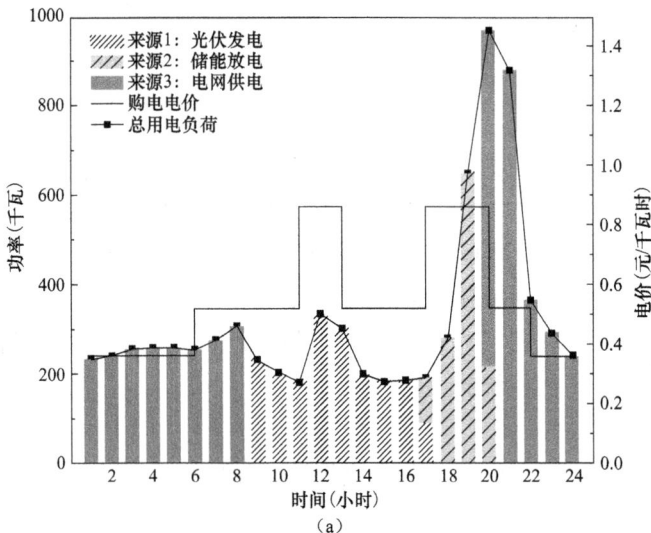

图 6-16　户用光伏系统冬季运行情况（一）

（a）冬季典型日居民负荷曲线

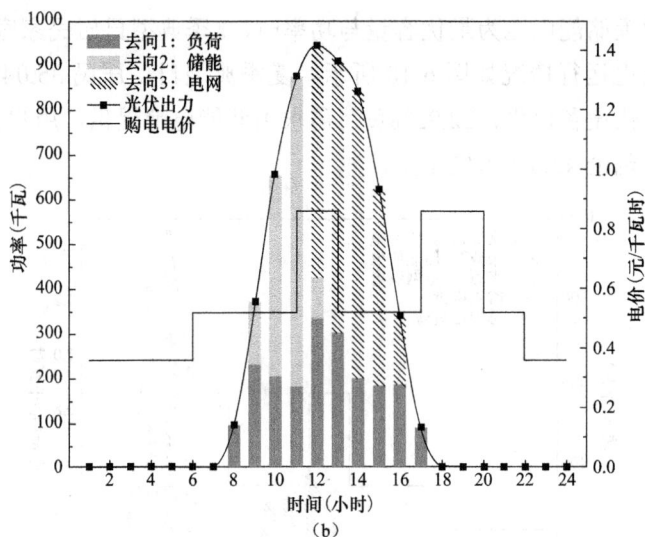

图 6-16　户用光伏系统冬季运行情况（二）

（b）冬季典型日光伏运行情况

2）储能电池运行情况。根据冬季典型日光伏储能系统的运行情况，对储能设备充放电功率与荷电状态进行分析，如图 6-17 所示。

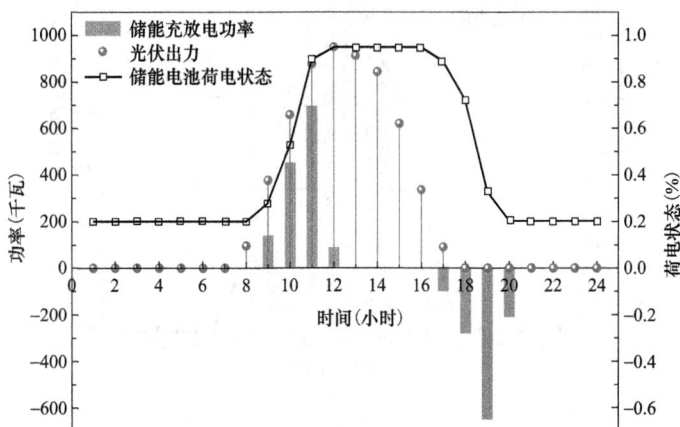

图 6-17　储能电池充放电状态

储能电池在上午 9:00 开始充电，中午 12:00 左右充满，荷电状态达到 95%。17:00 储能电池开始放电，至 20:00 放电结束，荷电状态为 20%。

（2）夏季求解结果分析。

1）户用光伏系统运行情况。根据求解结果，在场景二模式下，户用光伏系统所配置储能电池为最优容量与功率时，夏季典型日居民家庭用电情况、户用光伏发电运行情况如图 6-18 所示。夏季典型日，居民 35.04% 的负荷需求能够由光伏设备提供，22.95% 负荷需求由储能电池提供，用户需要在夜间向电网购买剩余 42.01% 的电能。

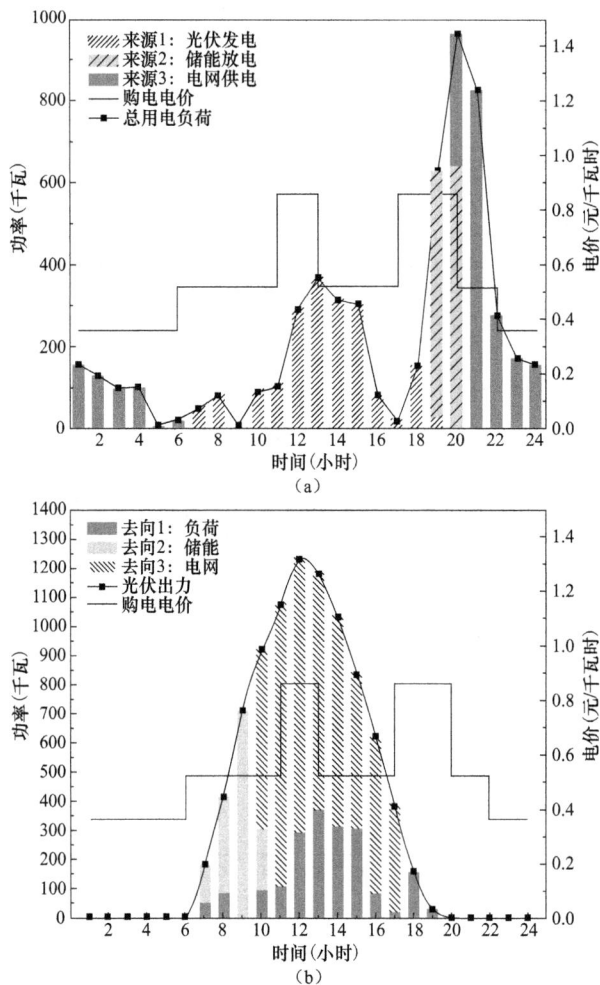

图 6-18　户用光伏系统夏季运行情况

（a）居民负荷夏季典型日运行情况；（b）光伏夏季典型日运行情况

夏季光照强度高，光照时间长，因此户用光伏在夏季发电量较高，7:00—18:00 时段光伏发电能够满足该村集体 300 户居民家庭的全部用电需求。在 19:00—20:00 时段，由于光照强度降低，光伏发电量下降，同时空调等温控负荷的使用导致用电量上升，光伏无法满足居民全部用电负荷需求，因此储能电池释放白天存储的电能保障用户的用电需求，当储能电池放电至无法完全满足用户用能需求时，由电网为用户提供电能。在 21:00—次日 6:00 时段，光伏与储能不再供电，由电网为用户提供其所需全部电能。

2）储能电池运行情况。根据夏季典型日光伏储能系统的运行情况，对储能设备充放电功率与荷电状态进行分析，如图 6-19 所示。

储能在上午 7:00 开始充电，11:00 左右充满，荷电状态达到 0.95。在夜间储能电池为用户提供放电服务，自 18:00 开始放电，至 20:00 达到放电下限，剩余电能为额定容量的 20%，停止放电。

（3）春秋季求解结果分析。

1）户用光伏系统运行情况。根据求解结果，在场景二模式下，户用光伏系统所配置储能电池为最优容量与功率时，春秋季典型日居民家庭用电情况、户用光伏发电运行情况如图 6-20 所示。春秋季典型日，22.97%的居民负荷可以由光伏直接提供，46.18%的负荷由储能提供，用户仅需要在夜间向电网购买春秋季典型日所需负荷 30.85%的电能。

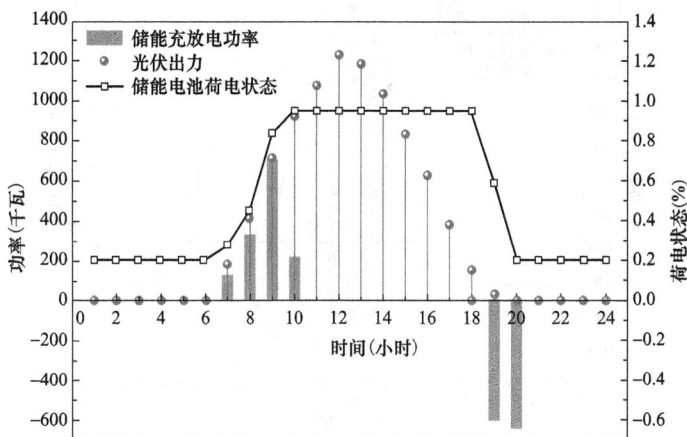

图 6-19　储能电池充放电状态

春秋季节由于没有使用空调与电采暖等设备进行温度调节的需求，因此用电负荷较小，在日间 7:00—17:00 时段，光伏所发电量能够完全满足居民用户的用电需求，同时仍有较多余电为储能设备充电及并入电网。在 18:00—20:00 时段，光照强度降低，光伏发电量下降，光伏只能满足部分的居民用电负荷需求，剩余电能由储能电池与电网提供，储能电池首先释放白天存储的电能为用户供电，当储能无法完全满足居民用电需求时，进而由电网为用户提供电能。在 21:00—次日 6:00 时段，由电网为用户提供其所需全部电能。

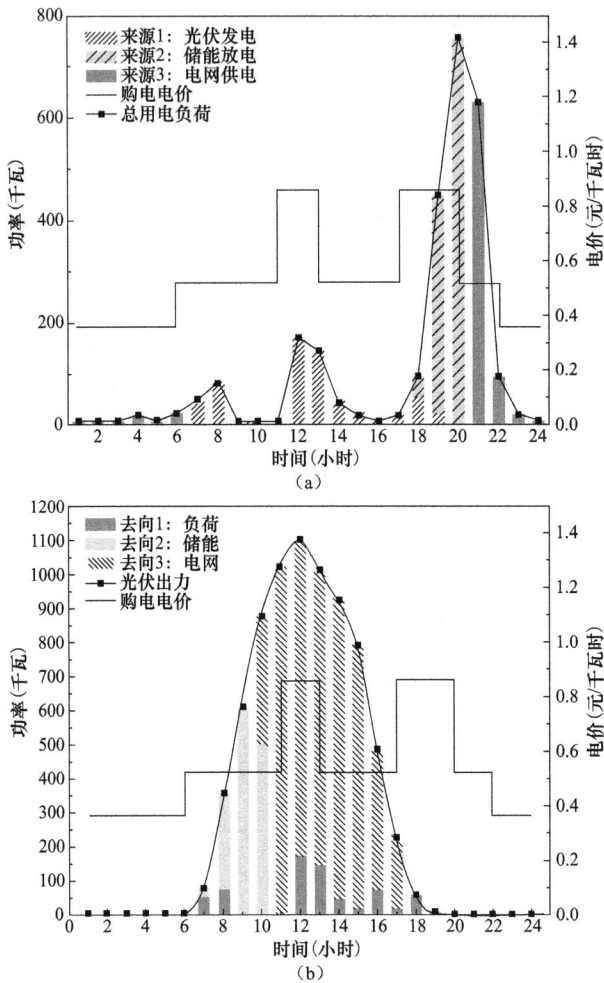

图 6-20　户用光伏系统春秋季运行情况

（a）居民负荷春秋季典型日运行情况；（b）光伏春秋季典型日运行情况

2）储能电池运行情况。根据春秋季典型日光伏储能系统的运行情况，对储能设备充放电功率与荷电状态进行分析，如图 6-21 所示。

储能设备在上午 8:00 开始充电，10:00 左右荷电状态达到 0.95。在夜间储能电池为用户提供放电服务，自 18:00 开始放电，至 20:00 达到放电下限，此后储能电池停止为居民供电。

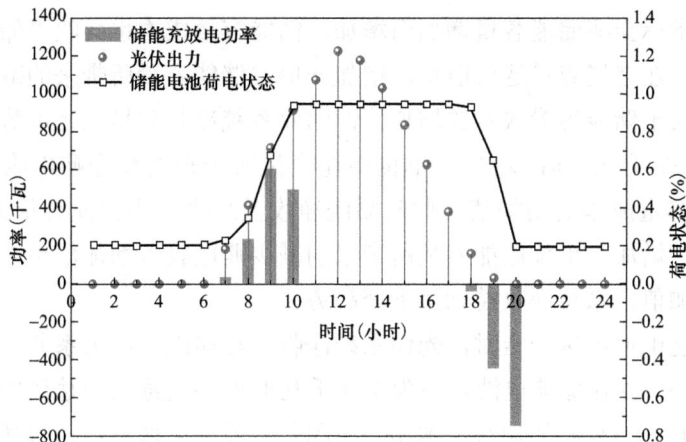

图 6-21　储能电池充放电状态

（4）综合求解结果分析。

1）户用光伏系统净收益与储能容量关系。通过利用光伏储能系统所产生的电能，居民用户减少了每日用电费用支出。并且通过配置储能电池，将光伏产生的部分电能储存并转移到夜间使用，增加了光伏储能系统的自用比例，同时提升了光伏储能系统的效益。场景二模式下光伏储能系统季节净收益与储能电池容量参数及储能电池功率参数关系如图 6-22 所示。

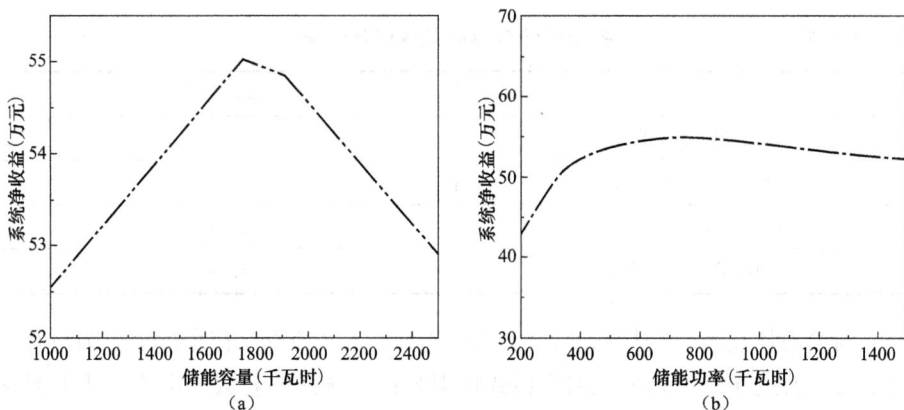

图 6-22　户用光伏系统净收益与储能容量关系
（a）储能容量与系统净收益关系；（b）储能功率与系统净收益关系

当储能电池功率一定时，光储系统净收益随着储能容量增加呈现先上升后下降的趋势，在储能电池容量为 1747 千瓦时时系统净收益达到峰值。这是由于光储系统的净收益等于系统收入与系统成本之差，其中，节约电网购电收入这一指标会随储能容量增加而增加，储能容量成本也会随着储能容量增加而增加。在储能容量迭代前期，增加一单位储能容量所带来的减少购电收入增加值大于储能容量成本的增加值，因此系统净收益呈上升趋势。当储能容量为 1747 千瓦时时，增加一单位储能容量所带来的减少购电收入增加值等于储能容量成本的增加值，此时系统净收益最大。当储能容量大于 1747 千瓦时时，增加一单位储能容量所带来的减少购电收入增加值小于储能容量成本的增加值，系统净收益则呈下降趋势。

当储能电池容量一定时，光储系统净收益与储能功率关系亦呈先上升后下降的趋势，并在储能电池功率为 754 千瓦时时系统净收益达到峰值。储能电池功率的大小与储能功率成本相关，因此储能功率增大会使得功率成本上升。另外功率的大小与电池容量的利用情况相关，功率过小时，电池容量得不到充分利用，系统中储能设备的作用得不到充分发挥，因此产生的收入则较少；功率过大时同样功率冗余，无法带来实质性的收益，反而功率成本过高。因此系统净收益与储能功率呈倒 U 型关系。

2）户用光伏系统净收益情况。通过分析储能容量、功率与系统收益的关系，在光伏储能系统配置容量为 2914 千瓦时、功率为 965 千瓦储能电池时，村集体 300 户农村居民户用光储系统年净收益为 55.04 万元，每户居民每天可获净收益 5.03 元，见表 6-5。

表 6-5　　　　　　　　各季节综合储能配置优化结果

指标	综合季节
最优储能容量（千瓦时）	1747
最优储能功率（千瓦）	754
每户净收益（元/天）	5.03
净收益（万元/年）	55.04

同时对比场景一与场景二，可以发现场景二比场景一在经济上更为可行，这是由于通过光伏"余电上网"模式使得光伏系统能够获取一定的光伏上网收入增加了系统收益，但还需要考虑的是大规模光伏并网对电网造成的冲击。

3. 场景三

在场景二的基础上，考虑对居民家庭负荷中的可调负荷进行优化调度，进一步提高户用光伏系统的经济效益。根据优化模型进行求解，调度冬季、夏季及春秋季的家庭负荷，得出考虑可调负荷的各季节户用光伏系统运行情况，具体如图 6-23～图 6-25 所示。

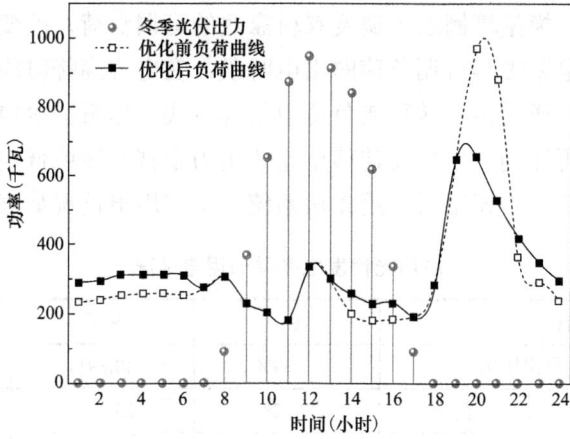

图 6-23　冬季典型日优化后负荷运行曲线

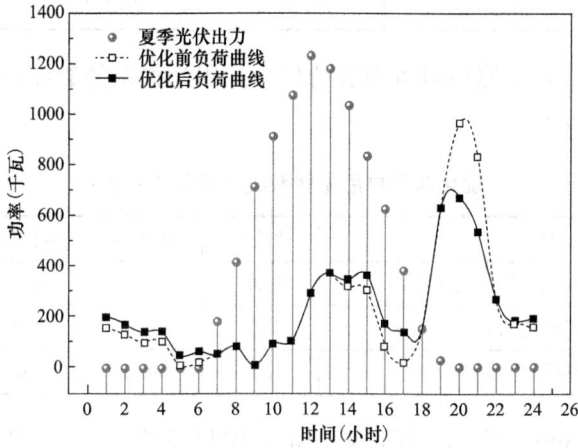

图 6-24　夏季典型日优化后负荷运行曲线

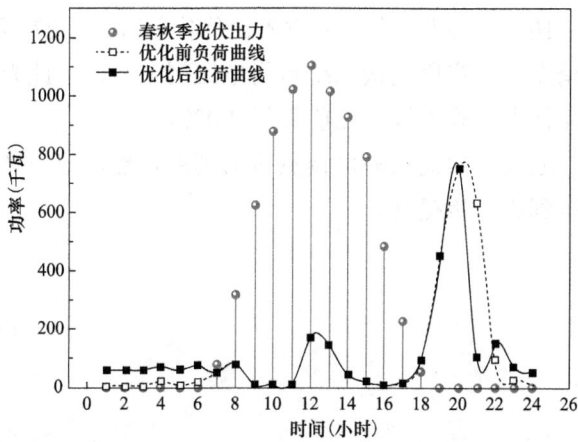

图 6-25　春秋季典型日优化后负荷曲线

可以看出，模型算例通过调度农村家庭的可调负荷，改变洗衣机、电动汽车、空调、电采暖等可调负荷的用电时段，在电价高峰时段，保证用户舒适度的情况下，通过负荷转移或负荷中断等方式，尽量减少电网购电，增加户用光伏的自用比例。将负荷转移至光伏出力丰富时段或低电价时段，降低用户电网购电费用，调度后户用光伏系统各季节用电情况如表6-6所示。

表6-6 　　　　　　　户用光伏发电各季用电情况

指标		冬季	夏季	春秋季
光伏发电自用比例		60.39%	40.89%	26.53%
其中	负荷	37.52%	25.13%	8.23%
	储能	24.00%	15.75%	18.31%
光伏发电上网比例		39.61%	59.11%	73.47%

通过调度农村家庭用电可调负荷后，户用光伏系统的经济效益前后变化情况如表6-7所示。

表6-7 　　　　　　　优化前后户用光伏系统经济效益对比

项目	优化前	优化后	变化量	变化幅度
居民电网购电费用（元/年）	39.01	32.14	-6.87	-17.60%
居民节约电网购电收入（元/年）	70.04	72.21	2.17	3.10%
光伏上网收入（元/年）	51.77	50.70	-1.07	-2.07%

该村集体300户家庭每年电网购电费用与场景二（优化前）相比，减少6.87万元，比优化前降低17.60%。每年增加节约电网购电收入2.17万元，比优化前提高3.10%。光伏发电上网收入比优化前减少1.07万元，主要是因为可调负荷被调度后，户用光伏系统自用电比例上升，因此光伏上网电量相应减少，所以光伏上网收入较优化前降低2.07%。

可以看出，通过对居民家庭可调负荷的调度管理，户用光伏发电系统的经济效益能够得到进一步提升。

参 考 文 献

[1] 华电电力科学研究院有限公司．综合能源服务：系统与模式［M］．北京：中国电力出版社，2021．

[2] 李明．适应能源电力新形势的"供电+能效服务"模式创新发展研究［J］．电力需求侧管理，2022，24（1）：2-6．

[3] 单葆国．能效管理及节能服务产业发展研究［J］．电气应用，2021，40（1）：4-8．

[4] 孔清华．问道浙江"供电+能效服务"［J］．中国电力企业管理，2021（29）：10-13．

[5] 方圆．市县供电公司开展能效服务工作思路探讨［J］．大众用电，2021，36（5）：15-17．

[6] 李作锋，陈振宇．江苏电力需求响应的探索和实践［J］．电力需求侧管理，2018，20（1）：4-8．

[7] 方凯杰，杨世海，陈铭明，等．多主体参与的电力需求响应效益评价研究［J］．煤炭经济研究，2021，41（5）：24-30．

[8] 戴艺．地市电网企业开展综合能源服务策略研究［J］．科技风，2020（21）：195．

[9] 吴潇雨，代红才，刘林，等．综合能源服务平台化发展解析［J］．能源，2021（3）：45-49．

[10] 刘珊珊．节能减排环境下电能替代终端能源项目后评价体系研究［D］．华北电力大学，2020．

[11] 唐伟．电能替代实施现状及发展趋势预判［J］．中国能源，2020，42（2）：35-38，47．